Bertha Pappenheim

Schriftenreihe zur Geschichte der Sozialarbeit
und Sozialarbeitsforschung, Band 8
Herausgegeben von Karl Fallend und Klaus Posch.
August-Aichhorn-Institut für Soziale Arbeit
der FH Joanneum, Graz.

Gudrun Wolfgruber (Hg.)

Bertha Pappenheim

Soziale Arbeit, Frauenbewegung, Religion

Löcker

Gedruckt mit freundlicher Unterstützung der Steiermärkischen Landesregierung, Abteilung für Wissenschaft und Forschung.

Coverbild
Bertha Pappenheim, mit einer Mädchengruppe, vermutlich in Neu-Isenburg, 1920er Jahre
© Institut für Stadtgeschichte, Frankfurt/Main
Quelle: Archiv der Sigmund Freud Privatstiftung Wien, Signatur: B-2081

Herstellung: Prime Rate, Budapest
ISBN 978-3-85409-760-0

Inhalt

Bertha Pappenheim – Versuch einer Spurensuche

> Sie war eine Frau, die jahrzehntelang eigensinnig für ihre Ideen eingetreten ist, Ideen, die in der Zeit lagen. Aber sie tat es oft in Formen und auf Wegen, die einer Entwicklung vorgreifen wollten, so wie sie auch nicht nach jedermanns Sinn und Geschmack waren. Schade! [1]

So lautet die Selbstbeschreibung Bertha Pappenheims in einem von ihr bereits zu Lebzeiten verfassten Nachruf. Wer war aber diese Frau, die mit diesen Worten humoristisch ein Zeugnis des Verkennens[2] und eine unzureichende Würdigung ihrer Tätigkeiten prognostizierte?

Berühmtheit erlangte Bertha Pappenheim lange Jahrzehnte vornehmlich als die Patientin Anna O. Bis zur Aufdeckung der wahren Identität Anna O.s durch den Freud-Biografen Ernest Jones 1953[3] hatte niemand vermutet, dass es sich bei Anna O. aus Sigmund Freuds und Josef Breuers »Studien über Hysterie« (1895) und Bertha Pappenheim um ein und dieselbe Person handeln sollte. Die Fallgeschichte der Anna O., von der unterschiedliche Versionen vorliegen, forderte nach ihrem Erscheinen die psychoanalytische Fachwelt immer wieder zu theoretischer Auseinandersetzung heraus[4] und prägte den therapeutischen Zugang zur menschlichen Psyche nachhaltig. Die Frage, wie es denn möglich sein konnte, dass aus der ehemaligen Patientin die später engagierte Fürsorgerin, Sozialreformerin und Feministin[5] wurde, hat seit der Aufdeckung von Jones einen Kreislauf weiterer mehr oder weniger seriöser Untersuchungen und Spekulationen in Gang gesetzt, nicht zuletzt auch im Bemühen, die Geschichte der Anna O. als Ursprungsmythos der Psychoanalyse zu entlarven.[6]

Eine Fülle an Literatur, sei es aus psychoanalytischer oder aus historischer Perspektive wurde mittlerweile publiziert. Die ehemalige Patientin Breuers fungierte auch als Vorlage für Literatur, Theater und Film. Bertha Pappenheims Engagement im Rahmen der Fürsorge und

der Frauenbewegung im Anschluss an ihre Behandlung sowie ihre sozialpolitischen, feministischen und religiösen Schriften gerieten in Europa nach der Shoah hingegen in Vergessenheit.
In den Erinnerungen einiger ehemaliger WeggefährtInnen, denen eine Emigration geglückt war, lebte sie jedoch weiter. Deren Bemühungen, Bertha Pappenheims intellektuelles und soziales Erbe entsprechend zu würdigen und ihre Arbeit fortzusetzen, blieben jedoch wenig erfolgreich. Der ehemaligen Mitarbeiterin und angeheirateten Cousine Bertha Pappenheims, Dora Edinger, ist es zu verdanken, dass aufgrund von Zeitungsaufrufen Briefe und Dokumente aus dem Nachlass Bertha Pappenheims gesammelt werden konnten.[7]
Das gesellschaftspolitische Klima in Deutschland und Österreich sowie deren postnationalsozialistische Gedächtniskultur, lange Jahre basierend auf Vergessen und Verdrängen, wirkte ebenfalls als Hemmnis für eine Wiederentdeckung Bertha Pappenheims. Auch die Einführung einer ihr gewidmeten bundesdeutschen Briefmarke im Jahre 1954, auf der sie als »Helferin der Menschheit« geehrt wurde,[8] ist in diesem Kontext als Geste anzusehen, die nicht geeignet war, Bertha Pappenheim wieder ins allgemeine Bewusstsein zu integrieren.
Erst im Zuge einer intensiveren Auseinandersetzung mit der NS-Vergangenheit sind Fragen nach Anknüpfungspunkten und Spuren jüdischen Lebens und jüdischer Tradition unter Berücksichtigung geschlechterspezifischer Erfahrungen in den Blickpunkt der Forschung gerückt und Bertha Pappenheim ist wieder präsenter geworden.[9] Insgesamt ist zu bemerken, dass auch heute noch der Patientin Anna O. mehr Aufmerksamkeit und Anerkennung geschenkt wird als der frauenbewegten und sozial engagierten Aktivistin Bertha Pappenheim. Auch in Wien, ihrer Geburts- und Heimatstadt, wurde ihrem sozialpolitischen, religiösen und literarisch-publizistischen Wirken lange Jahre kaum gebührende Beachtung geschenkt.[10]

In einem 1936 von Martin Buber, Religionsphilosoph und Diskussionspartner Bertha Pappenheims verfassten Nachruf heißt es:

»Es gibt Menschen von Geist, es gibt Menschen von Leidenschaft, beides ist nicht so häufig wie man meint, es gibt noch viel seltener,

Menschen von Geist und von Leidenschaft, aber das Seltenste ist die Leidenschaft des Geistes. Ein Mensch leidenschaftlichen Geistes ist Bertha Pappenheim gewesen. Musste sie da nicht streng werden, ach nicht hart, nur streng, liebesstreng, und gewaltig fordernd, und gewaltig zuernen, da doch alles so war wie es war und so blieb wie es war?«[11]

Ihre religiösen, sozialpolitischen, feministischen sowie literarischen Texte, die sich durch eine analytische Schärfe, eine feine Ironie und Humorfähigkeit auszeichnen, bezeugen den von Buber wertgeschätzten *leidenschaftlichen Geist*. Dieser artikuliert sich als Spannung zwischen Phantasie und Vernunft, zwischen Ideal und Realität, Tradition und Emanzipation – als ein wesentliches Spannungsmoment der Moderne, aber auch als individueller Konflikt Bertha Pappenheims.
So sind es vor allem gerade die Ambivalenzen und Widersprüchlichkeiten in ihrer Biografie, in ihrem Denken, ihren Ideen und Projekten, die es verdienen einer breiteren Öffentlichkeit präsentiert und kritisch durchleuchtet zu werden – freilich vor der Folie einer historischen Verortung.
Die Auswahl der in diesem Band publizierten Texte erfolgte einerseits im Versuch historisch-biografische Veränderungen und Kontinuitäten ihres Lebenswerks abzubilden und gleichzeitig im Wunsch einen möglichst differenten und doch repräsentativen Einblick in ihr soziales, frauenbewegtes und religiöses Engagement zu ermöglichen. Von Bertha Pappenheim selbst liegen weder Erzählungen über ihre Kindheit und Jugendjahre noch über die Zeit ihrer Krankheit und ihre Behandlung durch Josef Breuer vor. Eine Ausnahme bildet das von Bertha Pappenheim 1882 in Englisch verfasste Fragment des Berichts über ihre Krankheit.[12] Die berühmt gewordene Fallgeschichte der Anna O. ist – wie jede Fallgeschichte – jedoch auch Konstruktion, eine der Patientin Bertha Pappenheim, des Praktikers Breuer und des Theoretikers Freud, welcher sie selbst nie persönlich kennengelernt hatte,[13] d.h. auch Fiktion und Konstruktion einer spezifisch historischen Realität während des Zeitraumes der Behandlung. Im Versuch den scheinbaren Widersprüchlichkeiten des Verhältnisses von Anna O. zu Bertha Pappenheim, ihrer doppelten Identität [14] auf die Spur zu

kommen, stellt sich die Frage nach biografischen Anknüpfungspunkten, nach Kontinuitäten und Brüchen im Leben Bertha Pappenheims. In diesem stellt die Zeit als Patientin nur eine kurze Phase dar. Ihre anschließenden Lebensjahre gestalteten sich hingegen sowohl für die Frauenbewegung sowie das weite Feld sozialer Arbeit als produktiv und für viele ihrer ZeitgenossInnen als sehr prägend.
Zu überlegen gilt es, inwiefern Leben und Wirken der deutsch-jüdischen Sozialpionierin als spezifisches Zusammenspiel bzw. als Ergebnis »gradfadiger Verflechtungen und Verwebungen«[15] äußerer wie innerer Realität verstanden werden können und gleichsam als zeitgenössischer Versuch und lebenslanges Bemühen um eine weiblich-jüdische Identität anzusehen sind.

Das Zustandekommen meiner Auseinandersetzung mit Bertha Pappenheim/Anna O. in Form dieser Publikation verdankt sich der Unterstützung vieler Personen:
Karl Fallend danke ich für sein motivierendes Interesse und die Realisierung dieses Bandes. Der Pappenheim-Expertin Helga Heubach sei für ihre umfassenden Arbeiten, aber auch die persönlichen Informationen und Anregungen gedankt. Angela Völker, Expertin für Textilhandwerk hat mir neue Facetten Bertha Pappenheims vermittelt und ein Interesse für ihre Sammelleidenschaft von Spitzen geweckt. Bei Peter Thanel möchte ich mich besonders für die kritische Auseinandersetzung sowie seine umfassende technische Unterstützung in der Text- und Bildbearbeitung bedanken. Elisabeth Thanel und Katja Geiger danke ich für ihre sorgsamen Korrekturen und ihr Lektorat.

Anmerkungen

1 Selbstverfasster fiktiver Nachruf von Bertha Pappenheim für das Frankfurter *Israelitische Familienblatt* mit dem sie auf eine Umfrage Kurt Tucholskys »Wie stellen sie sich ihren Nachruf vor?« reagierte. Eine geplante Publikation ist jedoch nicht zustande gekommen. Vgl. dazu weitere von ihr verfasste Nachrufe: »(…) eine Frau von guten Fähigkeiten, kämpferisch jüdischem Wesen und deutscher Kultur gleich verpflichtet, die sich aber in ihrer Schärfe

und Ablehnung des Gedankengutes, das ihr nicht zusagte, bewußt außerhalb unserer Reihen stellte.« (C.V.-Zeitung) »Nach Herkunft und Erziehung eine orthodoxe Frau, die sich im Laufe der Jahrzehnte und unter dem nachweislichen Einfluß revolutionierender Gedanken der Frauenbewegung von ihrer Wurzel loszulösen vermeinte – sich oft feindselig gebärdete – sie aber doch nicht verleugnete. Sie hätte ihrem Jichus nach – wir erinnern daran, daß ihr Vater Mitbegründer der »Schiffschul« in Wien war – der Orthodoxie bessere Dienste leisten müssen. Schade!« (Der Israelit); »Eine eifrige alte Gegnerin unserer Bewegung, der dennoch jüdisches Bewußtsein und Kraft nicht abzusprechen sind. Wo sie deutsch zu sein glaubte, war sie doch nur eine Assimilantin. Schade!« (Die jüdische Rundschau) »Sie gründete im Jahre 1904 den Jüdischen Frauenbund, dessen Bedeutung längst nicht erfaßt ist. Die Weltjudenschaft – Männer und Frauen – könnten ihr für diese soziale Tat dankbar sein. Sie sind es nicht. Schade!« (Blätter des Jüdischen Frauenbundes) Alle Nachrufe sind abgedruckt in: Pappenheim u.a., 1994, 174-175

2 Bertha Pappenheim hatte selbst einst notiert: »*Verstanden werden ist schön, nicht verstanden werden ist traurig, mißverstanden werden ist zum Aus-der-Haut-fahren*«. Denkzettel, datiert mit 22.04.1935, zit. nach Jensen, 1984, 194

3 Jones, 1960, 266

4 vgl. z.B. Protokolle, 1908; Eitingon 1909; Rosenbaum/Muroff, 1984; Dulz, 2002; Quinodoz, 2005, etc.

5 Die Anwendung des Feminismusbegriffes im Kontext der zeitgenössischen Frauenbewegungen meint Frauenemanzipation, Engagement und Forderungen um erweiterte Handlungsspielräume sowie nach rechtlicher Gleichstellung und ist nicht gleichzusetzen mit dem Begriffsverständnis der Zweiten Frauenbewegung.

6 Vgl. z.B. Borch-Jacobson, 1997; Schweighofer, 1987

7 Ein Großteil befindet sich im Archiv des Leo Baeck-Instituts, New York. Vgl. dazu Edinger, Manuskript, Part 1-3; Edinger, 1963; Brentzel, 2002, 241f.

8 Vgl. Brentzel, 2004, 100

9 Seit 1997 ist im von Pappenheim 1907 gegründeten Mädchen- und Frauenheim in Neu-Isenburg/ Frankfurt am Main die Seminar- und Gedenkstätte Bertha Pappenheim untergebracht. Vgl. dazu: Heubach, 1986; Pappenheim u.a. 1994, Staszewski, 2003.

10 Bertha Pappenheim bewohnte gemeinsam mit ihren Eltern und ihrem Bruder von 1878 bis 1881 eine Wohnung im dritten Stock des Hauses

Liechtensteinstraße 2, 1090 Wien – in der Nähe von Sigmund Freuds Wohnsitz in der Berggasse 19. Die Errichtung einer Gedenktafel an diesem Wiener Wohnsitz durch die Österreichische Volksbanken AG, im Konzern Hauseigentümer und Stifter, in Kooperation mit der Autorin und Projektinitiatorin ist als nachträgliche Antwort auf dieses Versäumnis zu verstehen. Die Enthüllung der Gedenktafel fand am 02.10.2007 statt.

11 Buber, 1936, 2

12 Hirschmüller, 1978, 369-370

13 Neben den Erzählungen und Berichten Breuers wusste Freud jedoch über seine Verlobte Martha Bernays, welche in familiärer Beziehung zu Bertha Pappenheim gestanden hatte über diese Bescheid: Berthas Vater hatte nach dem Tode von Marthas Vater die Vormundschaft für dessen Kinder übernommen. Jensen, 1984, 35

14 Sie selbst sprach im Rahmen ihrer Behandlung von der Koexistenz »zweier Ichs.« Breuer, 1882, 8, zit. nach: Hirschmüller, 1978, 353

15 Zit. nach einem Reisebrief Bertha Pappenheims aus Warschau vom 10.05.1912, Pappenheim, 1924a, 161, zit. nach: Jensen, 1984, 145/146.

Bertha Pappenheim (1859-1936)
Biographische Stationen und Werk

Kindheit und frühe Sozialisation: Die höhere Tochter

Bertha Pappenheim wurde am 27. Februar 1859 in Wien geboren.
Ihr Vater, Sigmund Pappenheim (1824 –1881) stammte aus einer jüdisch-orthodoxen Handelsfamilie, die ursprünglich im Pressburger (Bratislava) Ghetto lebte. Ihr Großvater war durch eine Erbschaft in obere soziale Schichten aufgestiegen und verwendete das von seinem Schwager ererbte Vermögen zur Förderung der strengen Orthodoxie. Sein Sohn, ein ebenfalls »konservativ orthodoxer Mann« und weltgewandter Kaufmann mit weitreichenden Handelsbeziehungen war Mitbegründer des ungarisch-orthodoxen Bethauses in Wien, der sog. »Schiffschul«.[1] Die Familie ihrer Mutter, der Frankfurter Jüdin Recha Pappenheim, geb. Goldschmidt (1830 – 1905), zählte zum gehobenen Bildungsbürgertum Frankfurts und nahm am sozialen und kulturellen Leben einflussreicher jüdischer Kreise teil. Im Unterschied zur Familie väterlicherseits erwies sie sich wesentlich weltoffener und liberaler.
Bertha Pappenheim selbst wuchs in einer bürgerlichen jüdisch-orthodoxen Familie, die Kontakte zu einflussreichen liberal-konservativen Wirtschaftskreisen unterhielt, im zweiten Wiener Gemeindebezirk (Leopoldstadt), dem Zentrum der Wiener jüdischen Gemeinde auf.
Unter strikter Beibehaltung orthodox-jüdischer Tradition waren reiche Familien wie die Pappenheims in Form einer äußerlichen Anpassung an christlich-bürgerliche Normen gleichzeitig auch bereit Konzessionen an die Moderne zu machen, nicht zuletzt auch in deutlicher Abgrenzung zu jüdischen ZuwanderInnen aus dem Osten. Somit stand Bertha Pappenheims Sozialisation in einem Spannungsfeld zwischen orthodox-jüdischer Tradition und Akkulturation. Über ihre Kindheit und Jugend ist nur wenig überliefert. Bekannt ist, dass Bertha entsprechend einer zeitgenössischen traditionellen Geschlechterrollenzuschreibung gemeinsam mit ihrem um ein Jahr jüngeren Bruder Wilhelm (1860-1937) aufwuchs.

Über ihre beiden Schwestern finden sich keine Aufzeichnungen: Berthas Schwester Flora (1853-1855) – vor der Geburt Berthas verstorben – und Henriette (1849-1867) – verstorben, als Bertha acht Jahre zählte – finden weder in der Fall- und Krankengeschichte Josef Breuers,[2] noch in Korrespondenzen der behandelnden Ärzte jemals eine Erwähnung.

Während Berthas Vater in der Fall- und Krankengeschichte sowie der nachfolgenden Theoriebildung aufgrund der ihr in der Literatur durchgängig zugeschriebenen »väterlichen Übertragunsgliebe« zur prominenten Figur wurde, blieben hingegen die weiteren Mitglieder der Familie Pappenheim entweder schemenhaft oder unberücksichtigt. Dies erstaunt insofern, als Berthas Mutter über ihre eigenen Tagebucheintragungen auf die Behandlung der Tochter wesentlich Einfluss genommen hatte.[3] Breuer zufolge habe der sehr ernsthaften Mutter aufgrund bestehender Stimmungsschwankungen und Launenhaftigkeit die Lustigkeit der Tochter nie sehr behagt.[4] Berthas Cousin, Fritz Homburger zufolge, habe Bertha sowohl an ihrem Bruder sowie an der Mutter sehr gehangen, allerdings nur »par distance«.[5] Eine konfliktreiche Beziehung zu Bruder und Mutter findet sich auch in der Krankengeschichte Breuers bestätigt. Stellte Bertha Pappenheims Krankheit selbst womöglich einen Akt der `Verschleierung´ dar, so fürchtete sie selbst ein anderes Familiengeheimnis: Ihr Vater war während ihrer Behandlung verstorben. Die Wahrheit über seinen Tod wurde ihr offensichtlich vorenthalten. Dies wurde von Breuer als zentrales Moment des sich im Behandlungsverlauf verschlechternden Verhältnisses zwischen Mutter und Tochter interpretiert.[6] Aufgrund fehlender Quellen lassen sich keine Aussagen über das spätere Mutter-Tochter-Verhältnis treffen. Tatsache ist, dass Bertha bis zum Tode der Mutter 1905 im gemeinsamen Haushalt lebte – trotz oder gerade wegen ihrer Rolle als »Vater-Tochter« – und nach einer »Ausschaltung des Dritten« an die Mutter gebunden blieb.[7]
Da es keine höhere Schule für jüdische Mädchen gab, besuchte Bertha Pappenheim 1865-1875 eine katholische Mädchenschule, deren Unterricht – gemäß einer bürgerlichen Mädchenbildung – vorrangig auf die Vorbereitung auf familiäre und repräsentative Pflichten

ausgerichtet war. Das Leben des Mädchens fand ausschließlich in engem familiären Rahmen und unter dessen strenger Aufsicht statt, in einer Konzentration auf ein ihr zugedachtes künftiges Leben als Ehefrau und Mutter reduziert auf »Kinder, Kueche, Kleider.«[8]
Wenngleich Bertha durch den Schulbesuch in ihrem eigenen Glauben nicht irritiert wurde,[9] sah sie sich in eine minoritäre Position verwiesen, die sie auch im späteren Leben immer wieder einnehmen sollte. Im Zentrum des Unterrichts stand die Vermittlung einer weltlich-klassischen Bildung, allgemeiner und ästhetisch-literarischer Kulturkenntnisse und von Fremdsprachen, ergänzt durch Musik (B.P. spielte Klavier), Tanz und Handarbeiten, wie Spitzenklöppeln. Bereits damals begann sie Spitzen zu sammeln – eine ihrer lebenslangen Leidenschaften.[10] Bertha erhielt Sprachunterricht in Englisch, Französisch und Italienisch sowie Privatunterricht in Hebräisch und Jiddisch. Sie führte das »übliche Leben einer höheren Tochter.«
In dem einzigen an Hannah Karminski,[11] ihre um viele Jahre jüngere Freundin und langjährige Wegbegleiterin erhaltenen Brief vom 29. Juli1934, äußert sich Pappenheim rückblickend kritisch über die ihr per Stand und Geschlecht zuerkannte primär ästhetische Bildung, zumal diese nur mangelnde Einblicknahme in das öffentlich-soziale Leben bot und jeglicher praktischen Anwendbarkeit im Alltag entbehrte.

»Liebe Hannah,
(...) Ich habe Ihnen sanft gebeichtet, dass mir Buecher im allgemeinen nicht wichtig erscheinen, wenigstens nicht in Massen und als Gradmesser dessen, was man Bildung nennt. (...) Andererseits glaube ich aber bei einigem Nachdenken auch, dass ich geworden bin, ebenso wie das, was ich nicht geworden bin, auf diese mangelhafte geistige Ernaehrung – fast moechte ich sagen Unterernaehrung zurueckzufuehren ist.«[12]

Diese »geistige Unterernährung« der zufolge »höhere Töchter« wie sie mit »verschleierten Augen«[13] vor der Realität der Welt stünden sowie die Tatsache, dass jüdische Mädchen aufgrund fehlender Zugangsmöglichkeiten zu religiöser Bildung vom jüdisch geistigen Leben ausgeschlossen blieben, Frauen die Möglichkeit des

Thora-Studiums sowie ein Zugang zu synagogalen Ämtern verwehrt war, ließ sie ihren Bruder, später Jurist, Hof- und Gerichtsadvokat, um seine religiösen und weitreichenderen Bildungs- und Ausbildungschancen beneiden. Möglicherweise war dies mitentscheidend für ihr späteres Engagement im Rahmen der jüdischen Frauenbewegung. Dazu Bertha Pappenheim 1934:

»*Trotzdem den alten Juden die Erfahrung der Unentbehrlichkeit der Frau nicht entgangen sein konnte, wird das weibliche Kind bei ihnen als ein Geschoepf zweiter Guete betrachtet. Das geht schon aus dem verschieden betonten Empfang eines neuen Weltbuergers hervor. (...) Alle Mizwahs und Gebraeuche, die fuer die Geburt eines Knaben und seine Aufnahme in den Bund vorgesehen sind, werden mit »nur« einem Maedel gegenstandslos und ausgeschaltet, und alle Wuensche und Hoffnungen fuer das Kind selbst sind weniger stolz und zukunftsreich.*«[14]

Bertha Pappenheims eigene religiöse Erziehung widmete sich vorrangig der Erfüllung weiblich-religiöser Pflichten, d.h. der Einhaltung der Reinheits- und Speisegebote sowie der Bereitung des Sabbatmahls, worauf sie ihr Leben lang und insbesondere in dem von ihr 1907 gegründeten Mädchen- und Frauenheim in Neu-Isenburg ganz besonderen Wert legte.[15]
Aus der Fallgeschichte Breuers ist zu erfahren, dass es sich zum Zeitpunkt ihrer Erkrankung 1880 bei Anna O. um eine 21jährige Frau handelte,

»*von überfließender geistiger Vitalität*«, »*von bedeutender Intelligenz, erstaunlich scharfsichtiger Intuition; ein kräftiger Intellekt, der auch solide geistige Nahrung verdaut hätte und sie brauchte, nach Verlassen der Schule aber nicht erhielt. Reiche poetische und phantastische Begabung, kontrolliert durch sehr scharfen und kritischen Verstand. Ihr Wille war energisch, zäh und ausdauernd; manchmal zum Eigensinn gesteigert, der sein Ziel nur aus Güte, um anderer Willen, aufgab.*«[16]

In den von Breuer und Freud präsentierten Fallgeschichten der Anna O. finden sich weder Anknüpfungspunkte auf die tiefe Religiosität Bertha Pappenheims noch insgesamt auf ihr familiäres Milieu. Ihre tiefe Religiosität als zentrale Denk-, Fühl- und Handlungsgrundlage ist daher lange Jahre eine Leerstelle geblieben bzw. findet bestenfalls als »Sprache des Vaters«[17] entsprechende Berücksichtigung.
Es verwundert, dass ihre Religiosität im Unterschied zu ihren intellektuellen Fähigkeiten auch in Briefwechseln und nicht für die Öffentlichkeit bestimmten Schriften weder von Breuer noch von Freud als solche vermerkt wurde. Erwähnt wird, dass sie im Zuge ihrer Behandlung zu beten versuchte, ihr dies aber nur auf Englisch möglich war.[18] Vermutlich steht dieses Verschweigen von Bertha Pappenheims Religiosität in Zusammenhang mit dem Bestreben die wahre Identität der Anna O. geheim zu halten. Möglicherweise resultiert dieses Nichterkennen, Leugnen aber auch aus eigenen Erfahrungen und der eigenen Biografie, aus der Abwendung der beiden Autoren von der eigenen Religion, vom »Gesetz der Väter«, ihrer »innerjüdischen Erbschaft.«[19] Gleichzeitig war damit auch das Bestreben verbunden, antisemitische Stereotype nicht bedienen zu wollen. Um 1900 galt das Symptom der Hysterie geradezu als Synonym für den »jüdischen Charakter«, dem eine angeborene gesteigerte Nervosität zugesprochen wurde.[20] Wenngleich derartige rassische Stereotype eher auf das männliche Geschlecht projiziert wurden, so kann diese Verschiebung auf eine weibliche Erscheinungsform auch als Versuch gelesen werden, eben jenen Stereotypen keine Nahrung zu liefern.[21]
In einem Brief Breuers an Robert Binswanger[22] wird »die Kranke aus orthodox-jüdischem Hause« als »persönlich völlig glaubenslos«, ihr Festhalten an jüdischen Speisegeboten einzig als Ausdruck eines engen Verhältnisses zum Vater dargestellt.[23] So heißt es in der 1882 an Binswanger geschickten Krankengeschichte Breuers:

»Sie ist durchaus nicht religiös; die Tochter sehr orthodox frommer Juden, gewohnt an die peinlichste Befolgung der Vorschriften um des Vaters willen, dürfte sie auch jetzt noch um seinetwillen daran festhalten. Eine Rolle in ihrem Leben spielte Religion nur als Gegenstand stiller Kämpfe und stiller Opposition.«[24]

War der jungen Bertha Pappenheim das Judentum zum Ort der weiblichen Repression geworden, so suchte sie im Rahmen ihres späteren sozialen und feministischen Engagements über die Berufung auf religiöse Traditionen selbst eine Legitimitätsgrundlage für ihre emanzipatorischen Forderungen zu schaffen, im Versuch der individuellen sozialen wie religiösen Verortung zwischen Weltoffenheit und Orthodoxie, zwischen Emanzipation und Tradition.

Bertha Pappenheim und Anna O. – Jahre der Krankheit

Mit Ende des Schulbesuchs hatte sich der 16jährigen Bertha kein breites Spektrum an Möglichkeiten eröffnet, ihren *leidenschaftlichen Geist* zu betätigen. Da für Frauen gehobener bürgerlicher Gesellschaftskreise lediglich eine ehrenamtliche Betätigung im Rahmen der Wohlfahrt als standesgemäß erschien,[25] war ihr die Ausübung einer außerhäuslichen Berufsarbeit ebenso wenig möglich wie der Zugang zu höherer Bildung oder zu einem Studium.
Aufgrund dessen erschien ihr rückblickend eine Berufsausbildung von Mädchen, die sich für »pflegerische und sozialpaedagogische Berufe entscheiden, wie Krankenpflege, Kindergaertnerin, Hortnerin, Sozialbeamtin etc« als Gegenpol zu der von ihr erfahrenen Isolation und fehlenden geistigen Auseinandersetzung als besonders erstrebenswert. »In der Ausuebung dieser Berufe« würden »Licht und Schatten, Freude und Sorge, Befriedigung und Anstrengung (Sex Appeal inbegriffen) oft recht nahe beisammen« liegen, »sodass diese Maedchenzeit doch als eine sehr reiche angesprochen werden« könne.[26]
Der häuslichen Monotonie entfloh Bertha Pappenheim durch ein »systematisches Wachträumen«, ihr sog. »Privattheater«. Breuer und Freud selbst vermerkten die Bedeutung des sozialen Bezugs im Hinblick auf eine »Dissociation der Persönlichkeit« als »den in monotonem Familienleben und ohne entsprechende geistige Arbeit unverwendeten Überschuss von psychischer Regsamkeit und Energie, der sich in fortwährendem Arbeiten der Phantasie entladet und das habituelle Wachträumen (»Privattheater«) erzeugt.«[27] In der 1882 an

Binswanger geschickten Krankengeschichte Breuers wird zudem die leidenschaftliche Liebe zum Vater als Ersatz für eine geistige Tätigkeit angesehen.[28] Hier setzt nun jener Lebensabschnitt ein, den man vielleicht als *Geburtsstunde der Anna O.* bezeichnen könnte. Erklärungsansätze zur Entstehung weiblicher Hysterie ausschließlich als Widerspruchspotential gegen eine sozial normative Rollenfixierung[29] erweisen sich jedoch im Hinblick auf Pappenheims Sozialisation und Biografie nicht als ausreichend. Vielmehr scheint das Konfliktmoment, nämlich jenes zwischen Anpassung und Emanzipation, der Versuch einer individuellen und sozialen Identitätskonstruktion im Spannungsfeld von Tradition und Moderne mitentscheidend zu sein. Dieser Konflikt durchzieht Bertha Pappenheims Biografie wie ein roter Faden.

Die höchst komplexe Krankengeschichte näher zu erläutern, würde den Umfang des vorliegenden Textes bei weitem überschreiten, daher nur in Kürze eine Zusammenfassung:

Im Zuge der Pflege ihres kranken Vaters traten bei Bertha Pappenheim im November 1880 erstmals schwere psychische und somatische Beschwerden auf, aufgrund welcher sie – wie zuvor ihr Vater (er starb 1881) – selbst bis Juni 1882 Patientin bei Josef Breuer wurde.[30] Das Spektrum ihrer Symptome reichte von allgemeiner Schwäche, Verweigerung der Nahrungsaufnahme, nervösem Husten, diversen Anästhesien, Lähmungen, Seh- und Hörstörungen und Neuralgien bis hin zu einer Sprachstörung in Form eines Verlustes der Fähigkeit der Muttersprache sowie zu Delirien und halluzinatorischen Wahnvorstellungen. Bertha Pappenheim wechselte zwischen zwei Bewusstseinszuständen, einem getrübten während des Tages, in welchem sie halluzinierte *(condition seconde)*, und sich – so Breuer – »ungezogen«, »launisch« und »boshaft« verhielt und einem ungetrübten Zustand während des Abends, in welchem sie ängstlich, traurig, aber »relativ normal« gewesen sei. Während – so Freud – sich der Arzt »gegen den hysterischen ganz anders einstellt als gegen den organisch Kranken«, zumal er mit seiner anatomisch-physiologischen und pathologischen Vorbildung dieser selbst wie ein Laie gegenüberstehe, so schenkte Breuer seiner Patientin Sympathie und Interesse, obwohl auch er ihr anfangs nicht zu helfen verstand.[31] Erzählte Bertha Pappenheim im Rahmen allabendlich wiederkehrender hypnoider Zustände (»clouds«) anfangs Geschichten »immer traurig, teilweise sehr hübsch«[32], so entwickelte sie gemeinsam mit Breuer im Laufe der Behandlung eine »therapeutisch-technische Prozedur«, die »kathartische Methode« der sog. »talking cure« – von Pappenheim scherzhaft als »chimney-sweeping« (Kaminfegen) bezeichnet[33], welche ihre hysterischen Phänomene zum Verschwinden brachte, »sobald in der Hypnose das Ereignis reproduziert war, welches das Symptom veranlaßt hatte.«[34] In der 1895 von Breuer und Freud veröffentlichten Fallgeschichte der Anna O. wird die Behandlung als Geschichte einer »Heilung« erzählt, nicht zuletzt wohl auch, um die skeptische medizinische Kollegenschaft von der Wirksamkeit der neuen Methode zu überzeugen. Dazu Freud im Vorwort der Studien:

»*Wir fanden (nämlich), anfangs zu unserer größten Überraschung, daß die einzelnen hysterischen Symptome sogleich und ohne Wiederkehr verschwanden, wenn es gelungen war, die Erinnerung an den veranlassenden Vorgang zu voller Helligkeit zu erwecken, damit auch durch den begleitenden Affekt wachzurufen, und wenn dann der Kranke den Vorgang in möglichst ausführlicher Weise schilderte und dem Affekt Worte gab.*«[35]

Jedoch hatte sich Bertha Pappenheim in den Folgejahren weiteren vier Sanatorienaufenthalten[36] zu unterziehen. Von Juni 1881 bis August 1887 sind weitere Klinikaufenthalte Pappenheims im Sanatorium Inzersdorf sowie in der Schweizer Privatklinik Bellevue in Kreuzlingen belegt.
Aus Erinnerungen an Bertha Pappenheim geht hervor, dass sie zeitlebens zwar sehr kämpferisch und eine starke Persönlichkeit gewesen sei, jedoch von gebrechlicher Erscheinung und schwacher Gesundheit. Welcher Art ihre Beschwerden waren, darüber geben die Quellen keine schlüssige Antwort.[37]

Wenngleich Pappenheim aus der Behandlung Breuers nicht geheilt hervorging, so lasst sich mit Blick auf ihr späteres Leben die von Anna O. gemeinsam mit Breuer entwickelte *talking cure* in einer

Umkehr des traditionellen Arzt-Patientinnenverhältnisses als Ausdruck eines »radikal aufklärerischen Ansatz(es) der Psychoanalyse«[38] vielleicht als erste wegweisende Hilfestellung einer *Hilfe zur Selbsthilfe* ansehen. Ihr umfangreiches sprachliches Engagement in Form von öffentlichen Stellungnahmen, Wortmeldungen sowie ihre rege literarisch-publizistische Tätigkeit weisen in diese Richtung.[39]
Sicher ist: »Patient and doctor shared, however, one discovery: the cathartic treatment.« [40]

Autonomiebestrebungen: Von Anna O. zu Bertha Pappenheim

Diverse Versionen der Fallgeschichte geben zwar Auskunft über ihre Jahre als Patientin – ebenso ein partiell erhaltener Briefwechsel der Familie mit den jeweils behandelnden Ärzten. Allerdings gibt es für die folgenden Jahre, ihre Phase der »Verpuppung«[41], nur wenig Material, das als seriöse Quelle zur Erhellung ihrer Biografie dienen kann. Bekannt ist, dass Bertha Pappenheim von 1883 bis 1888 hauptsächlich in Wien lebte. Interesse an der Ausübung einer sozialen beruflichen Tätigkeit, den Wunsch, Krankenschwester zu werden, hatte Bertha Pappenheim bereits 1882 während ihres Aufenthalts in Kreuzlingen artikuliert. Während Breuer diesem Wunsch aufgrund ihres »sehr regen Mitleids [...] das als Trieb in ihr, der am ehesten Bethätigung braucht«[42] nicht ablehnend gegenüberstand, war diese Idee für den behandelnden Arzt Dr. Laupus hingegen lediglich »Projektemacherei« und Ausdruck ihrer fehlenden Einsicht in »die Schwere ihres Status nervosus«[43] Ihre Mutter dürfte ebenfalls nicht von der Ernsthaftigkeit dieses Projektes überzeugt gewesen sein. In einem Brief an Binswanger 27. August1882 schrieb sie:

»Die Idee der Krankenpflege wird für den) Augenblick wenigstens, dadurch am ehesten abgeschwächt, d(a)ß man im Princip darauf eingeht, denn wenn sie auch später dabei beharrt u(nd) und man sie als »tauglich« dazu annähme, wäre es nicht d(as) Schlimmste, die den theoret(ischen) Curs beginnen zu lassen. In der Nähe betrachtet würde sie, glaube ich, aus eigener Initiative davon abgehen.«[44]

Tatsächlich hatte Pappenheim im November 1882 im Rahmen eines Aufenthalts bei ihren Karlsruher Verwandten, welcher mit der Hoffnung verbunden war, »*dass die neue Umgeb(u)ng die noch vorhandenen Psychosereste zum Verschwinden bringen*« könne[45] an einem dreimonatigen *Krankenpflegekurs für Frauen und Jungfrauen gebildeten Standes* teilgenommen, diesen jedoch nicht abgeschlossen.[46]
Wenngleich Bertha immer wieder Bedauern äußern sollte hinsichtlich einer unterlassenen Mutterschaft sowie darüber, *die Liebe nicht kennengelernt* zu haben – wie es auch in einem ihrer Gedichte heißt[47], lehnte sie das Eingehen einer standesgemäß arrangierten Ehe nach dem Vorbild der Eltern ab. Welch Motivationen dahinter gelegen haben, ist unklar. Es gibt viele Theorien über ihre Ablehnung der Ehe. Sei es nun die Trauer um ein abrupt zerstörtes Vaterbild[48], beeinflusst von zeitgenössischen bürgerlichen Konzeptionen der romantischen Liebe[49] oder ihr Anspruch auf Gleichberechtigung von Frauen und Männern innerhalb der jüdischen Familie als »her woman´s right.«[50] Breuer jedenfalls hatte ein »unentwickeltes sexuales Element« konstatiert und interpretierte ihr Verhältnis zum Vater als Ersatz für eine andere Verliebtheit.[51]
Für Pappenheim selbst, waren »Heirat und Ehe [...] zweierlei.«[52] Die betrauerte fehlende Liebe wurde – wie sie selbst notierte – zur Nächstenliebe als »[...] Bändigung aller ich-süchtigen Triebe aus sozialem Empfinden [...].«[53]
Die Konzepte der *Hilfe zur Selbsthilfe* sowie der *geistigen Mütterlichkeit* anstelle biologischer Mutterschaft zeichneten nicht nur Bertha Pappenheims folgendes individuelles fürsorgerisches Engagement aus. Sie entsprachen gleichzeitig auch den zentralen zeitgenössischen Grundlagen erster methodisch-theoretischer Leitlinien professioneller Sozialarbeit und leiteten einen Paradigmenwechsel nicht nur im Wohlfahrtswesen ein. Auf der Basis eines gültigen bürgerlichen Geschlechterrollenmodells fungierte weibliche soziale Arbeit im Rahmen der öffentlichen Fürsorge als Pendant zu einer historisch weiblich gedachten privaten Reproduktion. Allerdings ließen sich über das soziale Engagement im Rahmen eines *Wohlfahrtsfeminismus*[54] von den »sozialen Feministinnen«[55] auch Anliegen in Richtung einer gerechteren Gleichstellung von Mann und Frau formulieren, die auf politischem Wege damals nicht zu artikulieren oder

einzufordern waren. Pappenheim selbst bot das soziale Engagement auch einen Ausgleich für das ihr »versagte Glück« der Mutterschaft: »*Mutterschaft ist das einer Frau Zugefügte, über das sie auch unglücklich sein kann. Mütterlichkeit ist das Urempfinden der Frau, das auch eine Unberührte beglückt empfinden kann.*«[56]
In einem Brief an Frau G. vom 6. November 1924 sucht sie der wegen ihrer Kinderlosigkeit trauernden Adressatin mit der Aussicht auf eine soziale Tätigkeit mit folgenden Worten Trost zu spenden:

» *Ich fuehle wie traurig Sie darueber sind, dass Ihnen das hoechste Frauenglueck vielleicht versagt ist, aber ich moechte Ihnen doch vielleicht einen Trost geben (...) Frauen, die das Glueck wirklicher, persoenlicher Mutterschaft entbehren muessen, koennen zu einer grossen Faehigkeit geistiger Muetterlichkeit heraufwachsen, wenn sie die steilen Wege der Fuersorge fuer solche Kinder und Jugendliche gehen, fuer die die leibliche Mutter teilweise oder ganz versagt. Fuer diese jungen Menschen, denen Sie eine Schickung werden koennen, sollen Sie sich mit Ihrer ganzen Waerme und Lebendigkeit einsetzen lernen, grosse Arbeit tun, und heilige Kleinarbeit verrichten lernen, – dann werden Sie Ihr Schicksal mit Wehmut ertragen lernen (...).*«[57]

In Analogie zu anderen zeitgenössischen Pionierinnen der Sozialarbeit wie z.B. Alice Salomon[58] suchte Pappenheim in der spezifischen Verbindung von Ansätzen zur Lösung der Frauenfrage und zur Lösung der sozialen Frage, durch die Verpflichtung bürgerlicher Frauen zu persönlichem sozialen Engagement einen sozialen Ausgleich zu schaffen. Allerdings wurde bei ihr – im Unterschied zur konvertierten Salomon – dieser Ansatz ergänzt durch das Streben zur Lösung der »Judenfrage.«[59]

Erste Kontakte mit Fürsorge und Frauenbewegung

Als entscheidende Zäsur für ihr späteres Wirken ist ihre aus familiären Gründen bedingte Übersiedlung mit ihrer Mutter nach Frankfurt 1888 anzusehen.

Die weiblichen Mitglieder ihrer Frankfurter Familie waren in der traditionellen Wohltätigkeit der alten Fürsorgevereine tätig und zeigten sich den Ideen der bürgerlichen Frauenbewegung offen.[60] Auf diesem Weg knüpfte Pappenheim erstmals Kontakte mit der bürgerlichen Frauenbewegung sowie jüdischen Wohltätigkeitsvereinen.
In ihren ersten Frankfurter Jahren betätigte sie sich vermutlich auf Anregung ihrer Cousine, der Autorin und Lehrerin Anna Ettlinger vorwiegend publizistisch und trat vorerst noch unter dem Pseudonym[61] Paul Berthold als Autorin von Kinderbüchern und Märchen sowie erster religiöser und frauenrechtlerischer Texte in Erscheinung. Ihre frühen Schriften, überwiegend Kindergeschichten und Märchen im Bereich der Phantasie angesiedelt, lassen deutliche Parallelen zu ihrer Biografie erkennen und Anklänge auf ihr späteres soziales und religiöses Engagement herauslesen. In ihren späteren frauenbewegten, religiös und sozial engagierten Texten trat sie hingegen nicht mehr personifiziert in Erscheinung und wandte sich immer mehr einer äußeren statt inneren Realität zu. Zugleich verzichtete sie auf ihr Pseudonym.
Während Pappenheims Familie traditioneller Weise als großzügige Finanziers der jüdischen Gemeinden fungierte, betätigte sie sich selbst in den Folgejahren in diversen jüdischen Wohlfahrtsvereinen in praktischer sozialer Arbeit, etwa der Arbeitslosen-, Obdachlosen- und Gesundheitsfürsorge, insbesondere jedoch der Kinder- und Jugendwohlfahrt. In einem Verständnis von Wohltätigkeit (Zedaka) als religiöse Pflicht (Mizwah)[62] sowie überzeugt davon, dass es »zu den wichtigsten Zeitgedanken solcher Fürsorge gehört, daß Almosen einem Narkotikum gleich, schädlich und demoralisierend wirkt. Helfen kein bequemes, gedankenloses, fahrlässiges Schenken von Geld und Geldeswert sein kann (...)«, widmete sie sich dem Ziel, an die Stelle traditioneller Wohltätigkeit eine »durchdachte, durchorganisierte Wohlfahrtspflege« zu setzen.
Pappenheim machte sich autodidaktisch mit Fragen der Fürsorge und der Frauenbewegung vertraut; zunächst als gelegentliche Mitarbeiterin in der Sozialarbeit privater, vielfach philantropischer Fürsorgevereine. Allmählich gewann sie aber zunehmende Kenntnis und Sicherheit und die soziale Arbeit wurde zu ihrem zentralen Lebensinhalt.

Ab 1888 engagierte sie sich in der Hilfe für osteuropäische Flüchtlinge, die im Zuge der Pogrome ihre Heimat verlassen mussten und nach Deutschland flüchteten, etwa in der *Israelitischen Suppenanstalt* und im *Israelitischen Hilfsverein* sowie im *Hilfscomité für die notleidenden osteuropäischen Juden.*

Sie motivierte und organisierte bürgerliche jüdische Frauen für die Wohlfahrt nach dem Muster des 1892 in Frankfurt konzipierten *Hauspflegevereins*[63] und erarbeitete Modelle einer Ersatzerziehung für jene Kinder, denen eine Familienerziehung aufgrund sozialer Probleme nicht oder nicht ausreichend gewährleistet schien, etwa im Rahmen der Gründung von Israelitischen Volkskindergärten, Krippen und Horten und Flickschulen für weibliche schulentlassene Jugendliche.[64]

Ohne Vorwissen, Ausbildung und praktische Erfahrung übernahm sie 1885 die Leitung der *Mädchenwaisenanstalt des Israelitischen Frauenvereins.* Anstelle der erkrankten Hausmutter, habe sie das Waisenhaus – so das Zeugnis des Vorstandes des Israelitischen Frauenvereins 1905 – zu einer »mustergültigen Erziehungsanstalt für Mädchen« etabliert, »die sie zu nützlicher bürgerlicher Tätigkeit heranziehen wollte.«[65] In der Führung und Ausrichtung des Heimes, in dem dreißig Mädchen von 6-18 Jahren lebten, fanden sich erste Anklänge einer »modernen« Auffassung von Fürsorge und Erziehung: Die Mädchen wurden als »Schützlinge« und nicht als »Zöglinge« verstanden, das Heim selbst als gemeinsame Lebensform, die mehr an einer Familienerziehung orientiert war denn einer Anstalt.[66] Diese Aufgabe markierte einen entscheidenden Schritt auf dem Weg zu professioneller Sozialpädagogik und Sozialarbeit, welcher – so Pappenheim 1901 – »ein eigentümlicher, treibender und beglückender Zauber« inne hafte und »wie im Märchen (...) was schmutzig und ekelerregend ist, in lauteres Gold« verwandle.[67]

In einer Auseinandersetzung mit gesetzlichen Missständen bzw. Benachteiligungen im öffentlichen Fürsorgewesen ledigen Frauen und Kindern gegenüber, sowie im Wunsch einer Reformierung des Pflege- und Adoptivwesens war sie zusätzlich ab 1900 als ehrenamtliche Waisen- und Armenrätin in der Kinder- und Jugendfürsorge der Stadt Frankfurt tätig.[68] In Zusammenarbeit mit zahlreichen privaten wie öffentlichen Vereinen der Jugendwohlfahrt, wie etwa den

Mutter- und Kinderschutzvereinen wirkte sie an der organisatorischen Umgestaltung der lokalen städtischen Armenpflege mit, mit dem Ziel der Straffung und Zentralisierung der zersplitterten privaten und öffentlichen Wohlfahrtseinrichtungen sowie zur Rationalisierung ihrer Angebote und der sozialen Arbeit.[69] In diesem Kontext unterhielt sie umfassende Kontakte zu zeitgenössischen Kommunal- und Sozialpolitikern, mit denen sich die Zusammenarbeit nicht immer einfach gestaltete. Polemisierte sie gegen ihre männlichen Mitstreiter, deren *»durch Generationen (...) bedingte Eitelkeit«*, welche *»die sachliche Kritik einer Frau an seinem Tun und Verhalten nur als allgemeine `Männerfeindlichkeit`« empfinden«* würden, kritisierte sie an ihren Geschlechtsgenossinen eine fehlende Selbstsicherheit, *»dass sie glauben, ‚der Mann' sei immer Stützer, Helfer und Retter, auch wenn er im Einzelfall als Persönlichkeit evident minderwärtig und für eine gegeben Sache unbrauchbar«* sei.[70]

Im Zuge der Industrialisierung sowie der Einwanderung von Pogromflüchtlingen aus dem Osten war das Elend der jüdischen Bevölkerung in den Städten besonders gewachsen. Infolgedessen initiierte Pappenheim 1901 erstmals Hilfen insbesondere für die zunehmende Zahl unehelich geborener jüdischer Kinder, osteuropäischer ZuwanderInnen und Prostituierter und widmete sich dem Aufbau einer spezifischen jüdischen Armen- und Wohlfahrtspflege.

In diesem Kontext gründete sie gemeinsam mit der Fürsorgerin Henriette Fürth[71] den *Verein Weibliche Fürsorge*, der als Abteilung des *Israeltischen Hilfsvereins* der Prophylaxe sowie der Unterstützung jüdischer Notleidender dienen sollte und über ein umfassendes Netz sozialer Angebote verfügte. Dies beinhaltete eine Kinderschutzkommission, ein Kinderhaus, eine Kommission zur Stellenvermittlung, Abteilungen für Berufsberatung, Wohnungsfürsorge, Gefängnis- und Krankenhaushilfe, Familienpflege sowie eine Kommission zur Bekämpfung des Mädchenhandels und für soziale Arbeit in Galizien etc.[72] 1901 artikulierte sie ihre Auffassungen und Zielsetzungen der Vereinsarbeit folgendermaßen:

»*Unter Helfen verstehe ich natürlich keine Hilfe im Sinne von Wohltätigkeit, sondern verstehe darunter Rat, Förderung und das*

Zugeständnis aller rechtlichen und politischen Mittel, deren jeder Mensch, Mann und Frau, zur Aufrechterhaltung seiner physischen und sittlichen Existenz bedarf.«[73]

Wenngleich auch einige der MitarbeiterInnen geschulte Kräfte waren, so arbeiteten sie ausschließlich ehrenamtlich. Im Wunsch die soziale Tätigkeit zu professionalisieren und rationalisieren wurden etwa bei Hausbesuchen notleidender Familien oder Mütter genaue Falldossiers und Protokolle zur späteren wissenschaftlichen Bearbeitung angelegt. 1902 gründete sie im Rahmen des Vereins *Weibliche Fürsorge* nach dem Londoner Vorbild einen eigenen *Isarelitischen Mädchenclub*, der sich der »Beratung, Erziehung, Rettung« sowie der Bekämpfung sittlicher Verwahrlosung der weiblichen Jugend widmete.

Im Unterschied zu zeitgenössischen moralischen Begründungen, sei nicht der angeborene »Charakter« sondern eine häufig fehlende Bindung die Ursache für die Anfälligkeit junger Mädchen, in die Prostitution abzugleiten.[74]

Als Voraussetzung einer effizienten Hilfe erschien Pappenheim deshalb die genaue Kenntnis und Erfassung der Ursachen des sozialen Elends zugewanderter orthodoxer Jüdinnen.[75]

Sisyphus-Arbeit – Engagement im Kampf gegen den »Mädchenhandel«

Geleitet von »Prostitutionswünschen und Rettungsphantasien«[76] nahm Bertha Pappenheim als erste jüdische Frau Stellung zur sog. »Sittlichkeitsfrage«, zu Prostitution und Mädchenhandel in Anklage einer »(...) Nichtachtung der Menschenrechte der Frau, die in der doppelten Moral ihren Ausdruck findet« und »(...) sie zur Ware herabsinken. (...)« lasse.[77]

In einem moralisierten gesellschaftlichen Klima wagte sie öffentlich Fragen zur Sexualität, zum Sexualverhalten sowie zur Sexualmoral zu stellen.

Im Unterschied zu ihren ZeitgenossInnen machte Pappenheim nicht primär die jungen Frauen für ihr Leben als Prostituierte verantwortlich, sondern sah das Übel in sozialen Verhältnissen, sowie auch im religiösen Verständnis des Ostjudentums. Dazu Bertha Pappenheim:

»Das Wort Mädchenhandel ist eigentlich nicht richtig. Handeln kann man mit einem Huhn oder mit Stiefeln. Es ist eben nicht ein Verkauf in dieser Form. Wir müssen uns vielmehr fragen. Welches sind die entsetzlichen Möglichkeiten, die junge Mädchen dem Dirnentum zuführen?«[78]

Aufgrund der persönlichen Erfahrung, *daß eine Stimme, die Stimme einer unbekannten Frau wirkungslos blieb«*[79] sowie überzeugt davon, dass *»von Unrecht wissen und schweigen, (...) mitschuldig«* mache, suchte Pappenheim im Rahmen ihrer »Sisyphusarbeit« in Form von Aufklärungskampagnen und konkreten praktischen Hilfsmaßnahmen, das Ideal eines umfassenden und das Judentum einenden Sittlichkeitsbegriffs zu realisieren.[80] Dies erfolgte etwa im Rahmen ihres Engagements zur Förderung der Mädchenbildung, der Gründung von Hilfsvereinen, Kindergärten, eines kleinen Krankenhauses, im Aufbau einer kleinen Spitzenindustrie in Galizien etc. Anzumerken ist, dass Pappenheims Sittlichkeitsbegriff auf einem Konzept von der Überlegenheit der deutsch-jüdischen Kultur basiert und als Übertragung westeuropäisch orientierter Maßstäbe etablierter Kulturarbeit und westeuropäischer Emanzipationsstrategien anzusehen ist.[81] Als Ausdruck zeitgenössischer Intentionen einer »positiven Eugenik«[82] zielte Pappenheims Idee einer asketisch-enthaltsamen moralischen Lebenseinstellung[83] auf die Förderung einer umfassenden gesundheitsfürsorgerischen und sozial-ethischen Verantwortung.
Angetrieben von der Idee einer radikalen Bekämpfung von Mädchenhandel und Prostitution, arbeitete sie sowohl international mit Fürsorge – und Hilfsvereinen als auch eng mit der Frauenbewegung zusammen und unternahm zahlreiche Reisen, insbesondere in den Osten, in die ostjüdischen Gebiete Südrußlands, Rumäniens, Polens und Galiziens, aber auch in die Türkei, nach Ägypten und die USA. Ihre mehrmonatigen Reisen 1903 sowie 1911/12 nach Galizien und Russland dienten der genauen Erfassung der »Lage der jüdischen

Bevölkerung in Galizien«, die sie umfassend dokumentierte, in Reisebriefen festhielt und später publizierte.[84]
Im Rahmen ihrer *Sisyphusarbeit* kam es auch zu einer Zusammenarbeit mit ihrem Bruder, der sich als Vizepräsident des 1901 in Wien gegründeten *Hilfsvereins für die notleidende jüdische Bevölkerung in Galizien* im Kampf gegen das wirtschaftliche Elend der jüdischen Bevölkerung sowie gegen den Mädchenhandel engagierte. Auch mit dem 1901 in Berlin gegründeten *Hilfsverein für Deutsche Juden* arbeitete Bertha Pappenheim zusammen.[85]
Über ihre Teilnahme an öffentlichen Kongressen gegen den Mädchenhandel schrieb Pappenheim:

»In solchen Momenten steigt mir die Schamröte ins Gesicht, und es ist, als öffne sich eine Kluft zwischen mir und den Frauen der beiden christlichen Bekenntnisse, denn wie soll man es überhaupt Freunden, Gegnern, Feinden erklären, daß bei uns Juden – deren Gesetz höchste individuelle und soziale Moral herrscht – Mädchen die Ware des Weltmarktes bilden und eine ungeheuer große Zahl der Händler und Händlerinnen, Zwischenhändler und Agenten Juden und Jüdinnen sind?«[86]

In der Zwischenkriegszeit nahm Bertha Pappenheim auch an beiden Weltkongressen jüdischer Frauen teil, führend vor allem am *Ersten Weltkongress Jüdischer Frauen in Wien* 1923, der dem Ziel der Gründung eines transnationalen Weltbundes Jüdischer Frauen gewidmet war.[87] Da sich die jüdischen Gemeinden weltweit mit großen sozialen Problemen konfrontiert sahen, stand neben Fragen zur zeitgenössischen Fürsorge, insbesondere des Mutterschutzes und neuer Methoden der Sozialarbeit als zentrales Kongressthema auch der Kampf gegen den Jüdischen Mädchenhandel zur Diskussion.[88] Begleitet war der Wiener Kongress jedoch von heftigen antisemitischen Aktionen in Form von Plakaten, Flugblättern und Schmähbriefen, aber auch von reger nationaler und internationaler medialer Berichterstattung sowohl in der jüdischen als auch nichtjüdischen Presse.[89]
Berichte über den Mädchenhandel wurden in deutsch-jüdischen Kreisen vielfach als antisemitische Propaganda verstanden. Aufgrund der

Tatsache, dass Juden und Jüdinnen gleichsam als Täter und Opfer des Mädchenhandels in Erscheinung traten, gestalteten sich – dessen war sich Pappenheim durchaus bewusst – ihre öffentlichen Stellungnahmen als durchaus problematisch, da diese antisemitischer Propaganda geeignete Nahrung boten. 1935 wurden etwa Zitate aus den Schriften Bertha Pappenheims von der antisemitischen Zeitschrift »Der Stürmer« zu Propagandazwecken missbraucht.[90]

Internationale Kontakte und Reisen

Pappenheim unternahm im Rahmen ihres feministischen und sozialen Engagements zahlreiche Reisen innerhalb und außerhalb Europas, vor allem nach Osteuropa.[91] Besonders möchte ich ihre Reise 1909 zum *Weltkongress der Frauen in Toronto* erwähnen: Während Bertha Pappenheim über ihre Kongressteilnahme internationale Bekanntheit erlangte, wurde sie im selben Jahr von Sigmund Freud in den USA im Rahmen seiner Vortragsreihe »Über Psychoanalyse«, anlässlich der 20jährigen Gründungsfeier der *Clark-University*, als »Fall Anna O.« einer breiten Öffentlichkeit vorgestellt.[92] Im Zuge dieser Reise suchte Pappenheim auch eine Auseinandersetzung über methodisch-praktische Fragen moderner Sozialarbeit. [93] Sie blieb deshalb auf eigene Kosten noch länger als ihre Kolleginnen in New York, wo sie Kontakte mit dem *Henry Street Settlement*[94] unterhielt. Standen Pappenheims Reisen zwar im Dienst ihres sozialen Engagements, so dürfte sie das Reisen auch besonders genossen haben, wie etwa folgende Zeilen über ihre Warschaureise vom 7.5.1912 belegen:

»Es liegt ein ganz besonderer Reiz darin, sich so frei durch die Welt treiben lassen zu können, fast planlos: each cloud has it´s silver line, auch die Alleinsamkeit hat ihr Schönes.«[95]

Ihren Reisebriefen zufolge erhielten die Auslandsaufenthalte jedoch eine zusätzliche Bedeutung, als sie ihr die Möglichkeit eröffneten, ihr leidenschaftliches Interesse an Volkskunst, an Handarbeiten wie Teppichen, Spitzen und Perlenarbeiten näher zu verfolgen, vor allem aber

ihren sog. »Müffelschatz« (so die scherzhafte Bezeichnung für ihre Spitzensammlung)[96], das Erbe ihrer Mutter, zu erweitern.[97] Widmete sich ihr Interesse den künstlerischen Entwürfen und deren Qualität, so verfolgte sie gleichermaßen intensiv die Arbeitsbedingungen der in Industrien und Heimarbeit beschäftigten Frauen.
Zugleich suchte sie in Verbindung mit ihren feministisch-fürsorgerischen Intentionen den Auf- und Ausbau von Industrien und Schulen zur Handarbeits- und Spitzenproduktion zu forcieren.[98] Auf ihre Initiative hin wurde in Galizien ein Hilfswerk zur Einführung von Hausindustrien zur Erzeugung von Spitzen aller Art, von Haarnetzen und Kleiderkonfektion errichtet.[99] Auf ihrer Palästinareise forderte sie dazu auf, das »alte Kunsthandwerk« der Spitzenproduktion wieder aufzunehmen, und schlug vor, »eine moderne Spitzenindustrie, mit guten Materialien und hübschen Mustern als Grundlage«, aufzubauen.[100]
Im Rahmen ihrer Reisen konnte sich Pappenheim zentrale Einblicke in differente soziale Milieus[101] verschaffen: Bertha Pappenheim besuchte Orte, die für Frauen ihres Standes gewöhnlich nicht aufgesucht wurden, bzw. deren Existenz mitunter höheren Töchtern wie sie selbst, nicht einmal bekannt gewesen ist, wie z.B. private Klubs, Männergesellschaften, Bars und Bordelle. Zugleich knüpfte sie neue Kontakte und initiierte neue Projekte. Ihre Spitzenleidenschaft fungierte als individuelles wie internationales Kontakt- und Kommunikationsmittel, sowohl im Kampf gegen den Mädchenhandel als auch zur Formulierung ihrer sozial-feministischen Anliegen.[102] Ihre Reisetätigkeit sowie die von ihr gesammelten Spitzen sind somit als Trophäen ihrer internationalen Bemühungen und als Ausdruck einer versuchten Geschlechterrollenerweiterung zu verstehen.[103]

Der jüdische Frauenbund – Vernetzung und Internationalisierung

Aufgrund einer zunehmenden Marginalisierung jüdischer Frauen innerhalb der interkonfessionellen Frauenbewegung gründete Bertha Pappenheim 1904 den *Jüdischen Frauenbund* (JFB) als Zusammenschluss der bestehenden jüdischen Frauenvereine. Vereinsziel war es,

über die Verhandlung sozial-karitativer, religiöser und identitätspolitischer Fragen eine jüdisch-weibliche Identität zu stärken. Die Idee zur Errichtung des Jüdischen Frauenbundes geht auf die Konferenz des *International Council of Women*[104] zurück, die unter der Teilnahme tausender internationaler Besucherinnen im Juni 1904 in Berlin stattfand. Er ist als Fortsetzung der zahlreichen sich um die Jahrhundertwende formierenden jüdischen Frauenvereine zu verstehen, die sich der Betreuung Armer und Kranker sowie Hilfsbedürftiger widmeten, wie etwa auch der bereits erwähnte 1902 von Pappenheim ins Leben gerufene Verein *Weibliche Fürsorge*. Die Zielsetzung des neu gegründeten jüdischen Frauenvereins lag in der spezifischen Verbindung von Forderungen der bürgerlichen Frauenbewegung mit Anliegen einer sozialen jüdischen Wohlfahrt.
Bertha Pappenheim, die bis 1924 als Vereinsvorsitzende fungierte, sich allerdings erst kurz vor ihrem Tod endgültig aus dem Vereinsleben zurückzog[105], formulierte die Ziele des JFB folgendermaßen:

»*Aufgabe des jüdischen Frauenbundes ist die Erhaltung der jüdischen Familie in ihrer Beziehung zum Judentum, ihrer Durchglühung durch das Judentum. Denn die Kraft des Judentums beruht in der Familie. Diese Kraft, die heute zu versagen scheint, wieder zu sichern, ist ein göttlicher Auftrag der Juden in der Welt.*«[106]

Als erster konfessioneller Verband wurde er 1907 unter Zustimmung aller Mitglieder des engeren Bundesvorstandes Mitglied des *Bundes Deutscher Frauenvereine* (BDF). Dies erstaunt insofern, als der *Bund Deutscher Frauenvereine* konfessionelle und politische Zugehörigkeit zur Privatangelegenheit seiner Mitglieder erklärte und auf Neutralität fokussierte.[107] Zudem befürchtete der BDF religiös bedingte Spaltungstendenzen. Allerdings lag in der Integration konfessioneller Frauenvereine in den BDF auch die »Möglichkeit, dass die Ideen unserer Bewegung (...) in Kreise getragen werden, an die sonst nicht heranzukommen wäre.«[108] Eine bestehende Skepsis gegen die Aufnahme des Jüdischen Frauenbundes in den BDF erwiderte Pappenheim in Form eines Vergleichs mit der zeitgenössischen Haltung vieler Männer, die »heute noch das Frauentum behandelt sehen wollen, entweder als notwendiges Übel oder als quantité negligeable.«[109] Wagner weist darauf hin, dass im Rahmen des BDF bzw. der Frauenbewegung viele Frauen Erwähnung fanden, anerkannt und verehrt wurden, allerdings waren diese häufig konvertiert oder ihre jüdische Herkunft wurde nicht benannt. Vor allem sei im Zuge eines zunehmenden Antisemitismus eine Erwähnung der jüdischen Mitglieder weitgehend vermieden worden.[110]

Zählte der Jüdische Frauenbund 1910 ungefähr 132 Vereine mit 32.000 Mitgliedern, d.h. ca. 1/5 aller erwachsenen jüdischen Frauen waren darin vertreten, so stellte er Mitte der 1920er Jahre mit rund 50.000 in 43 Vereinen organisierten Mitgliedern die bedeutendste jüdische Frauenorganisation dar.[111] Bis zu seinem 25jährigen Jubiläum 1929 erhöhte sich die Zahl seiner Mitglieder auf 52.000 Frauen.[112]

In den ersten Jahren seines Bestehens lagen die Schwerpunkte der Vereinstätigkeit im Ausbau der sozialen Wohlfahrt, im Kampf gegen Mädchenhandel und Prostitution, sowie in der Verbesserung der sozialen Situation jüdischer Frauen und Mädchen durch die Schaffung besserer Berufs- und Ausbildungsmöglichkeiten. Im Laufe der Jahre lässt sich eine Verlagerung der Schwerpunkte der Vereinstätigkeit in Richtung verstärkter Forderungen nach Geschlechtergleichheit in der Jüdischen Gemeinde nachzeichnen.[113] Seine Mitglieder rekrutierten sich überwiegend aus dem Bürgertum, doch differierten deren Anschauungen in Bezug auf Weiblichkeitskonzeptionen als auch in Bezug auf die Frage nach der Bestimmung jüdischer Identität und Zugehörigkeit.[114] Dies bot vielfach auch Anlass zu vereinsinternen Konflikten.[115]

Überzeugt vom grundsätzlichen Recht aller Frauen auf wirtschaftliche Unabhängigkeit und Selbständigkeit forderte etwa die jüdische Sozialistin Hernriette Fürth ein grundsätzliches Recht auf Arbeit und eine entsprechende Berufsausbildung.[116] Für Bertha Pappenheim hingegen stand aufgrund einer Skepsis hinsichtlich einer Vereinbarkeit von Berufs- und Familienleben die Unterstützung und Förderung der gesamten jüdischen Familien im Vordergrund. Aber auch in Bezug auf die Einführung des § 218, des straffreien Schwangerschaftsabbruchs, den Pappenheim als sittliche Gefahr sowie als Legitimierung für die Praxis sexueller Doppelmoral entschieden ablehnte, entstanden heftige

Auseinandersetzungen.[117] Forderungen des Jüdischen Frauenbundes zur Errichtung des Frauenwahlrechtes wurden von Pappenheim ebenfalls heftig kritisiert. Jedoch richtete sich ihre Kritik nicht primär gegen ein Frauenwahlrecht an sich, sondern gegen dessen rasche Einführung, zumal sie der Meinung war, dass die meisten Frauen für die Ziele der Frauenbewegung noch nicht reif genug wären:

»*Wir müssen unseren Weg langsam gehen. Erst wenn wir geistig den gleichen Entwicklungsgang durchgemacht haben werden wie der Mann, sollten wir anfangen, auf unsere politischen Rechte Anspruch zu erheben.*«[118]

In Fortsetzung eines bürgerlichen Geschlechterrollenmodells, welches von Pappenheim nicht in Frage gestellt wurde, zielte ihre Vorstellung von einer Gleichberechtigung nicht primär auf eine gleichberechtigte Stellung in Staat und Gesellschaft, sondern auf eine selbstbestimmte Lebensführung von Frauen innerhalb der jüdischen Familien und der jüdischen Gemeinde. Denn, so Pappenheim, nütze es nichts, »wenn Frauen in den Gemeindevertretungen wirken, wenn sie nicht fraulich sind, und sie ihre Stärke darin suchen, männlich zu denken«.[119] Im Vergleich mit anderen Protagonistinnen der zeitgenössischen Frauenbewegung erweist sich ihre Weiblichkeitskonzeption als konsequente Ambivalenz, als ein Pendeln zwischen fortschrittlichen und repressiv-konservativen Frauenbildern.[120] Im Protest gegen eine religiöse Auflösung (Assimilierung) und einen ethischen Verfall des Judentums suchte Bertha Pappenheim nach Anknüpfungspunkten für eine weibliche Tradition innerhalb des Judentums. Als Vorbild fungierte ihr Glückel von Hameln (1645-1724),[121] deren Memoiren von ihr übersetzt und 1910 im Verlag ihres Bruders herausgegeben wurden. Im Vorwort zu den »Memoiren« heißt es:

»*Die Übertragung des Textes in gemeinverständliche Sprache und Schriftzeichen hat den Zweck, das Bild einer Frau neu zu beleben, die tief in ihrer Zeit verwurzelnd, durch ungewöhnliche Geistesgaben hervorragte, die treu war ihrem Glauben, treu ihrem Volke, treu ihrer Familie und treu sich selbst*«.[122]

In einer Umdeutung konservativ-jüdischer Frauenleitbilder sowie auf der Basis bürgerlich emanzipatorischer Weiblichkeitskonzeptionen entwickelte Pappenheim ein jüdisches Weiblichkeitsmodell als Verbindung von einer »Hüterin von Tradition« mit einer »Agentin der Akkulturation«.[123]
Zu Beginn des Ersten Weltkriegs wurde seitens des *Bundes Deutscher Frauenvereine* der *Nationale Frauendienst* zur Stärkung der »Heimatfront« gegründet.[124] Da sich der Jüdische Frauenbund mehrheitlich mit den Zielen des *Bundes Deutscher Frauenvereine* identifizierte, ordneten sich seine Mitglieder während der Kriegsjahre zunehmend den Erfordernissen des Krieges unter; der Jüdische Frauenbund wurde 1914 Teil des *Nationalen Frauendienstes*,[125] der mit den zuständigen kommunalen Ämtern, städtischen Verwaltungen, diversen Frauenvereinen und dem Roten Kreuz zusammenarbeitete.
Ein Brief Bertha Pappenheims an »ihre Tochter« Sophie Mamelock[126] vom 12. September 1914 gibt Aufschluss über Pappenheims Idee einer Kriegsfürsorge als nationale weibliche Pflicht:

»Liebe Sophie,
In diesen schweren Zeiten die uns beschieden sind, muss ein jeder an seine Stelle seine Pflicht tun. Ich bin sicher, dass Du es tust und ich bemuehe mich auch.
Die jugendliche Armenpflege und gewisse Zweige der Kriegsfuersorge nehmen mich voll in Anspruch und lassen mich meinen etwas armseligen Koerper vergessen. Heute habe ich mir einen Bettruhetag verordnet, weil es der Samstag zulaesst, aber ich geniesse die Ruhe nicht im Gedanken an die tausenden, die im Felde stehen und schwer verwundet vielleicht das Noetigste entbehren muessen. (...) Nachrichten fehlen. Alle Einzelschicksale versinken in den grossen Geschicken.«[127]

Pappenheim selbst arbeitete während des Krieges als Fabrikspflegerin bei ostjüdischen Arbeiterinnen. In diesem Rahmen suchte sie immer wieder Frauen zur Zusammenarbeit zu gewinnen, die ihr für die Fürsorge geeignet erschienen. Dies ist auch einem Brief der Mentorin an die junge Sophie Mamelock vom 18.8.1917 aus Neu-Isenburg zu entnehmen:

»Liebe Sophie, Ich schreibe Dir ueber einen persoenlichen Plan, der vorerst noch keine festen Formen hat, aber ich moechte Dich doch schon vorbereiten, damit Du nicht ganz ueberrascht bist, wenn man Dich ueber die Sache befragt.
Es werden in den allernaechsten Tagen hier fuer Griesheim und Hoechst 2-300 russich-juedische Maedchen als Fabrikarbeiterinnen fuer Munition erwartet. Dieselben sollen in 2 Baracken, d.h. man weiss bisher nur von einer – untergebracht werden. Die weibliche Fuersorge will diesen Maedchen eine staendige pflegerische, freundliche aber doch strenge Aufsicht geben und zwar von jemandem, die ihre Sprache, Jargon, versteht und auch ihre Art.«[128]

Obwohl Pappenheim der jungen Freundin in dieser »Mitteilung«, die »absolut vertraulich« ist, keine genauen Angaben über den Inhalt und die genaue Ausrichtung ihrer künftigen Tätigkeit ankündigen konnte, so schien es ihr ein wesentliches Anliegen gewesen zu sein »die Maedchen, ohne ihr Selbstwertgefuehl zu verletzen, am besten (zu) beaufsichtigen.«[129]
Für ihre Verdienste um die Kriegsfürsorge wurde sie 1918 mit der Verleihung einer Kriegsmedaille ausgezeichnet.[130]
Während der Kriegsjahre übernahm sie die Leitung eines überkonfessionellen Tagesheimes für Arbeiterinnen und setzte sich für die Errichtung eines jüdischen Mädchenclubs nach dem Frankfurter Vorbild im besetzten Belgien ein.
Im Zuge des Kriegsgeschehens verschlechterte sich die soziale Lage der jüdischen Bevölkerung, insbesondere von Säuglingen und Kleinkindern. Folgend kämpfte Pappenheim für die Realisierung ihres langjährigen Zieles, eine vereinheitlichende Einrichtung der gesamten jüdischen Fürsorge zu schaffen. Sie fungierte als wesentliche Mitbegründerin der *Zentralwohlfahrtsstelle der deutschen Juden*, die ab 1917 die gesamte jüdische Sozialarbeit koordinierte.[131]
Wenngleich Pappenheims Wohltätigkeitskonzept religiös motiviert war, sah sie das soziale Engagement von jüdischen Frauen an der »Heimatfront« als qualifizierte Mitwirkung an der »nationalen Verteidigung« an.[132] Die patriotische Haltung und der in diesen Jahren auffällige Ruf des JFB nach einer Zurückhaltung seiner Mitglieder

in ihren Forderungen, sind jedoch auch als traditionelle Überlebens- und Anpassungsstrategien zu verstehen. Insgesamt stellte sich für jene Jahre die Frage, inwiefern eine jüdische weibliche Solidarität zugunsten einer Solidarität mit der deutschen Nation und der deutsch-jüdischen Gemeinschaft zurückgestellt wurde.
Im Zuge einer nach dem Ersten Weltkrieg einsetzenden umfassenden Reformierung und Kommunalisierung der Wohlfahrtspflege änderten sich nicht nur die Organisation und der Umfang der Tätigkeitsfelder der Fürsorgeeinrichtungen. Auch Frauen des bürgerlichen Mittelstandes waren infolge des Krieges und der Inflation zunehmend auf eine außerhäusliche Erwerbsarbeit angewiesen. Deshalb ging auch die Anzahl der ehrenamtlich tätigen Frauen deutlich zurück. Somit war das soziale Engagement von Frauen nicht mehr primär sozialpolitisch oder religiös, sondern auch ökonomisch motiviert. Diese Veränderung wurde jedoch von Pappenheim, die lange Jahre für eine Zentralisierung und Vereinheitlichung der Wohlfahrt plädiert hatte, entschieden abgelehnt. Entsprechend des Duktus der Bürgerlichen Frauenbewegung befürchtete sie, dass der sozialen Arbeit aufgrund dieser Entwicklung die notwendige »Wärme« verlorenginge.[133] Gleichzeitig vermisste sie eine Verantwortlichkeit für das jüdische Gemeinwohl als zentrale Antriebskraft zur Ausübung sozialer Arbeit. Obwohl sie die professionelle Ausbildung von Sozialarbeiterinnen begrüßte und die Notwendigkeit des Einsatzes bezahlter »Beamter« anerkennen musste, so schien ihr eine Teilhabe ehrenamtlicher Wohlfahrtspflegerinnen unumgänglich. Im Unterschied zu dieser stelle die entlohnte Sozialarbeit einen »Beruf für viele dar« und laufe Gefahr »eine melkende Kuh« zu werden.
Ihre Vorstellung von einer natürlichen Bestimmung der Frau für soziale Arbeit brachte vor allem immer wieder starke Differenzen mit der jüngeren Generation der Frauenbewegung mit sich.[134] Pappenheim erkannte, dass der »beschäftigungslose Typ der Haustochter von einst, für die `ein bißchen soziale Arbeit´ als edler Zeitvertreib« im Verschwinden begriffen war.[135] Doch schien ihr im Zuge eines Ausbaus des Wohlfahrtsstaates die Übernahme sozialer Arbeit von beruflich geschulten und entlohnten ProfessionistInnen aufgrund einer Unvereinbarkeit mit ihrem jüdisch-religiös-emanzipatorischen Konzept sozialer Arbeit nur wenig zielführend.

Kritik übte sie auch an jenen bürgerlichen Frauen, die sich der Errungenschaften der Frauenbewegung bedienen würden, aber gleichzeitig »oft nur unter Beibehaltung gewisser finanzieller Stützpunkte, einer Art Drachenflug an laengerer oder kuerzerer Schnur« einer sozialen Berufsarbeit nachgingen.[136]

Die Mitgliederzahl des *Jüdischen Frauenbundes* war während der Kriegs- und Nachkriegsjahre aufgrund vermehrter Beitritte von Frauen des Mittelstandes stark gestiegen. Nach Ende des Ersten Weltkriegs (1918) erhielten Frauen per Verfassung das Allgemeine Wahlrecht zugesprochen. Ab diesem Zeitpunkt verstärkte sich der Einsatz des JFB für die Einführung des Wahlrechts in den jüdischen Gemeinden. Zugleich sah sich der Verein in der Zwischenkriegszeit aufgrund des zunehmenden gesellschaftlichen Antisemitismus mit Fragen des Zionismus und der Auswanderung konfrontiert und verlagerte deshalb die Schwerpunkte seiner Tätigkeit auf die Ausweitung internationaler Kontakte.

Trotz großer Skepsis und Ablehnung der zionistischen Bewegung bis Anfang der 1920er Jahre hatte der Jüdische Frauenbund bereits vor dem ersten Weltkrieg als Zeichen der Solidarität einige zionistische Projekte unterstützt. Deren Ziel war es, in Palästina eingewanderten Jüdinnen über das Erlernen handwerklicher und hauswirtschaftlicher Fähigkeiten eine Grundlage für ihre ökonomische Selbständigkeit zu schaffen. Der JFB förderte etwa das *Beth Melachah Le Chaluzoth*, in dem junge Frauen in Haushaltungsführung unterwiesen wurden, die Ausbildungsfarm *Neß Zionah*, an der jüdische Mädchen Landwirtschaft und Handwerk lernten und die Spitzenschule *Bezalel* in Jerusalem. Während ihrer Palästinareise 1911 besuchte Bertha Pappenheim selbst diese Schule.[137]

Pappenheims Zugehörigkeit zur deutschen sowie auch jüdischen Kultur, die für sie mit einem praktizierten Glauben untrennbar verbunden war, bestimmte sowohl ihr Verhältnis zum Zionismus als auch zum Ostjudentum.[138] Ihre Ablehnung des Zionismus resultierte aus einem Verständnis von Judentum als »sittlicher Gemeinschaft« und kultureller und religiöser Einheit und war nicht verbunden mit einem Streben nach nationaler Selbstbestimmung.[139]

Ihr Gemeinschaftsverständnis zielte somit nicht auf eine gemeinsame

nationale Identität im Sinne europäischer Nationalstaaten, sondern auf eine gemeinschaftliche historische gewachsene Gruppe, die durch eine »situative Ethnizität«[140] zusammengehalten wurde.
Daher unterstütze der JFB, der zwar 1924 eine »Förderung der Arbeiten, die dem Aufbau Palästinas dienen« in sein Programm aufnahm, in erster Linie jedoch den Ausbau sozialer Arbeit.[141] Zugleich wurde 1929 unter Mitwirkung Pappenheims der *Weltbund jüdischer Frauen* als antizionistisches Pendant zur seit 1920 bestehenden *Women's International Zionist Organisation* (WIZO) gegründet.[142]
Als Mitglied des Ausschusses über die neue jüdische Gemeindeverfassung arbeitete sie an der Vorbereitung des Reichsjugendwohlfahrtsgesetzes des Jahres 1922 mit. Sie organisierte Hilfen für russische und polnische Pogromflüchtlinge, setzte sich verstärkt in der Gefährdetenfürsorge sowie im Adoptions- und Pflegekinderwesen ein. Auch war sie maßgeblich an der Organisation finanzieller Hilfen aus dem Ausland beteiligt.[143] In ihrer Rolle als Vorsitzende des JFB hielt sie jedoch vehement an den einst formulierten Zielen des Jüdischen Frauenbundes fest. So bliebe es Pappenheim zufolge:

»trotz aller Erniedrigung, die man uns Juden auferlegen will«, für den Jüdischen Frauenbund »Pflicht und Aufgabe, Treuhänderin der deutschen Frauenbewegung in ihrer reinsten, geistigen, sozialethischen unpolitischen Form zu sein. Deutsche, Frau und Jüdin zu sein, sind heute drei Aufgaben, die je höchste Anforderungen an ein Individuum stellen. Da sie aber auch drei geistige Kraftquellen bedeuten, löschen sie sich gegenseitig nicht nur nicht aus, sondern sie stärken und bereichern sich gegenseitig.«[144]

Auf einer ihrer letzten Reisen 1935 notierte sie folgenden Gedanken: »Für einen kleinen Teil der Judenschaft vermag Palästina schon räumlich etwas bedeuten – für den Geist des Judentums ist die Welt gerade groß genug.«[145]
Im Anschluss an die Erkämpfung des Frauenwahlrechts sowie erweiterter Bildungs-, Ausbildungschancen und Berufsmöglichkeiten konnten sich viele junge Frauen der Weimarer Republik mit den einst formulierten Zielen des JFB nicht mehr identifizieren. Dies führte zu

heftigen Generationskonflikten innerhalb des Jüdischen Frauenbundes. Pappenheim selbst beklagte zwar die überlegene Haltung und das »nachsichtige Mitleid« der heranwachsenden Generation in der Beurteilung der »Ziele der alten Damen«, jener »Frauen, die fuer sie gekaempft haben«[146], doch sah sie die Ursprungsziele der Frauenbewegung, insbesondere des Jüdischen Frauenbundes weniger aufgrund von Generationskonflikten beeinträchtigt, als durch eine fehlende weibliche Solidarität. 1934 notierte sie rückblickend: Die »ungleiche Bewertung zweier Kategorien von Geschoepfen, die absolut aufeinander angewiesen sind (…) , die im Laufe der Zeiten zu einer Weltanschauung wurde« hätte ihrer Meinung nach »allerdings bei starker weiblicher Solidaritaet – die es nicht gibt – durch einen amuesanten Frauenstreik ueber den Haufen geworfen und ad absurdum gefuehrt werden koennen.«[147]
Deshalb sowie aus gesundheitlichen Gründen zog sich Pappenheim 1924 aus den zentralen Ämtern im Vorsitz *des Jüdischen Frauenbundes* und als Vorstandsmitglied des *Bundes Deutscher Frauenvereine*[148] zurück. In den Folgejahren widmete sie sich dem organisatorischen Aufbau der jüdischen Gefährdetenfürsorge, dem weiteren Ausbau jüdischer Wohlfahrtseinrichtungen sowie theoretisch-praktischen Fragen der sozialen Ausbildung. Ihre Vorträge und Schulungsreisen, ihre umfassende literarisch-publizistische Tätigkeit[149] und ihre rege Organisationstätigkeit in jenen Jahren sollte vor allem eine »Rückerziehung« von Frauen und Mädchen auf die jüdische Tradition bewirken.

Realisierungsversuch eines Ideals – Das Heim des Jüdischen Frauenbundes in Neu-Isenburg

Ihr zentrales Lebensprojekt, die Gründung und Leitung des jüdischen Mädchen- und Frauenheimes des Jüdischen Frauenbundes in Neu-Isenburg bei Frankfurt im Jahre 1907 ermöglichten Pappenheim die Umsetzung ihres Konzeptes von weiblich-jüdischer Emanzipation und kultureller Erneuerung des Judentums in Verbindung von Idealen bürgerlicher Häuslichkeit mit jüdischer Familientradition. Vorbild für die Gründung des Heimes war das 1901 von der *Jewish*

Association for the Protection of Girls and Women in London errichtete *Charcroft-House.*[150] In einer Siedlung von 30 kleinen Häusern lebten mittellose jüdische Einwanderinnen, junge Frauen, Mädchen und Prostituierte aus Osteuropa unter der Leitung einer Heimmutter in Kleingruppen zusammen. Pappenheim hatte diese Einrichtung 1906 auf einer Reise nach London besichtigt.
Die neue alternative Lebensgemeinschaft in Neu-Isenburg mit sozial schwachen und benachteiligten Personen, gefährdeten weiblichen Jugendlichen, ehemaligen Prostituierten, Schwangeren, ledigen Müttern, Säuglingen, unehelichen Kindern und Waisenkindern wurde zunehmend auch zu ihrem privaten Lebensmittelpunkt, wovon ein intensiver Briefwechsel mit ihren Kolleginnen und den Heimbewohnerinnen zeugt.
Die Gründung des Heimes wurde über finanzielle Unterstützungen der liberal-konservativen jüdischen Oberschicht ermöglicht. Pappenheims Cousine Louise Goldschmidt stellte dafür ein Grundstück und das erste Haus als Schenkung zu Verfügung.[151] Das ursprünglich aus einem Haus bestehende Heim wurde bis 1928 auf vier Häuser erweitert.[152]
Beiträge der Mitglieder des Interessensverbands »Heim des Jüdischen Frauenbundes e.V.«, Pflegegelder, Zuwendungen des Jüdischen Frauenbundes, der Gemeinde und des städtischen Armenamtes gewährleisteten den Bestand des Heimbetriebes.
Zusätzlich halfen Sammelaktionen des Jüdischen Frauenbundes, private Sach- und Geldspenden zu Jubiläen, Festen und bei Theateraufführungen oder etwa auch die Präsentation von Pappenheim selbst angefertigter Perlenketten im Rahmen einer Wanderausstellung der Ortsgruppen des Jüdischen Frauenbundes die Finanzierung sicherzustellen. Auch sie selbst finanzierte die Stelle einer Mitarbeiterin.[153]
Das Ziel der im Heim praktizierten »liebesstrengen Erziehung«[154] lag in der Heranbildung der »Schützlinge« zu »brauchbaren und anständigen Menschen.«[155] Eine Aufnahme war daher nur für jene Kinder vorgesehen, deren »Bildungsmöglichkeit« erwiesen war.[156] Eine umfassende gesundheitliche und soziale Anamnese und eine psychiatrische Untersuchung bildeten die Basis der Auswahl.[157] Im Anschluss daran wurde für jedes Heimkind ein eigenes Dossier angelegt, das

den Fortgang der individuellen psychischen und physischen Situation der Kinder dokumentierte. Die Aufnahme in das Heim setzte die Zugehörigkeit zur jüdischen Gemeinde, Hilfsbedürftigkeit, Gesundheit sowie die Aussicht auf Erziehungs- bzw. Beeinflussungsmöglichkeiten voraus. »Idioten, Geisteskranke und schwere Psychopathen« wurden somit nicht aufgenommen.[158]

Obwohl Pappenheim eine geistige Bildung und Fortbildung für Mädchen aller sozialen Schichten als wichtig erschien, maß sie »der Ertüchtigung im Haushalt« den höchsten Wert bei. Sie diente ihr im Rahmen der Mädchen und Frauenbildung als zentrale Grundlage für alle späteren (weiblichen) Berufe als nachgehende Fürsorge für berufstätige und schulentlassene Jugendliche.

Der Schulbesuch erfolgte nicht in einer eigenen Heimschule, sondern in im Umkreis gelegenen öffentlichen Bildungseinrichtungen. Das streng rituell als »Familie« geführte Heim diente zudem der Vermittlung jüdischer Tradition und jüdischer Geschichte. Anlässlich der Einweihung des neu eröffneten zweiten Hauses des Heimes als Säuglings- und Kleinkinderabteilung war im *Frankfurter Generalanzeiger* vom 30. März 1914 zu lesen, dass das »Heim auch als die Stellvertreterin der Mutterliebe anzusehen« sei. Auch der Heimarzt Dr. Minkel berichtet, dass »die Behandlung, die Pflege der Kinder, die ganze Erziehung« von dem Prinzip geleitet gewesen sei »durch vermehrte Liebe und Aufmerksamkeit das Milieu des Elternhauses zu ersetzen.«[159]

Insbesondere die Säuglingsabteilung des Heimes sei aufgrund »der Erziehung der Frauen zu Müttern« von »großem erzieherischem Wert« gewesen. [160]

Helene Krämer, Erzieherin und Heimmutter in Neu-Isenburg erinnerte sich an die große Einfachheit und Schlichtheit der Ausstattung und materiellen Versorgung: »So war das Essen manchmal zu spartanisch einfach, und die unnachsichtige Strenge, die sie in den Anforderungen an uns zeigte, hätten wir manches Mal gern gemildert gesehen.«[161]

Gerechtigkeit, Distanz und Disziplin in Form einer Selbstdisziplinierung zählten zu den obersten Prämissen ihres Erziehungskonzepts, welches den gesamten Heimalltag prägte – beginnend beim Aufstehen, im Rahmen der Erfüllung der Tagespflichten, bei Spiel und

Freizeit bis zum Schlafengehen. Auch die Erzieherin Johanna Stahl erinnert sich an »die strikte im Turnus eingeteilte Durchführung im Waschen, Bügeln, Nähen, Kochen und Flicken, der pünktlich nach der Uhr einsetzende Weißnähkursus, der wöchentliche Gesangsunterricht, der wöchentlichen Aufnahme des täglich im Gebrauch stehenden Gesamtinventars«, die »jeder Lässigkeit und Unordnung einen Riegel« vorgeschoben habe.«[162] Jedes Kind hatte ein seinem Alter entsprechendes »Amt« als »eine gute Gelegenheit zur Selbsterziehung« inne.[163]

Kennzeichneten Disziplin und Bescheidenheit den Alltag der HeimbewohnerInnen, der MitarbeiterInnen (Erzieherinnen, Haushaltspersonal etc.) und der untergebrachten Kinder und Jugendlichen, wird hingegen von dem regen Interesse und der großen Anteilnahme Bertha Pappenheims am Werdegang an jedem einzelnen »ihrer« Kinder berichtet.[164]

Den Erzählungen der HeimbewohnerInnen zufolge, habe sie nach ihrer Übersiedlung aus Frankfurt in Haus IV des Heimes im Jahr 1928 an allen Aktivitäten des Hauses regen Anteil genommen und in der Gemeinschaft mitgelebt.

Bereits für die Jahre ihrer Tätigkeit als Heimleiterin des *Israelitischen Mädchen- und Waisenhauses* wurde ihr »eine reiche erzieherische Begabung und ein feines Gespür« attestiert, »das schnell die Verbindung zu den Herzen eines jeden Kindes« gefunden habe.[165]

Auch hätten sowohl die Kinder als auch die Mitarbeiterinnen »mit großer Verehrung und voll von Bewunderung ihrer äußeren Erscheinung und Eleganz«[166] sehr an ihr gehangen.

Insbesondere am Sabbath gestaltete sich der Heimalltag als Ausnahme, in einer Lockerung der Aufgaben und der Strenge: »Da gibt es aus dem großen Spielschrank Puppen und Spiele, und aus der Bibliothek Bücher und jedes Kind darf sich aussuchen, was es mag. Am Nachmittag werden lange Spaziergänge in den angrenzenden Wald gemacht.«

In diesem Kontext wurde dem Kinderspiel als Möglichkeit zur Beobachtung der individuellen Fähigkeiten und Bedürfnisse besonderer Wert beigemessen. Diese Einblicke wären oft sehr aufschlussreich gewesen und hätten die Erziehungsarbeit erleichtert.[167]

Im Unterschied zur praktizierten zeitgenössischen Konzeption einer »schwarzen Pädagogik«[168] in Kinder- und Jugendheimen verzichtete Pappenheims Erziehungskonzept auf körperliche Strafen durch das Erziehungs- und Betreuungspersonal. Bereits in den Anstellungsbriefen der Heimmitarbeiterinnen wurden Strafen, wie körperliche Züchtigung, der Entzug von Nahrung oder Freiheit strengstens verboten. Daraus habe auch die Ablehnung eines »Besinnungsstübchens« resultiert.[169]

Der ehemaligen Erzieherin Marion Guttmann zufolge habe das strenge erzieherische Konzept jedoch keineswegs einem »freundschaftliches Verhältnis zwischen Kindern und den Erzieherinnen widersprochen, zumal darunter nicht Lieblosigkeit und Unfreundlichkeit« zu verstehen wären. Geduld und Zärtlichkeit (nicht körperliche) und Wärme hätten den Umgang mit allen Kindern gekennzeichnet. [170]

Ihrem Ideal einer »neutralen« aber weltoffenen Erziehung entsprechend, das auf eine – zumindest theoretische – individuelle Meinungsbildung abzielte, sollten die Heimbewohnerinnen in Form von gemeinsamen Gesprächs- und Leserunden »in alles Leben der Außenwelt so weit als möglich« hineingestellt werden.«[171]

Ebenso sollten die Kinder im Unterschied zu jenen Kindern, die in öffentlicher Pflege untergebracht waren, nicht als solche identifizierbar und stigmatisierbar sein – vermutlich auch als Versuch antisemitischen Vorurteilen und rassistischen Stereotypen der Isenburger Bevölkerung Einhalt zu gebieten. Im Heim sei besonderer Wert auf sauberes und nettes Aussehen gelegt worden, »sodaß kein augenfälliger Unterschied zwischen Heim- und anderen Kindern« auszumachen gewesen sei.[172]

Dr. Minkel, der 19 Jahre als Heimarzt tätig war und täglich das Heim besuchte, oblagen die medizinische Betreuung und Aufsicht über die körperliche Verfassung der Kinder. Entsprechend der zeitgenössischen Ausrichtung einer modernen Kinder- und Jugendwohlfahrt verstand er seine medizinische Tätigkeit insbesondere als Prophylaxe im Kampf gegen Rachitis und Säuglingssterblichkeit, etwa über eine genaue Ernährungsberatung, sowie über die rechtzeitige Isolierung in Seuchenfällen oder bei Tuberkuloseerkrankungen.[173]

Doch nicht nur der Betreuung und Erziehung diente das Heim, sondern auch der Ausbildung in sozialer Arbeit. Ab 1914 bestand für interessierte junge weibliche Besucherinnen des *Frankfurter Frauenseminars für soziale Berufsarbeit* die Möglichkeit eines halbjährigen Praktikums. Das Heim avancierte zum »Lehrmittel«. Im Vortrag Bertha Pappenheims am 12. Delegiertentag des Jüdischen Frauenbundes am 11. Jänner 1934, der sich der Entstehung, Entwicklung und dem aktuellen Leben in Isenburg widmete, untermauerte sie erneut die wichtige Bedeutung einer theoretischen Ausbildung durch praktische Erfahrung.[174]

Aufgrund des Zustroms vieler junger jüdischer Frauen und Mädchen, angehender Kindergärtnerinnen, Haushaltspflegerinnen und Säuglingspflegerinnen konnten in Neu-Isenburg auch soziale Praktika absolviert werden. Im März 1933 wurde aufgrund der drastisch eingeschränkten Zugangsmöglichkeiten zu Ausbildungseinrichtungen für jüdische Frauen und Mädchen in Neu-Isenburg ein eigener einjähriger Kurs zur Ausbildung von Säuglingspflegerinnen eingerichtet, der mit einem Hausexamen abschloss.

Im Zuge dieser Verschiebung der Aufgabengebiete veränderte sich auch die Struktur der Heimbewohnerinnen maßgeblich. Daraus resultierten durchaus Schwierigkeiten. Das ständige Zusammensein vieler unterschiedlicher Menschen, »mit denen oft nicht leicht umzugehen sei, und das viel Takt erfordere«, sei »nicht einfach« gewesen, zumal sich die Schülerinnen häufig altersmäßig kaum von den »Schützlingen« unterschieden hätten.[175]

Das Ausbalancieren zwischen Erziehung und Ausbildung sei vor allem im Stillen vollzogen worden, in Form gemeinsamer Mahlzeiten, gelegentlichen allgemeinen Unterhaltungen etc.[176] Berufsschulpflichtige Schülerinnen wurde von einem Berufschullehrer im Hause in Rechnen, Deutsch und Bürgerkunde unterrichtet, ergänzend dazu in Hauswirtschaftskunde und Ernährungslehre, zusätzlich in Kinderpsychologie, Erziehungslehre und Beschäftigungslehre.[177]

Ursprünglich diente das Heim als »Schutz- und Erziehungsheim für weibliche jüdische Jugendliche.« Im Laufe der Jahre etablierte es sich zu einer »Schutz- und Erziehungsstätte für schwangere Mütter und Säuglinge, Kleinkinder« und fungierte gleichzeitig auch als Ausbildungsstätte für Sozialarbeit. Aufgrund des strikten Vollzugs der »Nürnberger Rassengesetze« wandelte sich seine Funktion jedoch

zur Schutzeinrichtung für jüdische Kinder und Jugendliche, die aus sogenannten »rassischen Gründen« verfolgt wurden.
Infolge einer zunehmenden Isolation des Heimes und seiner Bewohnerinnen wurden ab 1933 auch aus dem Staatsdienst entlassene Fürsorgerinnen eingestellt, so auch Gertrude Ehrenwert, Kindergärtnerin und stellvertretende Heimmutter in Neu-Isenburg.
In ihrer Ablehnung des Zionismus sprach sich Bertha Pappenheim lange Zeit entschieden gegen eine Kinderverschickung nach Palästina aus, um den Zusammenhalt der jüdischen Familien nicht zu gefährden. Ihrer Mitstreiterin im Jüdischen Frauenbund Ottilie Schönewald[178] zufolge, sei es vor allem dem Einfluss Pappenheims zuzuschreiben gewesen »dass wir den Zusammenhalt der Familien als wesentliche Aufgabe betrachteten und demzufolge der Kinderverschickung nach Palästina entgegenarbeiteten (...) solange noch Aussicht auf den Fortbestand unserer Gemeinschaft in Deutschland bestand.« In der Erkenntnis, dass dieses Anliegen nicht mehr realisierbar war, wurde die *Jugend-Alija*[179] seitens des Jüdischen Frauenbundes maßgeblich unterstützt.[180] Auch Pappenheim, die den Antisemitismus lange Jahre unterschätzt hatte, änderte ihre Meinung. Im Winter 1934 führte sie 15 Isenburger Heimkinder nach London und Glasgow, um sie in jüdischen Waisenhäusern unterzubringen. Über Adoptionsvermittlungen brachte sie viele Heimkinder in Holland, Schweden, Dänemark und der Schweiz in Sicherheit.

Letzte Lebensjahre

Obwohl Bertha Pappenheims letzte Lebensjahre von einem Rückzug in die religiöse Mystik als Kennzeichen innerer Emigration geprägt waren, widmete sie sich doch weiterhin energisch und ausdauernd der Ausübung ihrer »Pflicht«.
Dazu Bertha Pappenheim in einem von ihr verfassten Gebet vom 24.03.1932:
»*Grollender Zorn erfüllt mich! Ich will ihn behalten, er soll in mir brennen – so lange das besteht, was ihn zu recht erregt. Ich will nicht nachsichtig werden, ich will nicht blind sein gegen schändliches Tun,*

ich will nicht entschuldigen, was unehrlich und unentschuldbar ist. Daß mir die Kraft bleibe, wieder und immer wieder in zorniger Wallung aufzurufen, jedes Unrecht zu ächten«[181]

Im Kampf gegen »Rutenschläge des eigenen *Gewissens*«[182] sowie als »Ausgleich, Gegengewicht« gegen ihre *Phantasie* »die oft querfeldein galoppieren würde, gäbe es keine Pflichtarbeit«[183], widmete sie auch ihre letzten Lebensjahre ihren zentralen Lebensinhalten, als entscheidende Strategie zur individuellen Bewältigung äußerer wie innerer Konflikte, die sich einst manifestiert hatten in der Inszenierung ihres *Privattheaters*.

Wie sehr jedoch letztlich Pflicht und Phantasie ihr untrennbar verbunden waren, davon zeugen sowohl die von ihr verfassten Briefe und Denkzettel[184] als auch Erinnerungen ihrer WeggefährtInnen. Notierte sie selbst 1919, dass es »keine bessere Seelenberuhigung, als etwas künstlerisch oder auch nur kunstgewerblich Schönes zur intimen Betrachtung in die Hand zu nehmen«[185] gäbe, so dürfte sie ihren *leidenschaftlichen Geist* vor allem im Sammeln von Kunsthandwerk und Spitzen sowie in der unermüdlichen Produktion von Perlenketten zu beruhigen gesucht haben. Berichtet wird, *»daß Bertha Pappenheim bei Zusammenkünften, denen sie ernsthaft und stillschweigend beiwohnte, während sie ununterbrochen Perlen fädelte – kleine Kunstwerke voll Phantasie«*[186] –, oft so wirkte, *»als ob sie in ihren Äußerungen, die immer spät in den Diskussionen fielen, die Erdverbindung verloren hätte. Man verstand sie nicht immer, wahrscheinlich, weil sie ihrer Zeit voraus war.«*[187]

Auch Gertrude Ehrenwert erinnert sich, dass »Fräulein Pappenheim« im Isenburger Heim »immer wieder abends, ihre feinen Perlenketten fädelnd, im Kreise der großen Mädchen gesessen« habe[188] und an »einzigartige Abende«, an denen Bertha Pappenheim »uns Ketten zeigte, diese farbigen Gebilde aus Glas und Steinen, die sie in mühevoller Handarbeit geformt hatte in immer neuen Zusammenstellungen.«[189]

Eine ihrer zentralen Leidenschaften, das Sammeln von Spitzen- und Eisenkunstgussobjekten, ist lange Jahre weitgehend unbekannt

geblieben. Ihre Spitzensammlung umfasst ca. 1.300 kostbare Objekte aus diversen Jahrhunderten. Welch persönlicher als auch kunsthistorischer Wert dieser Sammlung beizumessen ist, darauf verweisen das umsichtige Bemühen Pappenheims um eine geeignete Unterbringung als auch die langwierige Geschichte der Übergabe an das Museum für Kunst und Industrie. Diesem hatte Pappenheim bereits 1911 erstmals ihre Sammlung als Stiftung angeboten.[190] Ursprünglich plante sie ihre Sammlung, die an drei verschiedenen Orten in Banken und in einem Depot außerhalb Frankfurts untergebracht war, dem Museum als Schenkung zu überlassen. Aus finanziellen Gründen sah sie sich jedoch 1925 gezwungen, sie dem Museum zum Verkauf bzw. gegen eine Jahresrente anzubieten.[191] Obwohl bereits Angebote eines privaten Käufers aus Mainz und des Frankfurter Kunstgewerbemuseums bestanden, so schien ihr besonders daran gelegen, die Spitzen in ihrer ehemaligen Heimatstadt untergebracht zu wissen. [192] Letztendlich konnte das Museum 1935 die Objekte zu einem extrem günstigen Preis, der in keinerlei Verhältnis zum Wert der Sammlung stand, erwerben.[193]
Am 21. Mai 1935 wurden die Exponate in fünf Koffern und einer Kiste nach Wien gebracht. Bertha Pappenheim selbst folgte am 2. Juni 1935, um in den folgenden zehn Tagen selbst die Katalogisierung vorzunehmen. Pappenheim äußerte sich höchst zufrieden, bereits vor ihrem Tode ihre Spitzensammlung »unter der wissenschaftlichen Betreuung des Instituts zu wissen« und »froh darüber, noch einmal Stück für Stück mit allen Erinnerungen durch meine Hände gleiten zu lassen«[194]
Im Anschluss an die Übergabe ihrer Sammlung besuchte Pappenheim Bad Ischl, einen weiteren Ort ihrer Kindheits- und Jugendjahre.[195] Bereits 1934 hatte sie in einem Brief an ihre Kollegin und Freundin Stephanie Forchheimer sehnsuchtsvoll geschrieben, (…) wie gerne sie noch einmal den *»Boden ihrer Heimat«* betreten würde,

»nicht die grosse Stadt – Ischl: Sehnsüchtig träume ich von einem Spaziergang durch die Hänge und Wiesen – möchte noch einmal das Blümchen Augentrost am Wege sehn, die wilden Stiefmütterchen, das korallenrote Blütchen, dessen Namen ich nicht weiss und das ich so liebe, und auf dunklen Tannenwegen gehen, wo ganz unerwartet

oft ein Wasserfaden rieselt, die Nadeln den Boden glatt bestreuen – und den Duft zwischen den Bäumen – den Duft, den köstlichen Duft, feucht, würzig, ursprünglich – Erde, Harz und Cyklamen, einmal im Leben noch einatmen – wie in den Tagen der Jugend – noch einmal: Dass es werde ---.«[196]

Aufgrund heftiger Beschwerden musste sie diese Reise jedoch unterbrechen und sich auf einer Zwischenstation im Jüdischen Krankenhaus in München einer Gallenoperation unterziehen.
Trotz ihrer Krankheit zeigte sie sich – davon zeugt der intensive Briefwechsel mit den Heimbewohnerinnen – weiterhin am Heimleben interessiert und suchte die Alltagsgeschehnisse in Neu-Isenburg auch während ihrer Abwesenheit zu kontrollieren.[197]
Obwohl sich Pappenheims Gesundheitszustand nach ihrer Rückkehr weiterhin verschlechterte, unternahm sie noch zwei weitere Reisen zur Rettung ihr unterstellter Heimkinder nach Amsterdam und Krakau.
Im Anschluss an ein Verhör durch die Gestapo in Offenbach am 16. April 1936 war sie zwar geistig weiterhin am Alltag des Isenburger Heimes beteiligt, aber körperlich nicht mehr in der Lage am aktiven sozialen Leben teilzunehmen.
Bertha Pappenheim verstarb am 28. Mai1936 in Neu-Isenburg. Ihre Beisetzung fand in kleinem Rahmen auf dem Frankfurter jüdischen Friedhof statt, wo sie im gemeinsamen Grab mit ihrer Mutter beerdigt wurde.
Nach dem Tod Bertha Pappenheims wurde das Heim, dessen Haupthaus im Zuge der Novemberpogrome 1938 niedergebrannt wurde, von ihrer ehemaligen Schülerin Helene Krämer bis 1941 weitergeführt. Pappenheims gesamter persönlicher Nachlass wurde nach ihrem Tod ins Heim gebracht, wo er in der Pogromnacht am 9. November verbrannt wurde.[198]
Am 31.März 1942 wurde das Heim aufgelassen, viele der ehemaligen Heimbewohnerinnen wurden in Konzentrationslagern ermordet. Insgesamt lebten von 1907 bis zur Liquidierung des Heimes 1.750 Säuglinge, Kleinkinder, Schulkinder, Jugendliche und Frauen in Neu-Isenburg.

Zusammenfassend lässt sich Pappenheims historisches Erbe als Versuch ansehen, über die religiöse Grundlegung sozialer Tätigkeit und die Übertragung frauenemanzipatorischer Ziele auf den jüdischen Kontext eine spezifisch weibliche Ethik zu konstituieren. Das Ziel dieses Lebensprojektes lag weniger in einer intellektuellen Teilhabe an Wissenschaft und Vernunft,[199] sondern in einer Wiederbelebung und Stärkung jüdischer Tradition als Sinn- und Identitätsstifter. Im Rahmen dieses Transformationsprozesses hatte sich Bertha Pappenheim persönlich weit von einem durch ihre Sozialisation vorgegeben Lebensentwurf entfernt, diesem gleichzeitig auch die Treue gehalten.

Anmerkungen

1 Vgl. Edinger, Manuskript, Part 1, 8

2 Der Wiener Arzt und Physiologe, Josef Breuer (1842-1925) behandelte nicht nur Bertha Pappenheim, sondern war auch der Hausarzt ihres Vaters.

3 Freud, 1895d, GW, I, 88

4 Breuer, 1882, 2, zit. nach: Hirschmüller, 1978, 349. Gegen die spätere Darstellung der Mutter durch Jones als »tyrannisch.« Jones, 1960, 268 (im engl. Original: »somewhat of a dragon«) hatte Bertha Pappenheims Neffe und Nachlaßverwalter, Paul Homburger öffentlich Stellung bezogen. Heubach, 1992, 303

5 Brief vom 23.7.1982, zit. nach: Hirschmüller, 1978, 372

6 Breuer, 1882, 12, 15, zit. nach: Hirschmüller, 1978, 355f.

7 Vgl. dazu Nitzschke, 1990, 807, Uhlmann, 2002, 32f.

8 Pappenheim, 1934, in: Edinger, Manuskript, Part 3, 155

9 Bertha Pappenheim zeigte sich auch durchaus fasziniert von den christlichen Heilsgeschichten. Konz, 2005, 46, FN 31.

10 Heubach, 1986, 8

11 Hannah Karminski (1897-1938), Sozialarbeiterin und Aktivistin in der jüdischen Frauenbewegung, leitete ab 1924 die Redaktion der Blätter des Jüdischen Frauenbundes. Im Rahmen der Übernahme der Leitung der Abteilung Fürsorge und Auswanderungsberatung der *Reichsvereinigung der Juden in Deutschland* 1942 rettete sie viele Menschen vor der Deportation. Sie selbst wurde in Auschwitz-Birkenau ermordet. Vgl. Maierhof, 2006

12 Der Brief befand sich in einer Mappe von Ottilie Schoenewald und war möglicherweise als Beitrag für die »Gedenknummer der Blätter des Jüdischen Frauenbundes« im Anschluss an Pappenheims Tod 1936 gedacht. Edinger, Manuskript, Part 3, 135-137

13 Jensen, 1984, 19

14 Pappenheim, 1934b, in: Edinger, Manuskript, Part 3, 152-153. Vgl. dazu der unveröffentlichte Denkzettel vom 5.12.1923: »Liebe Töchter! Wenn ich mir eine Bibelkritik erlauben dürfte, würde ich sagen, daß aus der ungerechten Stellung, die die Bibel der Frau zuweist, klar hervorgeht, daß sie die Niederschrift eines genialen, aber männlichen Menschen ist und nicht ein göttliches Diktat, d.h. die logische notwendige Folge des gottgewollten Unterschieds der Geschlechter.« Zit. nach: Jensen, 1984, 184

15 Auch Sigmund Freud diskutiert in einem Brief vom 23. Juli 1882 an seine Verlobte die Bedeutung der Einhaltung der Speisegebote. Vgl. Freud, 1988 (1882), 23

16 Freud, 1895, 221

17 Nitzschke, 1990, 806

18 Freud, 1895, 236f.

19 So schreibt etwa Freud in einem Brief an seine Verlobte Martha Bernays vom 23. Juli 1882: »Und für uns beide glaube ich: wenn die Form, in der die alten Juden sich wohl fühlten, auch für uns kein Obdach mehr bietet, etwas von dem Kern, das Wesen des sinnvollen und lebensfrohen Judentums, wird unser Haus nicht verlassen.« Freud, 1988 [1882], 25. Auch Aichhorn betont, dass Freud, wie kontrovers dies immer wieder diskutiert worden sein mag, ein Leben lang seine jüdische Identität beibehalten habe. Vgl. Aichhorn, 2006, 2007. In seiner 1925 veröffentlichten autobiografischen Schrift »Selbstdarstellung« schreibt Freud: »Meine Eltern waren Juden, auch ich bin Jude geblieben.« Freud, (1925d [1924], 31-96, 34). Anna Freud schrieb in einem Brief an Otto Herz, den Vertreter von B'nai B'rith: »(...) Mein Vater war ein bewusster Jude, mit Stolz auf sein Judentum, wie ich es auch habe. Er hätte unter keiner Bedingung je seine Zugehörigkeit zum Judentum verleugnet. Aber er war gleichzeitig ein überzeugter Atheist, im vollsten Sinne des Wortes, mit keinem Gefühl für Allmacht und Mystik. (...) Vielleicht kann man an seinem Beispiel lernen, dass man ein guter Jude sein kann und gleichzeitig ein überzeugter und nachsichtsloser Atheist.« Anna Freud an Otto Herz, Brief vom 14.12.1969. Kopie im Archiv der Wiener Psychoanalytischen Vereinigung, zit. nach: Aichhorn,

2007. In einem von Peter Gay zitierten Interview formulierte der 70jährige Freud 1926: »Meine Sprache ist deutsch. Meine Kultur, meine Bildung sind deutsch. Ich betrachtete mich geistig als Deutschen, bis ich die Zunahme des antisemitischen Vorurteils in Deutschland und Deutschösterreich bemerkte. Seit dieser Zeit ziehe ich es vor, mich einen Juden zu nennen.« Gay, 2001, 504

20 Vgl. Gilman, 2002, 62 ff.

21 Vgl. dazu Engländer, Martin (1902): Die auffallend häufigen Krankheitserscheinungen der jüdischen Rasse. Wien 1902; Becker, Rafael (1928): Die jüdische Nervosität, ihre Art, Entstehung und Bekämpfung. Zürich, zit. nach: Koschorke, 2002, 302

22 Der Psychiater Robert Binswanger (1850-1910) leitete das international bekannte private Schweizer Sanatorium Bellevue in Kreuzlingen, in dem Pappenheim ab 12. Juli 1882 behandelt und am 29. Oktober des selben Jahres als »gebessert« entlassen wurde.

23 Brief vom 4.11.1881, zit. nach: Hirschmüller, 1978, 365

24 Breuer, 1882, 2, zit. nach: Hirschmüller, 1978, 349; sie selbst hatte einst folgenden Gedanken formuliert: »Aber vielleicht sind die Widerstände im Leben des Einzelnen, wie der Völker nicht nur Kraftproben, sondern auch energieauslösend – und fördernd.« Denkzettel von Bertha Pappenheim (o.D.), zit. nach: Konz, 2005, 60

25 Vgl. Kaplan, 1991, 54

26 Pappenheim, 1934b, in: Edinger, Manuskript, Part 3, 160-161. Zugleich übte sie ernsthafte Kritik an der frühen Verehelichung junger Mädchen, daraus resultierenden zeitlichen Mangels zur Ausübung eines Berufes bzw. zur Aneignung spezifisch weiblicher hauswirtschaftlicher Fertigkeiten. Zudem würden viele junge Mädchen bürgerlichen Standes »manche Ausbildung (…) sehr oberflaechlich betreiben«, da sie nur daran trachten »die Wartezeit bis zur Verheiratung auszufuellen und kein strenges, ernstes Berufsziel haben.« Ebd.,160

27 Freud, 1895, 239

28 Breuer, 1882, 1, zit nach: Hirschmüller, 1978, 349

29 Vgl. z.B. Weickmann, 1997; Duda, 1992, Bronfen, 1998; Showalter, 1997

30 Das Verhältnis von Berta Pappenheim zu Josef Breuer bot sowohl für GegnerInnen als auch BefürworterInnen der Psychoanalyse immer wieder Nahrung für diverse Spekulationen. Die im Rahmen der Behandlung entstandene Übertragungssituation – später für Freud konstitutiver Bestandteil des psychoanalytischen Prozesses – habe Ernest Jones zufolge Breuer in eine Ehekrise und

zur Flucht vor der Patientin veranlasst. Vgl. dazu Jones, 1960, 262. Albrecht Hirschmüller betont hingegen, dass aufgrund einer Unklarheit über die Natur der Übertragung, mit der einfachen Konstatierung »Übertragungsliebe« die Komplexität dieser Beziehung nicht ausreichend erfasst werden könne, zumal der Tod des Vaters während der Behandlung, zu welchem Bertha ein inniges Verhältnis gehabt haben dürfte, einen großen Verlust dargestellt habe und traumatischen Charakters gewesen sei. Vgl. Hirschmüller, 1978, 174

31 Freud, 1910a (1909), 103f.

32 Freud, 1895, 228

33 Freud, 1895, 233

34 Freud, 1895, 229; vgl. dazu Freud, 1895d, 85

35 Freud, 1895d, 85

36 Sowohl Breuer als auch Freud dürften über Pappenheims weiteren Lebensweg informiert gewesen sein. Vgl. Hirschmüller, 1978, 157

37 In einem Brief an Sophie Mamclock vom 28.02.1914 erwähnt sie »eine widerspaenstige Galle« und ein »schwaches Herz.« Edinger, Manuskript, Part 2, 60. Der Psychoanalytiker Richard Karpe vermutete, dass »her failing health may have been remaining conversion symptoms.« Karpe, 1960, 12

38 Hirschmüller, Albrecht, Durch Leiden zur schöpferischen Kraft? Anna O. und Bertha Pappenheim, in: Dokumentation zum 50. Todestag von Bertha Pappenheim, Veranstaltungsreihe im Auftrag des Magistrats der Stadt Neu-Isenburg 1986, 67, zit. nach: Brentzel, 2002, 262

39 vgl. dazu Anzieu et al., 1982; Lorenzer, 1993, 164f.

40 Karpe, 1960, 6

41 Nitzschke, 1990, 823, Anm. 44

42 Breuer, 1882, in: Hirschmüller, 1978, 349; Freud, 1895, 221

43 Breuer, 1882, in: Hirschmüller, 1978, 364

44 Hirschmüller, 1978, 375

45 Brief Josef Breuers an Binswanger vom 19.6.1882, zit. nach: Hirschmüller, 1978, 367

46 Brentzel, 2002, 60

47 Handgeschriebenes Gedicht, ca. 1911: »Mir ward die Liebe nicht – /Drum leb´ ich wie die Pflanze/ Im Keller ohne Licht. / Mir ward die Liebe nicht -/ Drum tön´ ich wie die Geige,/ Der man den Bogen bricht./ Mir ward die Liebe nicht -/ Drum wühl´ ich mich in Arbeit/ Und leb´ mich wund an Pflicht. / Mir ward die Liebe nicht -/ Drum denk ich gern des Todes, / Als Freundliches

Gesicht.«. In: Hirschmüller, 1978, 382

48 Nitzschke, 1990, 823

49 Vgl. Gay, 1998

50 Karpe, 1960, 16

51 Betonte Breuer, dass ihm das Leben der Patientin durchsichtig, wie das keines anderen Menschen geworden sei, trat im Kontext der anschließenden psychoanalytischen Theorieentwicklung eine zentrale Leerstelle der Fall- wie auch Krankengeschichte ins Zentrum der folgenden Auseinandersetzung. Das »sexuale Element« als scheinbar Fehlendes, Abwesendes wurde zum Objekt nachfolgender Deutungen Anna O.s sowie vorrangige Folie für Interpretationen des Lebenswerkes und Wirkens Bertha Pappenheims. Freud, 1895, GW, 221; Breuer, 1882, 2/3, in: Hirschmüller, 1978, 349

52 Denkzettel, datiert mit 31.05.1933, in: Jensen, 1984,183

53 Denkzettel, datiert mit 24.04.1919, in: Jensen, 1984, 193

54 Vgl. Banks, 1982

55 Maierhof/ Wenzel, 2004, 4

56 Unveröffentlichter Denkzettel vom 9.10.1927, zit. nach: Jensen, 1984, 185. Auch ihre Kollegin im Jüdischen Frauenbund, Ottilie Schönewald (1883-1961), die später aufgrund ihrer Kinderlosigkeit ein Kind adoptierte, bekannte sich zur »geistigen Mütterlichkeit«: (...) daraus darf keineswegs geschlossen werden, dass mein starker Einsatz in die Sozialarbeit eine Ersatzleistung war, um eine gewisse Leere in meinem Leben zu ueberbruecken. Im Gegenteil, ich darf wohl sagen, dass beides – Sozialarbeit und Adoption – dem gleichen Quell einer ueberstroemdenen Mütterlichkeit entsprangen und dem ausgeprägten Pflichtgefuehl, das mich zwang, die mir verliehenen Kräfte voll wirksam zu machen. Schönewald, 2004 [1961], 124

57 Zit. nach: Edinger, Manuskript, Part 2, 109

58 Alice Salomon (1872-1948) gründete 1908 in Berlin die erste interkonfessionelle Ausbildungsstätte für Sozialarbeit, die sog. *Soziale Frauenschule* und war eine Wegbereiterin der Sozialarbeit als Wissenschaft. Vgl. Dies., Charakter ist Schicksal. Lebenserinnerungen, hg. Von Rüdeger Baron und Rolf Landwehr, Weinheim 1983.

59 Vgl. Konz, 2004, 25

60 Edinger, 1963, 12

61 Die Verwendung von Pseudonymen war aufgrund des bestehenden Geschlechterverhältnisses in einer Dichotomie zwischen sog. Öffentlichkeit und

Privatheit zum damaligen Zeitpunkt für weibliche Publizistinnen durchaus nicht ungewöhnlich: Auch Henriette Fürth (1861-1938), Fürsorgerin, Frauenrechtlerin und Kollegin Bertha Pappenheims im Jüdischen Frauenbund, trat in jungen Jahren als Publizistin von Zeitungsartikeln, Buchbesprechungen und kleinen literarischen Arbeiten an die Öffentlichkeit. Wie auch Bertha Pappenheim verzichtete sie später auf ihr Pseudonym. Vgl. Krohn, 2006, 164

62 Vgl. Sacks, 1992, 221

63 In Fällen von Krankheit oder Wochenbett von Müttern übernahmen die vom Verein ausgewählten und bezahlten Mitarbeiterinnen die Hausarbeit, um die Mütter zu entlasten und das Familienleben aufrecht zu erhalten. Der *Frankfurter Hauspflegeverein* ist der älteste soziale Verein dieser Art.

64 Heubach, 1986, 9

65 Zeugnis des Vorstandes des *Israelitischen Frauenvereins* für Fräulein Bertha Pappenheim vom 01.02.1907. In: Blätter des Jüdischen Frauenbundes, 12.Jg., 1936, Nr. 7/8, 6

66 Heubach, 1986, 11

67 Pappenheim, 1901, in: Dies., 1992, 40

68 Ihre Gedanken über die unzureichenden gesetzlichen Schutzmaßnahmen und die ungleiche Rechtsstellung von Frauen und Männern formuliert sie in dem 1899 veröffentlichten Schauspiel »Frauenrecht« sowie in der gekürzten und übersetzten Fassung der englischen Literatin, Frauenrechtlerin und Philosophin Mary Wollstonecraft (1759-1797) »Verteidigung der Rechte der Frau« von 1792.

69 Heubach, 1986, 9

70 Denkzettel vom 5.9.1929, Neu-Isenburg, zit. nach: Edinger, Manuskript, Part 1, 43

71 Vgl. Krohn, 2006

72 Vgl. Konz, 2006, 367

73 Bertha Pappenheim in einer öffentlichen Rede einer Veranstaltung des *Israelitischen Hilfsvereins* in Frankfurt am Main, 26.01.1901, zit. nach: Heubach, 1986, 17

74 Vgl. Pappenheim: »Die unehelichen und Waisenkinder, die Kinder aus Mischehen und zerrütteten Ehen. Sie sind statistisch noch nicht erfasst, und niemals wird sich in Zahlen die Tragik des Schicksals ausmachen lassen. Es fehlt diesen Menschen die Bindung. Bindung wird heute oft verwechselt mit Fessel. Die Fessel ist eine Hemmung von außen herbedrängt; wenn man sie zerbricht,

zerreißt, soll man gleichwohl bedacht sein, sich eine Bindung zu erhalten. Die Formen der Bindung können sehr verschieden sein. Die Ehe, das Band, das Mutter und Kind verknüpft, freundschaftliche Interessen, Natur, Kunst, Religion können Bindungen zeitigen, die wärmen, vor Vereinsahmung schützen« zit. nach: Karminski, 1929, in: Pappenheim u.a., 1994, 114

75 Heubach, 1986, 19.

76 Vgl. dazu Nitzschke, 1990; Karpe, 1960

77 Pappenheim, 1910, in: Dies., 1992, 141

78 Pappenheim, 1992, 5

79 Pappenheim, 1904, zit. nach Pappenheim, 1992, 61

80 Olive Banks hebt hervor, dass » (...) for most of the feminists, an end to the double standard of sexual morality did not mean, as in the case of most feminist claims, the opening up to women of opportunities already available to men. Rather, it demanded from men to sexual repression that nineteenth-century morality required from women. It cannot, therefore, be understood as a simple expression of equal rights, but is rather an aspect of the religious tradition that enjoined chastity as a duty for men and women.« Banks, 1986, 63

81 Vgl. dazu Konz, 2005, 368

82 Vgl. Manz, 2007, 14

83 Vonwickel/ Borowicz, 2004, 32

84 Vgl. Pappenheim, 1924

85 Vgl. Heubach, 1992, 296

86 Pappenheim, 1913b, Sp. 602, zit. nach: Konz, 2005, 249

87 Der Gründungsversuch scheiterte jedoch ebenso wie das erste Bemühen in Rom 1914. Zur tatsächlichen Gründung kam es erst am *Zweiten Weltkongress Jüdischer Frauen in Hamburg* 1929. Vgl. dazu Hecht, 2005.

88 Im Zuge der Pogrome in Russland im Jahre 1881 waren rund 3,3, Mio. Juden und Jüdinnen von Osteuropa ausgewandert, davon 2,6 Mio. in die USA. Vgl. Hecht, 2005, 141

89 Hecht, 2005, 133

90 Der Stürmer, Jänner 1935, Nr. 1, 3, 4, 5 Februar 1935, Nr. 7, 8 und April 1935, Nr. 16, 17, 22; zit. nach: Brentzel, 2002, 290 19; vgl. Nitzschke, 1990, 818, Anm. 23

91 1903: Galizien, 1906: Pogromgebiete Russlands (Rettung von Waisenkinder, Adoption im Westen), Weitere Reisen: Washington; 1910: London, Leipzig, Madrid, 1911/1912: Reisen nach Galizien, Russland, Naher Osten (Palästina,

Ägypten, Türkei), 1912: Osteuropa, 1914: Rom,1923: Wien, 1924: Karlsbad, Graz 1926: Studienreise in die Sowjetunion, 1934: Reise nach England und Schottland zur Unterbringung von Heimkindern,, 1935: Reise nach Wien zur Übergabe der Spitzensammlung an das Wiener Museum für Kunstgewerbe (heute MAK).

92 Freud, 1910a (1909) Bertha Papenheim selbst hatte später nie konkrete Stellungnahmen zur Psychoanalyse abgegeben. Vermutlich war auch ihren Frankfurter FreundInnen und KollegInnen ihre frühere Identität als *Anna O.* nicht bekannt. Anzunehmen ist jedoch, dass sie die Werke Freud durchaus kannte: 1928 erschienen beispielsweise in der Zeitschrift »Der Morgen. Monatsschrift der Juden in Deutschland«, Heft 2, sowohl ein Beitrag von Pappenheim (Pappenheim 1928, 89- 194) als auch ein Artikel des deutschen Psychotherapeuten und Nervenarztes Edgar Michaelis (1890-1967) zum Thema »Freud und die Religion« Ebd, 139-149

93 Zur Bedeutung der internationalen Vernetzung in Bezug auf die Professionalisierung sozialer Arbeit siehe: Kniephoff-Knebel, 2006

94 Das 1893 in New York gegründete *Henry Street Settlement* widmete sich der Unterstützung von Armen und unter sozialer Not leidenden Kindern und Familien.

95 Im Zuge der Behandlung Bertha Pappenheims durch Breuer bezeichnete sie den Zustand während der tiefen Hypnose zu Sonnenuntergang als »clouds«. Freud/ Breuer, 1895, 25. Zu diesem Zeitpunkt hatte sie ihre »Muttersprache vergessen« und war nur mehr in Englisch zu kommunizieren fähig. Auch der 1882 von ihr verfasste und fragmentarisch erhaltene Bericht über ihre Krankheit ist in englischer Sprache. Abdruck in: Brentzel, 2002, 311-312

96 Brief aus St.Petersburg vom 15.05.1912, Orig. in: Pappenheim 1924a, zit. nach: Dies., 1992, 183

97 Spitzen diverser Länder, Produktionsweisen und historischer Epochen stellten in der Zeit um 1900 und im ersten Viertel des 20. Jahrhunderts einen überaus beliebten Sammelgegenstand des Bürgertums dar.

98 Bertha Pappenheim an Frau H., St. Petersburg, 19.05.1912: *Liebe Frau H.!* »Gestern Vormittag war ich in einer erst seit drei Monaten eröffneten Schule, die der Renaissance der russischen Heimarbeit und Volkskunst dienen soll. Vorsteherin ist ein Frl. Sch.; die Schule ist auf Initiative der Kaiserin gegründet. Es werden alte Teppiche, Stickereien, Perlarbeiten und Spitzen, teils kopiert, teils sollen die Arbeiterinnen au dem Lande mit gutem Material und

Zeichnungen versehen werden, so dass ihre Produkte besser qualifiziert und besser bezahlt werden. Frl. Sch. versprach mir von den Doubletten ihrer Spitzensammlung eine kleine Kollektion für mich zusammenzustellen! Können sie sich meine Freude und Vorfreude vorstellen?« Original in Pappenheim, 1924a, zit. nach: Dies., 1992, 193

99 In 50 Ortschaften Galiziens wurden 1.970 jüdische Arbeiterinnen beschäftigt. Schwara, 2003, 185

100 Pappenheim, 1924a, zit. nach: Jensen, 1984, 145

101 Vgl. Pappenheim, 1924a

102 Bertha Pappenheim an L, St. Petersburg, 18.05.1912: Liebe l.! »Heute hat mich die junge Baronesse Anna G. – ein wirklich ganz besonders nettes, einfaches, sehr hübsches Mädchen – nach einer seit 3 Monaten bestehenden, russischen Industrie d.h. Handarbeitsschule gebracht, mit deren Leiterin, einem Frl. Sch., ich verabredete, da sie mir ihre alten Spitzendoubletten sammeln und in einigen Monaten schicken wird. Das wird doch eine herrliche Vermehrung meiner Sammlung, auf die ich mich entsprechend freue. Es soll hier auch Müffelläden [Müffeln ist bei B.P. Bezeichnung für Spitzensammeln] geben, aber ich habe sie noch nicht gesehen, kann sie schlecht finden und noch schlechter mit den Leuten reden.« Original in: Pappenheim, 1924a, zit. nach: Dies. 1992, 190

103 Bertha Pappenheim an Frau M.„St. Petersburg, 20.05.1912: *»Liebes Müllerchen!*

Gestern hab´ ich so was wie Heimweh gehabt, denn ich war abends in einem (echt russischen) Klub: Dr. L. und Frl. R., in einer etwas späteren Ausgabe, haben gesungen, und um Schluß tanzten die Mädchen [...] Heute war ich auf dem Tendelmarkt von St. Petersburg und fand ein paar alte Lappen [Anm. GW: vermutlich einmalige Bezeichnung für Textilie, Spitzen] für mein Herz.«; Original in: Pappenheim, 1924a, zit. nach: Dies., 1992, 194. Auch Rainer Maria Rilke erwähnte das Gefühl kindlicher Begeisterung angesichts der Einblicknahme in die Spitzensammlung seiner Mutter »Nun weiß ich auch, wie es war, wenn Maman die kleinen Spitzenstücke aufrollte. Sie hatte nämlich ein einziges von den Schubfächern in Ingeborgs Sekretär für sich in Gebrauch genommen. »Wollen wir sie sehen, Malte«, sagte sie und freute sich, als sollte sie eben alles geschenkt bekommen, was in der kleinen gelblackierten Lade war. Und dann konnte sie vor lauter Erwartung das Seidenpapier gar nicht auseinanderschlagen. Ich mußte es tun jedesmal. Aber ich wurde auch ganz aufgeregt, wenn die Spitzen zum Vorschein kamen. Sie waren aufgewunden um eine Holzwelle, die gar nicht zu sehen war vor lauter Spitzen. Und nun wickelten wir sie langsam ab und sahen den Mustern zu, wie sie sich abspielten, und erschraken jedesmal ein wenig, wenn eines zu Ende war. (...).« Rilke, 1982 (1910), 110-111

104 Der *International Council of Women* (ICW) wurde 1988 in Washington als erste nationale Grenzen übergreifende Frauenrechtsorganisation gegründet.

105 Dazu Bertha Pappenheim 1924: »*Ich fühle, daß ich mich von keiner Stelle jüdischer Frauenarbeit losreißen kann, ohne ein Stück meiner selbst aufzugeben.*« Unveröffentlichter Denkzettel, in: Jensen, 1984, 121

106 Unveröffentlichter Denkzettel, zit. nach: Jensen, 1984, 183

107 Wagner, 2004, 8; vgl. Thesing, 2004

108 Bäumer, Gertrud: Konfessionalismus und Frauenbewegung. In: Die Frau, 11. Jg., 1903/04, 227-231; hier: 238, zit. nach: Wagner, 2004, 10

109 Pappenheim, Bertha: Erwiderung. In: Centralblatt des Bundes Deutscher Frauenvereine, 6. Jg. 1904/05, 121f., zit. nach: Wagner, 2004, 11

110 Vgl. Wagner, 2004, 19

111 Hecht, 2005, 127

112 Maierhof/ Wenzel, 2004, 4. Anzumerken ist, dass die je spezifische Situation des Judentums in den einzelnen Ländern auch starken Einfluss hatte auf die Organisationsbestrebungen von Frauen. vgl. Grandner/ Saurer, 2005, 21

113 Grandner/Saurer 2005, 15

114 Vgl. Grandner/ Saurer, 2005, 18; Malleier, 2005, 83

115 Vgl. dazu: Wagner, 2004, 8-13; Konz, 2004, 24-31

116 Vgl. Krohn, 2006, 166

117 Vgl. dazu Manz, 2007

118 P. Berthold (Bertha Pappenheim), 1897b, 485

119 Denkzettel, zit. nach: Jensen, 1984, 183

120 Pappenheims Weiblichkeitskonzeption lässt sich nicht prinzipiell als konservativ interpretieren. Dies zeigt auch die enge Freundschaft mit der fast 40 Jahre jüngeren Hannah Karminski, die im Unterschied zur Mehrheit gemäßigter Frauenrechtlerinnen als eine der radikaleren Mitglieder innerhalb des Jüdischen Frauenbundes gilt. Dass Pappenheim letztlich auch Karminskis Ideen und Ziele unterstützte, davon zeugen folgende überlieferte Worte Pappenheims: »Das ist der junge Mensch, den ich geformt habe«, und sie sagte es »voller Stolz.« Ottilie Schönwald: Aus der Arbeit des Jüdischen

Frauenbundes in Bochum. Unveröffentlichtes Manuskript, zit. nach: Maierhof, 2004b, 112

121 28 Jahre lang notierte die erfolgreiche Kauffrau, Mutter von zwölf Kindern und weibliches Oberhaupt einer weitverzweigten Familie in sieben Büchern ihr Leben.

122 Pappenheim, 1910b; Glückel von Hameln wurde im Laufe der Jahre auch zum Alter Ego Pappenheims. Davon zeugt ein Bildnis des Malers Pilikowski, welches Bertha Pappenheim in der Tracht der Glückel von Hameln zeigt. Vgl. dazu Jensen, 1984, 133; Konz, 2005, 370

123 Konz, 2005, 188

124 Steer, 2004, 16

125 Als Pendant zum männlichen Dienst an der Front wurde der NFD im Juli 1914 von Gertrud Bäumer, der Vorsitzenden des *Bundes Deutscher Frauenvereine* (BDF) ins Leben gerufen. Innerhalb kurzer Zeit entstanden überall in Deutschland Ortsgruppen, die das seitens des BDF für die Kriegserfordernisse entwickelte Sozialprogramm ausführten.

126 Sophie Mamelock war Mitglied des JFB und Direktorin des 1929 gegründeten Heimes des JFB für tuberkulosegefährdete Kinder in Wyk auf Föhr. Vgl. Lorenz, 1997, 54

127 Edinger, Manuskript, Part 2, 62

128 Edinger, Manuskript, Part 2, 65-66

129 Edinger, Manuskript, Part 2, 66

130 Brentzel, 2002, 314

131 Vgl. zur Geschichte der Einrichtung siehe: Zentralwohlfahrtsstelle, 1992

132 Steer, 2004, 17

133 Konz, 2004, 27

134 Konz, 2004, 28

135 Cohn, Else: Soziale Arbeit und Jugend. In: Blätter des Jüdischen Frauenbundes, 4-Jg., 1927/28, Nr. 1, 2-3, 2, zit. nach: Konz, 2004, 29

136 Pappenheim, 1934b, in: Edinger, Manuskript, Part 3, 157

137 Blätter des Jüdischen Frauenbundes, 3. Jg. 1926, Nr. 6/7, 14; Blätter des Jüdischen Frauenbundes, 8. Jg. 1928, Nr. 5, 4; Pappenheim, 1992, 104f.

138 Andere Mitglieder des JFB, wie etwa die Sozialistin und nicht religiöse Jüdin, Henriette Fürth, die sich für die jüdische Gemeinschaft und jüdischen Minderheitenprobleme engagierte, definierten ihre Zugehörigkeit vor allem über eine Praxis jüdischer Kultur. Dies schlug sich auch in ihrer Selbstbezeichnung als

»jüdische Deutsche« im Unterschied zu Pappenheims Identität als »deutsche Jüdin« nieder sowie in der Verwendung der Bezeichnung »jüdische Frau« statt »Jüdin«. Dazu Henriette Fürth: *Wir sind nicht nur Frauen, wir sind jüdische Frauen. Und solange dies Beiwort noch eine herabsetzende Unterscheidung umschließt, solange dürfen wir nicht ablassen vom Kampf.*« Offener Brief. In: Im Deutschen Reich, Jg. 17,1911, Nr. 7/8, 405, zit. nach: Krohn, 2006, 68

139 Vonwickel/ Borowicz, 2004, 33

140 Vgl. Grandner/ Saurer, 2005,18; Malleier, 2005, 83

141 Vgl. Blätter des Jüdischen Frauenbundes, 4. Jg., 1928, Nr. 1, 1

142 Ebd., 35

143 Heubach, 1986, 57

144 Pappenheim, 1933, zit. nach: Pappenheim u.a., 1994, 131

145 Denkzettel, datiert mit Amsterdam, 15.12.1935, in: Jensen, 1984, 187

146 Pappenheim, 1934, in: Edinger, Manuskript, Part 3, 162

147 Ebd., 152

148 Der BDF wurde 1894 als Dachverband der deutschen bürgerlichen Frauenbewegung gegründet.

149 Viele ihrer Texte wurden in den 1924 gegründeten »Blättern des Jüdischen Frauenbundes für Frauenarbeit und Frauenbewegung« (BJVB) veröffentlicht.

150 Heubach, 1992, 292;

151 Heubach, 1986, 29

152 Haus I wurde 1907 eröffnet; Haus II für Schwangere, junge Mütter, Säuglinge und Kleinkinder 1914; Haus III für kriegsgeschädigte Kinder 1917, Haus IV als Unterkunft für Auszubildende und PraktikantInnen 1918. Vgl. Heubach, 1986, 60

153 Brief aus Wien an Sophie Mamelock, vom 18. Juni 1908, zit. nach: Edinger, Manuskript, Part I, 55

154 Jensen, 1984, 155; Nitzschke, 1999, 802

155 Guttmann, Marion: Die Schulkinder im Heim. In: Pappenheim u.a., 1994, 88-90, hier: 90

156 Stahl, 1936, 15

157 In den 1920er Jahren wurde die Untersuchung um eine dreiwöchige Isolation erweitert, um die Neuaufnahmen psychisch und physisch intensiver beobachten zu können. Vgl. Pappenheim u.a., 1994, 60

158 Heubach, 1986, 35

159 Bericht des Heimarztes Dr. Minkel. In: Pappenheim u.a., 1994, 86-87, hier: 87

160 Mütter, die ihre Neugeborenen nicht behalten wollten oder konnten, wurden über die Zusammenarbeit mit der *Zentralstelle für jüdisches Pflegestellenwesen und Adoptionsvermittlung* bei der Vermittlung von Adoptionen unterstützt. Posner, 1936, 140

161 Krämer, 1936, 13

162 Stahl, 1936, 15

163 Guttmann, zit. nach: Pappenheim u.a., 1994, 89

164 Krämer, 1936, 13

165 Zeugnis des Vorstandes des *Israelitischen Frauenvereins* für Fräulein Bertha Pappenheim vom 01.02.1907. In: Blätter des Jüdischen Frauenbundes, 12. Jg., Nr.7/8, 6

166 Krämer, 1936 13

167 Guttmann, zit. nach: Pappenheim u.a., 1994, 90

168 Vgl. Rutschky, 2001.

169 Posner, 1936, 139

170 Guttmann , zit. nach: Pappenheim u.a., 1994, 88

171 Posner, 1934, 139

172 Guttmann, zit. nach: Pappenheim u.a., 1994, 89

173 Minkel, zit. nach: Pappenheim u.a., 1994, 68-87

174 Posner, 1934, 136

175 Ehrenwert, 1934, 133

176 Ebd.

177 Ehrenwert, 1934, 134

178 Ottlie Schoenewald (1883-1961) war Politikerin, Frauenrechtlerin und engagierte sich schon in jungen Jahren in der jüdischen Wohlfahrt.

179 1933 in Berlin gegründete jüdische Organisation, die während der NS-Herrschaft möglichst viele Kinder und Jugendliche über eine Auswanderung, insbesondere nach Palästina, in Sicherheit zu bringen suchte.

180 Richarz 1982, 215, zit. nach: Vonwickel/ Borowicz, 2004, 37

181 Gebet von Bertha Pappenheim, datiert mit 24.10.1932, zit. nach: Jensen, 1984, 155. In einer Ansprache anlässlich der Feier des 25 jährigen Bestehens des Frankfurter Mädchenclubs am 19. März 1928 zum Thema »Ist Altsein und Werden Tragik oder ist es Gnade?« zieht sie selbst folgende Bilanz über ihre Arbeit: »Es ist Tragik, wenn uns zum Bewusstsein kommt, dass Dinge, die wir noch wollen, die in unserem Kopfe, in unserem Sinne noch ein

Rahmen sind, auszufuellen mit Aufgaben, die geschafft werden muessen. (…) All das zu wissen, eine Gestaltungskraft zu fuehlen, aber auch zu wissen, dass nach den Gesetzen der Natur, gegen die niemand ankaempfen kann und die gerecht sind, dass diese Dinge unerfuellt bleiben muessen, weil voraussichtlich die Kraft nicht reicht. Aber Altsein ist in manchen Momenten auch Gnade (…) Gnade, wenn man fuehlt, dass man etwas mitgeschaffen hat, dass man an grossen Dingen nicht gleichgueltig voruebergegangen ist. All das zu fuehlen ist Gnade. (…)« In: Edinger, Manuskript, Part 2, 110-116, hier: 110

182 Denkzettel, datiert mit 27.02.1920, zit. nach: Jensen, 1984, 194

183 Denkzettel, 1924, 123-124, zit. nach: Jensen, 1984, 143

184 Bertha Pappenheims große Anzahl nur teilweise datierter und zum größten Teil unveröffentlichter Aufzeichnungen stammen hauptsächlich aus ihren späteren Jahren. Bertha Pappenheim nannte sie »Denkzettel«. Waren sie zuerst nur »zur eigenen Entspannung« niedergeschrieben worden, so waren sie in den späteren Jahren auch an ihre Mitarbeiterinnen adressiert. Einige Denkzettel ließ sie von Ihrer Sekretärin niederschreiben, um sie ihrer Freundin und Weggefährtin Hanna Karminski zu übergeben. Die meisten dieser Aufzeichnungen befinden sich im Stadtarchiv Frankfurt/ Main, Kommission zur Erforschung der Geschichte der Juden und im Leo Baeck-Archiv. Eine Auswahl ist abgedruckt in: Jensen, 1984 und Edinger, 1963.

185 Denkzettel, datiert mit 25.03.1919, zit. nach: Jensen, 1984, 192

186 Forchheimer, 1936, 158

187 Jensen, 1984, 155

188 Ehrenwert, 1936, 143

189 Ehrenwert, 1936, 145

190 Ebenso wie in ihren schriftlichen Aufzeichnungen das Andenken an Vater und Mutter hochgehalten wurde, so war die Übergabe an das Museum an die Bedingung geknüpft, dass die Spitzen auf einen Stoff von besonderer Farbe – d.i. violette – aufgespannt werden, jede mit einem Zettel versehen, auf dem vermerkt sein sollte, »dass es eine Spende zur Erinnerung an ihre Eltern sei.« Völker, 2007, 10. Die Spitzensammlung Bertha Pappenheims befindet sich unter dem Namen Sigmund und Recha PAPPENHEIM, geb. Goldschmied – Stiftung in Wien im Museum für Angewandte Kunst/ Gegenwartskunst (MAK).

191 Völker, 2007, 11

192 Bei dieser Gelegenheit wohnte sie in der Pension »Vienna«, 1090 Wien, Frankgasse 5, nicht weit von Freuds Wohnung, Berggasse 19. Auch die

Wohnung ihres Bruders, Garnisongasse 7 und die ehemalige Wohnung der Familie Pappenheim, Liechtensteinstraße 2, lagen im Umkreis der Pension.

193 Völker, 2007, 12

194 Brief an das Museum vom 2. Juli 1935, zit. nach: Völker, 2007, 12

195 In Ischl hatte sie einst am Krankenbett des Vaters gewacht. Im Zuge dessen erlebte sie ihre erste Schlangenhalluzination. Jensen, 146, vgl. Swales, 1988, 61

196 Das Original des Briefes wurde von Forchheimer an die Pappenheim Biografin Dora Edinger übergeben. Zit. nach: Edinger, Manuskript, Part 3, 133; vgl. Forchheimer, 1936, 27-28

197 Edinger, Manuskript, Part 3

198 Edinger, Manuskript, Part 1, 7

199 Vgl. Volkov, 2001

Literatur

Aichhorn, Thomas (2006): Freud und der Faschismus. Vortrag im Rahmen der Vortragsreihe »Die Seele ist ein weites Land – Sigmund Freud und die Psychoanalyse«, veranstaltet von der Österreichischen Urania für Steiermark; Graz, 12. 12. 2006 (unveröffentlichtes Manuskript, zur Verfügung gestellt durch den Autor)

Aichhorn, Thomas (2007): «No provocations and even fewer concessions" (S. Freud, 1933). Vortrag im Rahmen des Panels Freud and the Freudians, / Jung and the Jungians in the Thirties and during the Nazi time, IPA Congress, Berlin, July 25 (unveröffentlichtes Manuskript, zur Verfügung gestellt durch den Autor)

Anzieu, Didier et al. (1982): Psychoanalyse und Sprache. Vom Körper zum Sprechen. Paderborn (frz. Orig.: Psychoanalyse et langage. Du corps à la parole. Paris 1977)

Banks, Olive (1986): Faces of Feminism. Oxford (erstm. 1981)

Borch-Jacobson, Michel (1987): Anna O. zum Gedächtnis. Eine hundertjährige Irreführung, München

Brentzel, Marianne (2002): Anna O. Bertha Pappenheim. Biographie, Göttingen

Brentzel, Marianne (2004): »Drum wühl' ich mich in Arbeit und leb' mich wund an Pflicht«. Das Leben der Bertha Pappenheim 1859-1936. In: Ariadne, Forum für Frauen- und Geschlechtergeschichte, Nr. 45/46: »Jüdisch-sein,

Frau-sein, Bund-sein«. Der jüdische Frauenbund 1904-2004, 94-101
Bronfen, Edith (1998): Das verknotete Subjekt. Hysterie in der Moderne, Berlin
Buber, Martin (1936): Worte des Gedenkens. In: Blätter des Jüdischen Frauenbundes, 12. Jg., Nr. 7/8: Bertha Pappenheim zum Gedächtnis, 2
Duda, Sibylle (1992): Erkundungen zur Geschichte der Hysterie oder »Der Fall Anna O.«. In: Dies. / Pusch, Louise F. (Hg.): Wahnsinnsfrauen, Bd. 1, Frankfurt/ Main, 123-145
Dulz, Birger (2000): Über die Aktualität der Verführungstheorie. In: Kernberg, Otto F. et al. (Hg.): Handbuch der Borderline-Störungen. Stuttgart/ New York, 11-25
Edinger, Dora (1963): Bertha Pappenheim. Leben und Schriften, Frankfurt/Main
Edinger, Dora (o.J.): Bertha Pappenheim. Ein Buch des Gedenkens, Manuskript Part.1-3, Leo-Baeck-Institut, New York, Collections online: www.lbi.org/digibaeck
Ehrenwert, Gertrud (1934): Die Ausbildung der Schülerinnen im Isenburger Heim. In: Pappenheim u.a., 1994, 132-125
Ehrenwert, Gertrud (1936): Fräulein Pappenheim im Isenburger Heim. Erinnerungen, in: Pappenheim u.a., 1994, 142-145
Eitingon, Max (1909): Anna O. (Breuer) in Psychonalytischer Betrachtung, hg. v. Albrecht Hirschmüller. In: Jahrbuch der Psychoanalyse, Bd. 40, 14-30
Feustel, Adriane (2006): Die Bedeutung internationaler Beziehungen und Zusammenarbeit im Werk Alice Salomons. In: Ariadne. Forum für Frauen- und Geschlechtergeschichte: Women in Welfare. Soziale Arbeit in internationaler Perspektive, Nr. 49, 24-29
Forchheimer, Stephanie (1936): Wiener Erinnerungen In: Blätter des Jüdischen Frauenbundes, 12. Jg., Nr. 7/8, 27-28
Freud, Sigmund (1895d): Studien über Hysterie. GW, I, 75-312
Freud, Sigmund (1895): Die Beiträge Josef Breuers zu den Studien über Hysterie: »Fräulein Anna O. und Theoretisches«, GW, Nachtragsband, 196-312
Freud, Sigmund (1910a [1909]): Über Psychoanalyse. Fünf Vorlesungen. GW, 8, 1-60
Freud, S. (1925d[1924]): Selbstdarstellung. GW, Bd. 14: 31-96
Freud, Sigmund (1988): Brautbriefe. Brief an Martha Bernays aus den Jahren 1882-1886, hg. v. E. L. Freud, Frankfurt/Main
Gay, Peter (1987): Die zarte Leidenschaft. Liebe im bürgerlichen Zeitalter, München (engl. Orig. The Bourgeois Experience Vol. II: The Tender Passions,

New York 1986)
Gay, Peter (2001): Freud. Eine Biografie für unsere Zeit. Frankfurt/Main (amerikan. Orig. Freud. A Life for Our Time, New York 1987; dt. Erstausgabe: Frankfurt/Main 1989)
Gilman, Sander (2002): Der schejne Jid. Das Bild des jüdischen Körpers in Mythos und Ritual, Wien (engl. Orig.: The Jew´s Body. New York/ London 1991)
Grandner, M./ Saurer, E. (Hg.) (2005): Geschlecht, Religion und Engagement. Die jüdischen Frauenbewegungen im deutschsprachigen Raum, Wien/Köln/Weimar (= L´HOMME Schriften 9).
Grandner, Margarete/ Saurer, Edith (2005): Emanzipation und Religion in der jüdischen Frauenbewegung. In: Dies. (Hg.), 2005, 7-24
Hecht, Dieter J. (2005): Die Weltkongresse jüdischer Frauen in der Zwischenkriegszeit, Wien 1923, Hamburg 1929. In: Grandner/ Saurer, 2005, 123-156
Hering, Sabine (Hg.) (2006): Jüdische Wohlfahrt im Spiegel von Biographien. Frankfurt/ Main (= Schriften des Arbeitskreises Geschichte der jüdischen Wohlfahrt in Deutschland, Band 2)
Heubach, Helga (1985): Das Heim des Jüdischen Frauenbundes in Neu-Isenburg, 1907 bis 1942, hg. v. d. Stadt Neu-Isenburg
Heubach, Helga (1992): Nachwort. In: Pappenheim, B./ die Anna O. (1992): Sisyphus: Gegen den Mädchenhandel – Galizien, hg. v. H. Heubach, Freiburg i. Breisgau, 289-312
Hirschmüller, Albrecht (1978): Physiologie und Psychoanalyse in Leben und Werk Josef Breuers. Bern (= Jahrbuch der Psychoanalyse, Beiheft 4)
Hirschmüller, Albrecht (1998): Max Eitingon über Anna O. In: Jahrbuch der Psychoanalyse, Bd. 40, 9-13
Jensen, Ellen M. (1984): Ein Fall für die Psychiatrie – Ein Leben für die Philanthropie. Streifzüge durch das Leben von Anna O./Bertha Pappenheim, Frankfurt/Main
Jones, Ernest (1984): Sigmund Freud. Leben und Werk, Bd. 1, München (engl. Orig.: The Life and Work of Sigmund Freud, Vol. 1, New York 1953, dt. Erstausgabe: Bern/ Stuttgart 1960)
Jüdischen Museum Frankfurt/ Main, (Hg.) (1992): ZEDAKA. Jüdische Sozialarbeit im Wandel der Zeit, Ausstellungskatalog »75 Jahre Zentralwohlfahrtsstelle der Juden in Deutschland 1917-1992« (03.12.1992-28.02.1993), Frankfurt/ Main
Kaplan, Marion (1991): Die jüdische Frauenbewegung in Deutschland.

Organisation und Ziele des Jüdischen Frauenbundes 1904-1938, Hamburg (= Hamburger Beiträge zur Geschichte der Juden)

Karminski, Hannah (1929): Aussprache jüdischer Frauen über Erziehungsfragen. Tagungsbericht, Neu-Isenburg 1.-3. Jänner 1929. In: Pappenheim u.a., 1994, 109-115

Karminski, Hannah (1936): An die fernen Freunde von Fräulein Pappenheim, Berlin, den 7.VI.36, In: Ariadne, Nr. 45/46, 2004, 102-108

Karpe, Richard (1960): The Rescue Complex in Anna O´s Final Indentity. In: Psychoanalytic Quaterly, Bd. 30, 1-27

Klapheck, Elisa/ Dämming, Lara (2003): Bat Kol – Die Stimme der Bertha Pappenheim. In: Pappenheim, 2003, 7-21

Kniephoff-Knebel, Anette (2006): Grenzüberschreitendes Lernen und Verberuflichung. Die internationale Vernetzung der bürgerlichen Frauenbewegung und ihr Einfluss auf die Berufsgeschichte Sozialer Arbeit in Deutschland. In: Ariadne, Nr. 49, 8-15

Konz, Britta (2005): Bertha Pappenheim (1859-1936). Ein Leben für jüdische Tradition und weibliche Emanzipation, Frankfurt/ New York

Konz, Britta (2004):Generationenkonflikte im Jüdischen Frauenbund. In: Ariadne, Nr. 45-46, 24-31

Konz, Britta (2006): »Weh dem, dessen Gewissen schläft!« Bertha Pappenheim (1859-1936), in: Hering, 2006, 360-375

Krämer, Helene (1936): Meine Erinnerungen an Bertha Pappenheim als Heimmutter. In: Pappenheim u.a., 1994, 13-15

Koschorke, Albrecht (2002): Nachwort. In: Bertha Pappenheim (Anna O.) Literarische und Publizistische Texte, hg. v. Kugler, Lena/ Koschorke, Albrecht, Wien, 297-319

Krohn, Helga (2006): Frauenrechtlerin, Sozialarbeiterin, Publizistin. Henriette Fürth (1861-1938), in: Hering, 2006, 160-169

Israel, Hede (1937): Bertha Pappenheims Ketten. In: Blätter des Jüdischen Frauenbundes, 13. Jg., Nr.1, 7-8.

Lorenz, Dagmar (1997) Keepers of the Motherland. German Texts by German Jewish Women, Nebraska, 1997

Lorenzer, Alfred (1993): Intimität und soziales Leid. Archäologie der Psychoanalyse, Frankfurt/Main (Erstausgabe 1984)

Malleier, Elisabeth (2005): Jüdische Feministinnen in der Wiener Frauenbewegung vor 1938. In: Grandner/ Saurer (Hg.), 2005, 79-102

Maierhof, Gudrun/ Wenzel, Cornelia (2004): Editorial. In: Ariadne, Nr. 45/46, 3-5

Maierhof, Gudrun (2004a): »Es bleibt uns Frauen nur übrig, unsere Pflicht zu tun!« Weibliche Selbsthilfe im Jüdischen Frauenbund in Nazideutschland. In: Ariadne, Nr. 45/46, 46-55

Maierhof, Gudrun (2004b): »Die Seele des Frauenbundes.« Hannah Karminski 1897-1942. In: Ariadne, Nr. 45/46, 112-115

Maierhof, Gudrun (2006): »Ich bleibe, um meine Pflicht zu tun.« Hannah Karminski (1897-1942). In: Hering, 2006, 220-229

Manz, Ulrike (2007): Bürgerliche Frauenbewegung und Eugenik in der Weimarer Republik. Frankfurt (= Frankfurter Feministische Texte – Sozialwissenschaften – Bd. 7)

Nitzschke, Bernd (1990): Prostitutionswünsche und Rettungsphantasien – auf der Flucht vor dem Vater. In: Psyche, 44. Jg., Nr. 9, 788-825

Posner, Frieda, (1934): Isenburg als Lehrmittel. In: Pappenheim u.a., 1994, 132-135

Protokolle der Wiener Psychoanalytischen Vereinigung, Bd. 1 (1906-1908), hg. v. Nunberg, Hermann / Federn, Ernst, Frankfurt/Main 1976 (amerikan. Original: New York 1962)

Quinodoz, Jean Michel (2005): Reading Freud. A Chronological Exploration of Freud´s Writings, London/ New York

Rosenbaum, Max/ Muroff, Melvin (Ed.) (1984): Anna O.-Fourteen Contemporary Reinterpretations. London/ New York

Richarz, Monika (1982): Jüdisches Leben in Deutschland, Bd. 3: 1918-1945, Stuttgart

Rilke, Rainer Maria (1982): Die Aufzeichnungen des Malte Laurids Brigge. Baden-Baden (erstmals 1910)

Rutschky, Katharina (Hg.) (2001): Schwarze Pädagogik. Quellen zur Naturgeschichte der bürgerlichen Erziehung, München (erstmals 1977)

Sacks, Jonathan (1992): Wohlstand und Armut. Eine jüdische Analyse. In: ZEDAKA. Jüdische Sozialarbeit im Wandel der Zeit, Ausstellungskatalog »75 Jahre Zentralwohlfahrtsstelle der Juden in Deutschland 1917-1992 (03.12.1992-28.02.1993), hg. v. Jüdischen Museum Frankfurt/ Main, 14-29.

Schönewald, Ottilie (2004 [1961]): Lebenserinnerungen von Ottilie Schönewald für das Leo Baeck Institut, New York, abgedruckt in: Ariadne, Nr. 45/46, 119-127

Schönewald, Ottilie (2004): Aus der Arbeit des Jüdischen Frauenbundes in Bochum. Unveröffentlichtes Manuskript, 4, zit. nach: Maierhof, 2004b, 114

Schwara, Desanka (2003): Luftmenschen – Ein Leben in Armut. In: Haumann,

Heiko (Hg.): Luftmenschen und rebellische Töchter. Köln (= Lebenswelten osteuropäischer Juden 7), 71-122

Schweighofer, Fritz (1987): Das Privattheater der Anna O. Ein psychoanalytisches Lehrstück. Ein Emanzipationsdrama, München/ Basel

Showalter, Elaine (2001): Hystorien. Hysterische Epidemien im Zeitalter der Medien, Berlin: (amerikan. Original: Hystories. Hysterical Epidemics and Modern Media, New York 1997)

Stahl, Johanna (1936): Bertha Pappenheims erzieherisches Konzept als Heimleiterin. In: Pappenheim u.a., 1994, 15-16

Staszewski, Noemi (2003): Die Seminar- und Gedenkstätte Bertha Pappenheim in Neu-Isenburg. In: Pappenheim, 2003, 64-68

Steer, Martina (2004): Der Jüdische Frauenbund im Ersten Weltkrieg. In: Ariadne, Nr. 45/46, 14-23

Thesing, Christina (2004): Religiöse Gleichstellung und der Jüdische Frauenbund. In: Ariadne, Nr. 45-46, 2004, 78-83

Swales, Peter (1988): Anna O. in Ischl. In: Werkblatt. Zeitschrift für Psychoanalyse und Gesellschaftskritik 5. Jg., Nr. 14/15, 57-64

Uhlmann, Edda (2002): Väterliche Phantasmen im weiblichen Selbst. In: Zeitschrift für Psychoanalytische Theorie & Praxis, Jg. XVII, Nr. 1/ 2, 31-48

Völker, Angela (2007): Spitzen und so weiter. Die Sammlungen Bertha Pappenheims – Sigmund und Recha Pappenheim geb. Goldschmid-Stiftung – im MAK. In: Noever, Peter (Hg.): Spitzen und so weiter… Die Sammlungen Bertha Pappenheims im MAK, Wien, 9-13

Volkov, Shulamit (2001): Das jüdische Projekt der Moderne. Zehn Essays, München

Vonwinckel, Annette / Borowicz, Iren (2004): Nächstes Jahr in Jerusalem? Deutsch-jüdische Frauen und der Zionismus 1904-1938. In: Ariadne, Nr. 45/46, 32-39

Wagner, Leonie (2004): »Eine gewisse Verstimmung unter den FrauenrechtlerInnen«. Reaktionen des Bundes Deutscher Frauenvereine auf die Gründung des Jüdischen Frauenbundes. In: Ariadne, Nr. 45/46, 8-13

Weickmann, Dorion (1997): Rebellion der Sinne. Hysterie – ein Krankheitsbild als Spiegel der Geschlechterordnung (1880-1929). Frankfurt a. M./ New York

Bertha Pappenheim um 1880

Bertha Pappenheim 1882

Bertha Pappenheim um 1905 in Frankfurt

Bertha Pappenheim 1912

Das frühere Haus 2, Zeppelinstr. 10, Neu-Isenburg

Bundesdeutsche Sonderbriefmarke für Bertha Pappenheim
Helferin der Menschheit 1954

Plakat der Ausstellung *Spitzen und so weiter ... Die Sammlungen Bertha Pappenheims im MAK* in Wien im Österreichischen Museum für angewandte Kunst/ Gegenwartskunst vom 3. Oktober 2007 bis 16. März 2008

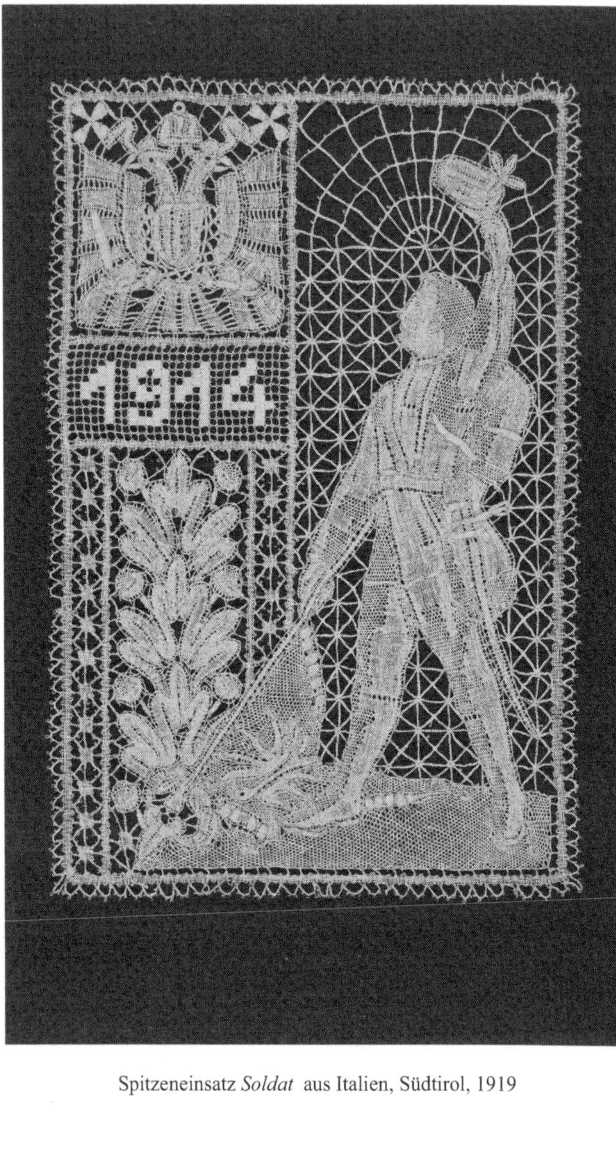

Spitzeneinsatz *Soldat* aus Italien, Südtirol, 1919

Doppelkragen, Herkunft unbekannt, 1. Hälfte des 19. Jahrhunderts

Brisefächer, Deutschland um ca. 1840

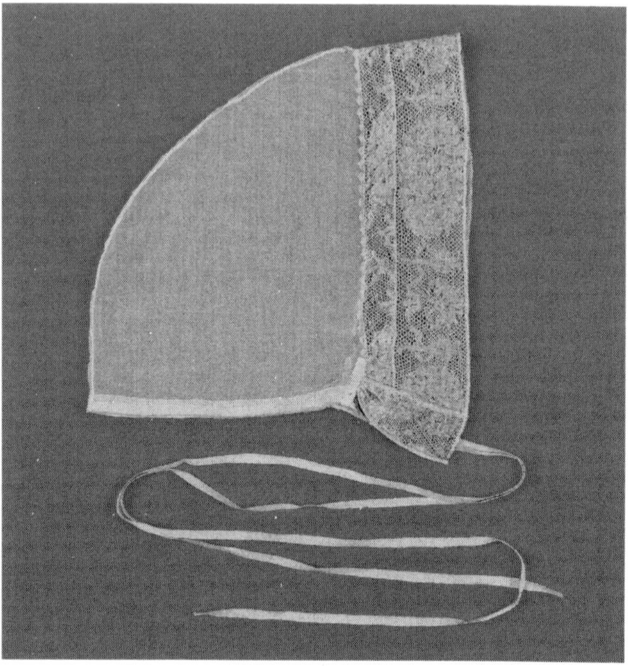

Flämische Battisthaube mit Spitzenbesatz, 17. Jahrhundert

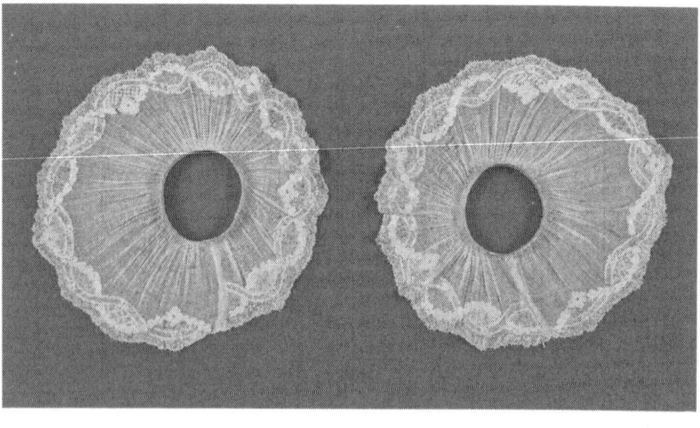

Ärmelrüschenpaar (Engageantes) aus England, 18. Jahrhundert

Spitzendecke aus Italien, 16. Jahrhundert

Bertha Pappenheim

Ausgewählte Schriften

Mit den ersten drei der hier vorgestellten Texte (Zeitungsartikel) meldete sich Bertha Pappenheim erstmals öffentlich zu Wort. Diese sozialpolitischen und feministischen Stellungnahmen veröffentlichte sie allerdings unter dem männlichen Pseudonym Paul Berthold.

Wenngleich Pappenheim prinzipiell die Einführung des Frauenstimmrechts befürwortete, plädierte sie in diesem Beitrag angesichts einer von ihr konstatierten politischen Urteilslosigkeit und Unselbständigkeit der Mehrheit der Frauen für eine langsamere Gangart der Frauenbewegung. Die zeitgenössischen Forderungen der Frauenbewegung erschienen ihr als zeitlich verfrüht und dieser letztlich nicht dienlich. Ihr Artikel wurde 1897 in der Zeitschrift Ethische Kultur. Wochenschrift für sozial-ethische Reformen, *Jg. 5, 106-107 veröffentlicht. Die Zeitschrift wurde ab 1893 von der ein Jahr zuvor in Deutschland gegründeten* Gesellschaft für ethische Kultur *herausgegeben. Konfessionsunabhängigkeit und die Umsetzung moralischer Werte in der sozialen Praxis bestimmten die Leitlinien ihrer Beiträge.*

Paul Berthold

Eine Frauenstimme über Frauenstimmrecht (1897)

In jeder Bewegung liegt etwas ungemein Reizvolles. Das Überwinden eines Widerstandes und die dazu nötige Kraftentwickelung bringt ein Lustgefühl, erhöhtes Selbstbewußtsein hervor, das viele Menschen davor bewahrt, in dumpfe Trägheit zu verfallen. Zielbewußte, nützliche Bewegung, also Arbeit, ist darum, wenn sie die Kräfte des Arbeiters nicht übersteigt, etwas sehr Beglückendes. Wenn eine Bewegung in Sport ausartet, d. h. bloß der Eitelkeit und verwandten Motiven dient, wird sie wertlos. Was von körperlicher Bewegung und Kraftleistung gilt, gilt auch von geistiger Bewegung. Etwas durchdenken, Etwas begreifen, Hindernisse, auf die man trifft, bewältigen, gehört zu den höchsten Genüssen des menschlichen Lebens, und solche geistige Arbeit kann inmitten eines sonst traurigen, freudlosen Daseins zu einer unerschöpflichen Quelle von Glück werden. Aber auch eine Bewegung auf geistigem Gebiete kann ein fortreißendes Tempo annehmen, das die vernünftigen, wohlbegründeten Anfänge in sportartige Übertreibung ausarten läßt, und damit der guten Sache schadet. Auf einem solchen Punkt ist im Moment die Frauenbewegung in Deutschland angekommen, erkenntlich an den einzelnen Rufen nach Frauenstimmrecht, die sich vernehmen lassen. Die Veranlassung zur Frauenbewegung überhaupt gab die Not. Frauen darbten; der Selbsterhaltungstrieb führte sie zur Arbeit, und da man uns das Recht auf jede Arbeit, die wir leisten können, nicht frei zugesteht, so müssen wir es uns erkämpfen. So entstand die Bewegung, an der nach und nach alle Frauen teilnehmen werden: hemmend oder fördernd je nach Verständnis, Interesse oder Bedürfnis. Die Frauen, deren geistiges Leben bisher als ziemlich seichtes Rieselwässerchen dahin geflossen ist, empfinden das Beglückende einer geistigen Bewegung und des Kampfes für ihr gutes Recht mit ungeahntem Entzücken. Das Erwachen zum Bewußtsein unser selbst, die Proben unserer Kraft und unseres Könnens machen uns so kampfesfroh, daß viele Frauen in ihrer Begeisterung für die gerechte Sache schon über das Ziel hinaus schießen, indem sie das Frauenstimmrecht verlangen. Den nächsten Anstoß hierzu gab das neue, deutsche Bürgerliche Gesetzbuch.

Weibliche und männliche Juristen stimmen darin überein, daß die bezüglichen Paragraphen des neuen Gesetzes dem Recht der Frau in Ehe und Familie zu wenig Rechnung tragen. Das ist von jenen, die das Recht im Staate zu vertreten und durch Gesetze zu ordnen haben, ungerecht. Die vieltausendstimmige Petition der deutschen Frauen hätte im Reichstage Gehör finden müssen, denn wir verlangten nur die Möglichkeit, daß jeder einzelnen Frau im einzelnen Fall, wenn sie sich auf den vorgeschriebenen Rechtsweg begiebt, ihr Recht werde. Die Petition hatte keinen Erfolg; aber aus dieser an uns Frauen verübten Ungerechtigkeit das Frauenstimmrecht ableiten zu wollen, ist bei dem heutigen Durchschnittsmaß von Frauenbildung doch ein verfrühter Gedanke, den einzelne Vertreterinnen der Frauenbewegung nur zu lebhaft akklamieren.

Um in einer beratenden und gesetzgebenden Körperschaft erfolgreich stimmberechtigt teilnehmen zu können, dazu gehört ein weiterer Blick, von Erfahrung unterstützte tiefe Bildung, und Routine im öffentlichen Leben und Verkehr – und darüber werden im heutigen Deutschland wohl nur sehr wenige Frauen ausreichend verfügen. Denn außer den wenigen Paragraphen über Ehe- und Familienrecht, in denen die Frau naturgemäß und als zunächst beteiligt urteilsfähiger ist als der Mann, sind doch das Jahr hindurch noch viele andere Dinge Gegenstand der Beratung und Abstimmung im Reichstag, in denen wir Frauen mit unserem heutigen Wissen nicht mitsprechen können. Aber nicht nur für die höchsten Ansprüche eines weiblichen Abgeordneten im Parlament sind wir nicht gerüstet, auch für Wähler sind wir noch nicht reif genug.

Wer die Tragweite gewisser politischer Vorgänge nicht kennt, wer nicht weiß, was finanzielle, verkehrstechnische, industrielle, wissenschaftliche Fragen und Unternehmungen für Bedeutung gewinnen können – wer die Telegramme einer Zeitung ohne Leitartikel nicht versteht – soll nicht den Anspruch machen, stimmberechtigt und wahlfähig zu sein. Ich möchte den Einwurf der curagierten Frauenstimmrechtlerinnen, daß auch eine große Anzahl von Männern ohne Verstand und Verständnis von ihrem Stimmrecht Gebrauch machen, nicht gelten lassen. Nicht nur weil der Mann das Stimmrecht hat, soll die Frau es zu erlangen suchen und eigensinnig die Gleichheit zwischen Mann und Frau durchsetzen wollen. Das politische ist ein Gebiet, auf dem die deutsche Frau vorläufig noch nicht im Stande wäre, ihr Recht nützlich zu gebrauchen.

Daraus ist uns kein Vorwurf zu machen, denn die Politik ist ein großes, kompliziertes Interessengebiet, dem wir bisher absichtlich fern gehalten wurden und in das auch höchst gebildete und begabte Männer sich einarbeiten müssen, um etwas zu leisten.

Wir Frauen sollten deshalb heute noch gar keine Befriedigung darin finden, nur stimmen und wählen zu können wie jene Unfähigen und Ungebildeten unter den Männern, die ohne Überzeugung und ohne eigene Initiative an die Wahlurne treten. Wir wollen uns auch im Wahlkampfe nur mit den Besten des Volkes messen – aber das können wir heute noch nicht.

Darum soll in der Begeisterung für unsere Rechte keine Übertreibung eintreten, keine Überschätzung unserer Leistungen platzgreifen. Wir müssen unseren Weg langsam gehen. Erst wenn wir geistig den gleichen Entwicklungsgang durchgemacht haben werden wie der Mann, sollen wir anfangen auf unsere politischen Rechte Anspruch zu erheben.

Wenn heute schon das Frauenstimmrecht in Deutschland eingeführt würde, so wurde das wahrscheinlich gar keine Veränderung im Wahlbilde hervorrufen, denn die Frauen würden in ihrer politischen Urteilslosigkeit und Unselbständigkeit nur im Sinne der Männer des Kreises, dem die Einzelne angehört, wählen. Es würden also nur mehr Stimmen abgegeben werden, ohne daß man mehr oder andere Meinungen zu hören bekäme. Ein solches übereiltes Vorgehen wäre aber für die gesamte Frauenwelt von großem Schaden.

Im verfrühten Besitz des höchsten bürgerlichen Gutes, dessen sie sich in Zukunft würdig zu zeigen hat, würde sie es gar leicht versäumen, jenen einzigen Bildungsgang einzuschlagen, der die Frau zu der berechtigten Gleichheit mit dem Manne führt.

Angesichts der von Pappenheim konstatierten Ignoranz jüdischer Kreise gegenüber der Frauenbewegung und des Festhaltens auch ihrer Geschlechtsgenossinnen an einer Tradition, die ihnen in der Öffentlichkeit eine nur wenig geachtete Position zuwies, artikuliert sie die Frauenfrage als Teil der sozialen Frage. Ihr Artikel, der 1897 in der Allgemeinen Zeitung des Judentums *(AZJ[1]), Jg. 61, 484-485, publiziert wurde, ist ein Plädoyer für die geistige Freiheit aller Menschen, unabhängig von Geschlecht und Klassenzugehörigkeit.*

Paul Berthold

Frauenfrage und Frauenberuf im Judentum (1897)

Man mag sich zur Frauenbewegung stellen wie man will: man kann sich ihrer freuen, oder man kann sie verspotten, man kann sie beachten, oder man kann sie verachten, man kann ihr eine Bedeutung für die Zukunft zu- oder absprechen und ihre Anhänger für Schwätzer oder für Idealisten erklären, all das kann man, aber wegleugnen als bewegendes Element des gegenwärtigen sozialen Lebens kann man sie nicht. Und in der Erkenntniß nun, daß eine Frauenfrage, eine Frauenbewegung existirt, ist es ganz erstaunlich, daß es noch eine ganze Menge schulgebildeter Menschen und vor allem Frauen giebt, die sich von dieser Bewegung keine Rechenschaft geben und weit entfernt davon sind, zu ihr Stellung zu nehmen. Dazu gehören zum großen Theil die jüdischen und noch viel mehr die orthodoxjüdischen Kreise mit ihren Frauen.

Eigentlich sollte ein Stamm, der Jahrhunderte lang unter der Entziehung der Freiheit gelitten hat, und der sich körperlich wie geistig erst von dem Drucke der Unfreiheit zu erholen beginnt, dieser Stamm sollte für eine soziale Regung wie die Frauenbewegung das größte Verständniß haben. Die Frauen ebenso wie die Juden verlangen nur Gerechtigkeit, d. i. ihre Gleichstellung mit den Gleichbefähigten. Und doch sind es gerade die Juden und zumeist die konservativen, die das nicht bedenken. Nun liegt es aber gar nicht in der Natur der Juden, eine Geistesströmung oder Moderichtung, sei sie nun vernünftig oder thöricht, nicht zu bemerken, nicht auszunützen oder mitzumachen. Es muß also ein tieferer Grund dafür da sein, daß die Juden der Frauenbewegung gegenüber vielfach noch ganz verständnißlos geblieben sind, und es giebt auch eine ausreichende Erklärung für diese Erscheinung.

Die Frau nahm bei den alten Juden theoretisch und dichterisch eine sehr geschätzte und geachtete Stellung ein, als Mutter der Kinder, als Hüterin des Hauses. Ihr gegenüber stand aber auch von jeher ein seine patriarchalischen Rechte ausgiebig gebrauchender Haustyrann, der seine Meinung und seinen Willen so lange durchzusetzen gewußt hat, bis im Laufe der Zeit der Frau das Bewußtsein der Unterdrückung und der Willenlosigkeit ganz abhanden gekommen ist. Im Ghettoleben war es von geringer Bedeutung, in gewisser Beziehung sogar vortheilhaft, daß die Tugend der Demuth und der Geduld von dem weiblichen Theil der jüdischen Bevölkerung durchgehends als selbstverständlich geübt wurde. Aber auch seitdem es politisch kein Ghetto mehr giebt, hat die jüdische Frau wenig Anstalt gemacht, sich zu einer Individualität auszubilden oder auch nur im Allgemeinen an sozialen Interessen oder gar an sozialer Arbeit sich zu betheiligen. Gedankenreihen, die Jahrhunderte lang in unserem Gehirn angebahnt waren und von vielen Generationen nur so und nicht anders gedacht worden sind, verwischen sich eben nicht mit einem Male. Es gehört Ueberzeugung und viel Wille dazu, um anders zu denken als unsere Vorfahren. Weil also in jüdischen Kreisen über die Stellung der Frau lange Zeit dasselbe gedacht wurde, in orthodoxen heute noch nicht anders gedacht wird, so ist die Stellung der Frau dort unverändert geblieben, und man hat kein Verständniß für die Frauenbewegung.

Damit soll aber durchaus nicht gesagt sein, daß die Frauenbewegung mit Orthodoxie oder Frömmigkeit nicht zu vereinen sei. Die Frauenbewegung ist eine Bewegung auf geistigem Gebiete, die mit dem religiösen Bedürfniß, dem religiösen Bekenntniß und der Färbung dieses Bekenntnisses absolut nichts zu thun hat. Die Frauenbewegung hat nur zum Zweck, die Frau zu einem dem Manne gleichwerthigen Kulturträger zu machen, ihr Rechte zu geben und Pflichten vorzuhalten, deren sich kein Gebildeter begeben sollte.

Entzieht sich aber die Frau der Mühe, für diese ihre Rechte einzutreten, und vor allem, bleibt sie ihren Pflichten gegenüber indolent, dann ist es eben die Frau, die ihr Haus wieder zu einem Ghetto macht, Thor und Riegel vorschiebt gegen das Eindringen des höchsten Gutes, der geistigen Freiheit.
In dem Rahmen dieser Besprechung ist es natürlich unmöglich, alle Punkte zu erwähnen, wo die einzelne Frau beginnen muß, mit dem großen Kulturstrom Fühlung zu bekommen und aus dem Typus in eine Individualität zu wachsen. Es sei hier in bestimmter Absicht nur ein wichtiger sozialer Faktor erwähnt, dem gegenüber die jüdische Frau in erster Linie eine Korrektur ihres herkömmlichen Gedankenganges eintreten lassen muß. Es ist dies in Bezug auf die Wohltätigkeit, das Almosengeben. Die Gedankenlosigkeit des Gebens muß künftighin einem vernünftigen, planmäßigen, zweckdienlichen Helfen weichen und damit wird im Leben der jüdischen Frau der erste Schritt gethan sein, sich der Frauenbewegung anzuschließen. Die gebildete Frau muß einsehen lernen, daß sie die Pflicht hat, zu helfen, wo es nöthig ist. Die Arbeit, die eine solche Pflichterfüllung mit sich bringt, fröhlich und verständig thun, ist ein Quell unendlicher Lebensfreude, unendlichen Lebensgenusses.
Um diesen Weg einschlagen zu können, hat aber jede Frau, eine Reihe von Vorurtheilen in sich und um sich zu bekämpfen. Da muß zuerst der Gedanke Raum gewinnen: Arbeit ehrt, ob man »es nöthig hat«, zu arbeiten, oder nicht. In diesem Punkte gabelt sich die Frage nach zwei Seiten, nach der besitzenden und der nicht besitzenden Frau. Arbeiten sollen Beide; nur soll die besitzende Frau für die besitzlose arbeiten, d. h. sie soll der besitzlosen Frau deren Schicksal erleichtern helfen durch Rath und That. Der Rath darf aber nicht oberflächlich und gedankenlos sein, und die That soll nicht nur in Geld- oder anderen Geschenken bestehen. Vom gerechten menschlichen Standpunkte ist es doch nicht mehr als Pflicht und Schuldigkeit, daß die begüterte Frau aufhört, gedankenlos in den Tag hinein zu leben, und daß sie anfängt, einen kleinen Theil ihrer Zeit und einen etwas größeren ihrer Intelligenz, vereint mit jenen Mitteln, die sie bisher dem sinnlosen Almosen gewidmet hat, in den Dienst der allgemeinen Wohlfahrt zu stellen. Und deshalb sind es die allgemeinen Wohlfahrtseinrichtungen, denen

zuerst die Frau ihr Interesse und ihr Augenmerk zuwenden soll. Auf diesem Gebiete der sozialen Arbeit giebt es sehr viel zu thun und sehr viel zu lernen.

Guter Wille und Intelligenz, Beobachtung und Erfahrung, Uebersicht und mancherlei Ueberwindung und Selbstverleugnung sind erforderlich, um diese wichtige Arbeit recht zu thun, und viele von diesen geistigen Qualitäten liegen heute noch ungeweckt und unbenutzt in der jüdischen Frau.

Die besitzende Frau, die nicht durch den täglichen Broderwerb ermüdet und daran gehindert ist, sich einen gewissen Ueberblick über den Arbeitsmarkt zu verschaffen, soll es zu ihrer Aufgabe machen, die einen Broderwerb suchenden Frauen und Mädchen einem richtigen Berufe zuzuführen. Man schütze nicht Mangel an Gelegenheit vor, Einfluß auszuüben. Jeder Mensch kann es in seinem Kreise, und sei dieser noch so klein. Aber indolent sein, ist auch pflichtvergessen. So gilt es denn vor allem, die Unterstützung falscher Ehrbegriffe zu vermeiden und die erwerbsuchenden Mädchen davon zu überzeugen, daß das Wie der geleisteten Arbeit über den Menschen entscheidet und nicht gewisse Aeußerlichkeiten, die mit einem Amte oder einer Stellung zusammenhängen.

Mehr als andere betrachten die jüdischen Mädchen einen Beruf nur als Durchgangsstation zur Ehe. Sie versäumen darum, sich gründlich für einen Erwerb vorzubereiten, vermeiden thunlichst jede körperliche Anstrengung, die als »grobe Arbeit« verpönt ist, und suchen Stellen, die diese Vorbedingungen auch noch mit der Möglichkeit verbinden sollen, jederzeit von dem Beruf in die Ehe zu springen,

Daher der große Zudrang der jüdischen Mädchen zur Schneiderei, zum Putzmachen, zum Ladendienst und zu »Kinderfräuleins«, die die schlechteste Lohn- und zum Theil auch Moralitätsstatistik aufweisen, und daher auch die geringe Vorliebe für die Krankenpflege und Haus- und Küchenarbeit, Erwerbszweige, die vorzüglich bezahlt werden und geschützte und gesicherte Lebensstellungen bieten.

Es erübrigt nun nur noch, aus diesen Betrachtungen den einfachen Schluß zu ziehen. Die gebildete jüdische Frau lasse jene Bewegung, die zum Wohle der Nationen die Frau der Unthätigkeit zu entreißen sucht, nicht unbemerkt an sich vorübergleiten.

Der Wunsch, zum Besten Vieler beitragen zu können, führe sie in die Reihe der Arbeiterinnen und sie weihe Herz und Kopf solchen Veranstaltungen und Schöpfungen, die dazu bestimmt sind, der Wohlfahrt zu dienen, seien es nun Haushaltungs- und Kochschulen, Volkskindergärten oder Flickschulen, Volksküchen oder Stätten zur Heranbildung von Krankenpflegerinnen. Ein weites Arbeitsfeld für die Frau! Macht sie sich auf irgend einem Gebiete desselben wirklich nützlich, dann trägt jede einzelne Frau das Ihre dazu bei, die Frauenfrage als einen Theil der sozialen Frage einst zu glücklicher Lösung zu führen.

Anmerkung

1 Der Untertitel der wöchentlich erscheinenden Zeitschrift lautete »*ein unparteiliches Organ für alles jüdische Interesse in Betreff von Politik, Religion, Literatur, Geschichte, Sprachkunde und Belletristik.*« Sie avancierte zur erfolgreichsten jüdischen Zeitschrift in Deutschland und wurde 1922 von der CV-Zeitung des *Centralvereins deutscher Staatsbürger jüdischen Glaubens* abgelöst.

Im Rückblick auf ihre Teilnahme am Königsberger Frauentag, an der Delegiertenversammlung der Vereine »Frauenwohl« in Berlin und der 20. Generalversammlung des allgemeinen Deutschen Frauenvereins im Jahre 1899 beobachtete Pappenheim mit Besorgnis vereinsinterne Konflikte sowie die Gefahr einer drohenden Spaltung der Frauenbewegung. Unter Bezugnahme auf Mary Wollstonecraft's »Verteidigung der Rechte der Frau«, die Pappenheim im selben Jahr ins Deutsche übersetzte, bestätigte sie die Notwendigkeit zu einer einheitlichen überparteilichen Front als zentralen Grundpfeiler der Frauenbewegung. Mit diesem Plädoyer war jedoch keine Reduktion ihrer Forderungen verbunden, vielmehr sollte über einen gemeinsamen, langsamen, aber kontinuierlichen Weg die Durchsetzung der sozialpolitischen Intentionen der Frauenbewegung garantiert werden. Der Artikel wurde im selben Jahr in der Zeitschrift Ethische Kultur, Wochenschrift für sozial-ethische Reformen, *Jg. 7, 354-355, veröffentlicht.*

Paul Berthold

Gemäßigte und radikale Frauenbewegung (1899)

Diejenigen, die einer Partei angehören und darum parteiisch sind, können es meist gar nicht begreifen, daß es Menschen geben kann, die lange Zeit lebhaftes Interesse für gewisse soziale Regungen und Bewegungen haben, sogar an einzelnen Arbeitsgebieten teilnehmen können, ohne Gelegenheit zu haben, die Parteien als solche kennen zu lernen und darum unparteiisch geblieben sind. Von solch parteilosem Standpunkt betrachtet bot der Königsberger Frauentag (vom 1. bis 4. Okt.) und im Anschluß an diesen die Delegiertenversammlung der Vereine »Frauenwohl«[1] in Berlin (vom 5. bis 7. Okt.) ein sehr schönes, man könnte fast sagen großartiges Bild der deutschen Frauenbewegung. Mit langsamer feierlicher Sicherheit, eingeleitet und begleitet von allerlei bürgerlichen Ehren wurde in Königsberg der Frauentag abgehalten zugleich mit der 20. Generalversammlung des Allgemeinen Deutschen Frauenvereins. Die Leitung der ganzen

Veranstaltung lag in den Händen jener Frauen, die seit Jahrzehnten autodidakt und mit Gegnerschaften aller Art kämpfend vorwärts gedrungen waren, bis sie endlich einen Höhepunkt erreichten, der ihnen heute nicht nur das für die größere Hälfte des Menschengeschlechts erstrebenswerte Ziel deutlich zeigt, sondern auch schon einen schönen Rückblick auf gethane Arbeit gestattet.

In ihrer »Verteidigung der Rechte der Frau«, in dem Kapital über nationale Erziehung sagt Mary Wollstonecraft[2]:

»Um den sozialen Aufbau im Gleichgewicht zu erhalten und um aufklärende Lehren zu verbreiten, von denen allein das bessere Schicksal der Menschen abhängig ist, muß es den Frauen gestattet sein, ihre Kraft in der Erkenntnis zu finden. Das kann aber erst geschehen, wenn sie an den Bestrebungen der Männer teilnehmen.«

Die Wege um zu Erkenntnis und zu Einsicht zu gelangen, sind verschieden. Man kann von praktischen Erfahrungen ausgehend Regeln und Gesetze abstrahieren, die zu allgemeinen Grundsätzen führen, und man kann lediglich auf dem Wege der Spekulation zu demselben Resultate gelangen.

Der Allgemeine Deutsche Frauenverein[3] ist seit Jahren den Weg der praktischen Erfahrung gegangen und jeden Fußbreit der neuen Bahnen für die Frau hat er in stetiger Arbeit errungen und verdient. Das Recht auf Arbeit, auf selbständigen Erwerb, das Louise Otto Peters als Deutsche zuerst auch für die deutsche Frau in Anspruch nahm, ist als Forderung langsam in der Bewegung lebendig geworden, die wir heute als Tendenz der sozialen Hilfsarbeit zu so bedeutender Wichtigkeit herangewachsen sehen. Auf diesem Boden der Arbeit, die den Zweck hat die Frauenwelt zur Selbsthilfe zu mobilisieren und sozialen Schäden vorbeugend und heilend zu begegnen, – auf diesem Boden stehend haben die Gründerinnen des Allgemeinen Deutschen Frauen-Vereins zuerst eine Frauenfrage in Deutschland geschaffen und fortschreitend eine Frauenbewegung herbeigeführt.

Generationen von Frauen und unzählige Frauen-Vereine sind seither von dieser Strömung, die von Leipzig ausging, erfaßt worden und sind die Wege gegangen, die sie als Resultierende zwischen individuellen und lokalen Einflüssen einschlagen mußten. Sie haben sich ihr Ziel teils näher teils ferner gesteckt, teils ideelle teils praktische

Erfolge angestrebt und das Programm des Königsberger Frauentages bot in knappem Auszug ein Bild der umfassenden Thätigkeit und der weitgehenden Beeinflussung von Intelligenzen, die der Allgemeine Deutsche Frauen-Verein zu seiner Interessensphäre heranzuziehen verstanden hat.

Im Laufe der Verhandlungen und Versammlungen in Königsberg kamen ausnahmslos alle Gebiete zur Sprache, die in Sachen der Frauenfrage Mittel oder Zweck, Weg oder Ziel sein können: die Frau in der bürgerlichen Gemeinde, Rechtschutz und Arbeiterinnenschutz (Fabrikinspektion), Gymnasialbildung und Fortbildungsschulen für Mädchen, Bestrebungen zur Hebung der Sittlichkeit, Volksunterhaltung, Reform des Kostkinderwesens, Fürsorge für jugendliche Gefangene, Armenpflege, Erschließung neuer Erwerbsquellen für die Frau, – alle diese Gegenstände wurden entweder in Vorträgen und Referaten oder auch nur im Laufe lebhafter Diskussionen der Versammlung zu geistiger Anteilnahme vorgeführt und haben zweifellos in einen großen Kreis von Zuhörern und Zuhörerinnen neue Anregung getragen. Die Aufgabe, die ein solches Arbeitsprogramm an die Frauen stellt, das sich in seiner Zusammenfassung als das Streben der Frau nach politischer Freiheit in rechtlicher Gleichstellung mit dem Manne zusammenfassen läßt, ist eine so große, daß sie alle Kräfte für sich in Anspruch nehmen muß um in einheitlicher Front sich das Vorwärtskommen zu sichern.

Bei der Größe der Aufgabe und den vielfachen äußeren und inneren Schwierigkeiten, die sie darbietet, einerseits, bei dem aber von jedem Standpunkte aus sich gleichbleibenden letzten Ziel, ist die Thatsache einer Spaltung innerhalb der Frauenbewegung selbst eine sehr zu bedauernde Wahrnehmung.

Statt daß heute, wo das Verständnis für die Pflichten und Recht zu wachsen beginnt, statt daß heute alle Führerinnen ihren ganzen Einfluß daran setzen, das Interesse der großen Masse einheitlich auf die wichtigsten praktischen und idealen Ziele der Bewegung zu konzentrieren, statt einmütig zusammen zu stehen, sehen wir seit kurzem, wie innerhalb des Bundes der Deutschen Frauen-Vereine eine Anzahl von Vereinen im Begriffe stehen, sich unter der Führerschaft des Berliner Vereins »Frauenwohl« abzulösen, um als »Verband« gesonderte

Wege zu gehen. Dieses Fähnlein von Streitern nennt sich gerne die »Radikalen« oder »Jungen« und blickt voll Geringschätzung auf die »Alten« oder »Gemäßigten«. Das Hühnchen verachtet das Ei, aus dem es geschlüpft ist.

Die Notwendigkeit der Gründung dieses Verbandes wurde in der Berliner Delegiertenversammlung in einigen »Thesen« dargethan, in deren erster »die kraftvolle Vertretung der neuen Ideen und der neuen Formen des Handelns« für den weiteren Fortschritt der deutschen Frauenbewegung gefordert wird.

Die »neuen« Ideen sind die Aufnahme der *Sittlichkeitsfrage* in das Programm der Frauenarbeit, die Forderung des *Stimmrechts*, die Gründung von *Mädchengymnasien* resp. Mädchenrealschulen und die *Förderung des Arbeiterinnenstandes* durch eine gemeinsame Arbeit der bürgerlichen Frau mit der Arbeiterin.

Einige vorzügliche Rednerinnen beleuchteten mit Geist und Wärme die einzelnen Gegenstände; doch was sie sagten, war nur insofern neu, als sie verschwiegen, daß jede der »neuen« Ideen auch in Deutschland schon Vertreterinnen gefunden hatte.

Für die Sittlichkeitsfrage hat Frau Bieber-Böhm[4] schon lange und viel gekämpft. Fräulein Mellien[5] hat ihre Studien über Gefängniswesen und ihre Vorschläge zur Erziehung der Jugendlichen unter den Verbrechern schon vor 2 Jahren zur Weiterbearbeitung der Oeffentlichkeit übergeben. Die Forderung des Stimmrechtes für die Frau als Equivalent für die Erfüllung unserer bürgerlichen Pflichten ist als letztes Ziel allen Frauenrechtlerinnen ein vertrauter Gedanke; und der Hinweis des Vereines »Frauenwohl« auf die Notwendigkeit der Errichtung von Mädchengymnasien ist der Frauensache selbstredend sehr günstig, doch wenn in dem bez. Referat die Erfolge der *schon bestehenden* Mädchengymnasien ebenso wie diese selbst nicht ignoriert worden wären, hätte die Forderung noch bedeutend an Relief gewonnen.

Was nun die Aufforderung zur Organisation der Arbeiterinnen betrifft, so war es ein Mann, der der Frauenversammlung im Reichstagsgebäude die Beschämung ersparte, daß in Berlin dieser Gegenstand berührt wurde, ohne daß man der Frau gedachte, die die Arbeiterinnenfrage thatsächlich als *neue* Idee in das Programm der Frauenbewegung einführte, der Frau *Jeanette Schwerin*[6].

Vergleicht man unbefangen die beiden Arbeitsprogramme, wie sie sich in Königsberg und in Berlin zeigten, so muß man sie prinzipiell identisch finden, und man könnte zu der Annahme gelangen, die »radikale« und die »gemäßigte« Frauenbewegung stelle zwei Versuche zur Lösung der Frauenbewegung dar: die Vertreterinnen der einen wollen den Berg an der steilsten Stelle kühn erklimmen, die Andern wollen ihn auf Serpentinen sicher ersteigen. Für einzelne Kraftmenschen mag ja so eine wagemutige Erstbesteigung großen Reiz haben, aber eine große untrainierte Menschenmenge soll man nicht auf Pfade führen, wo die Wahrscheinlichkeit besteht, daß der größere Teil marode wird und marschunfähig liegen bleibt. Und die Frauensache braucht eine große, leistungsfähige Gefolgschaft.

Aber mit der Erklärung für das Bestehen einer radikalen Richtung in der Frauenbewegung ist für die Verschweigungssünden in der Berliner Delegiertenversammlung noch keine Erklärung, noch viel weniger eine Entschuldigung gefunden, und diese läßt sich auch nicht finden, da die psychologischen Gründe den Thatsachen gegenüber nicht ausreichend sind. Da die Zweiteilung in der Frauenbewegung der Sache selbst durch Kraftverlust schadet und Parteihader sie in den Augen der Welt herabsetzt, so wäre es sehr wünschenswert, wenn die zaudernden und die stürmenden Elemente in absehbarer Zukunft sich nicht mehr störend sondern ergänzend und sich gegenseitig fördernd treffen wollten.

In beiden Lagern dürfte man bald einsehen lernen, daß die Frauenbewegung heute schon einen sozialen Faktor darstellt, der an Wichtigkeit und Bedeutung schon weit über die Persönlichkeit einzelner Führerinnen hinausgewachsen ist.

Wem die gerechte Sache lieb ist, trete bescheiden an den Platz, wo aus einfacher, gewissenhafter Pflichterfüllung ein Anspruch auf Rechte folgerichtig und unabweislich eintreten muß.

Anmerkungen

1 Der Verein wurde 1888 von der deutschen Pädagogin und radikalen Aktivistin der bürgerlichen Frauenbewegung Minna Cauer gegründet. Seine Ziele lagen in der Unterstützung und Durchsetzung grundlegender Forderungen nach

Gleichberechtigung der Frauen und im Aufbau eines weit verbreiteten Vereinsnetzes in Deutschland.

2 Mary Wollstonecraft (1759-1797), englische Philosophin und Schriftstellerin, die in ihren Publikationen für eine Gleichstellung der Frau eintrat.

3 Der *Allgemeine Deutsche Frauenverein* (ADF) war der erste Frauenverein Deutschlands. Er wurde von der sozialkritischen Schriftstellerin Louise Otto Peters (1819-1895) und der Lehrerin Auguste Schmidt (1833-1902) 1865 gegründet. Als zentrale Anliegen formulierte er die Gleichberechtigung von Frauen im Bildungsbereich und eine Förderung weiblicher Berufsarbeit.

4 Hanna Bieber-Böhm (1851-1910), Vertreterin der bürgerlichen Frauenbewegung und Wegbereiterin der Sozialen Arbeit.

5 Marie Mellien (1851-1904), Lehrerin, Schriftstellerin. Publikationen über die neue deutsche Mädchenschule und Frauenbewegung.

6 Jeanette Schwerin (1852-1899), Frauenrechtlerin und Wegbereiterin der Sozialen Arbeit in Deutschland.

In einem Rekurs auf ihre eigene Biografie als »höhere Tochter« forderte Pappenheim Frauen bürgerlicher Kreise auf, ihre »weibliche Pflicht« wahrzunehmen, die Augen zu öffnen und ihre Scham gegenüber der Prostitution zu bekämpfen, um so ihrer Opposition zur bürgerlichen Doppelmoral Ausdruck zu verleihen. Zugleich findet sich in diesen Gedanken ihre lebenslange Strategie vorweggenommen, über genaue Kenntnisse und über das Verstehen der Ursachen sozialer Missstände und sozialer Benachteiligung zu praktisch-theoretischen Lösungen zu kommen. Der Vortrag wurde von Bertha Pappenheim auf der 21. Generalversammlung des allgemeinen Deutschen Frauenvereins in Eisenach am 2. Oktober 1901 gehalten. Bereits am 26. Februar 1901 wurde dasselbe Thema von ihr in Frankfurt in einem Vortrag im von ihr gegründeten Verein weibliche Fürsorge *behandelt. Aufgrund der großen Resonanz auf ihren Vortrag, wurde er von der Pädagogin und Frauenrechtlerin Helene Lange in der Zeitschrift* Die Frau,[1] *9. Jg., 129-138, abgedruckt. Sie selbst rückte damit erstmals ins öffentliche Rampenlicht und war ab diesem Zeitpunkt aus den ersten Reihen der bürgerlichen Frauenbewegung nicht mehr wegzudenken.*[2]

Die sozialen Grundlagen der Sittlichkeitsfrage (1901)

Wenn ich zu dem durch mein Thema bezeichneten Problem das Wort ergreife, so geschieht es nicht, um eine Lösung der Frage in dem Sinne, der so oft zum Mittelpunkt der Sittlichkeitsfrage gemacht wird, zu versuchen, nämlich ob die Reglementierung, ob die Aufhebung der sittenpolizeilichen Maßregeln geeigneter sei, gewisse verderbliche Erscheinungen unseres Gesellschaftslebens zurückzuhalten. In dieser Frage dürften nur Fachleute eine volle Kompetenz beanspruchen.

Ich gedenke sie zu betrachten von dem Standpunkte meines Faches und Berufes als Frau, jenes Berufes, der uns allen die Pflicht auferlegt, sich nach Kraft und Gelegenheit in den Dienst der Gesamtheit zu stellen.

Es ist durch viele, dem Thema der Sittlichkeitsfrage anhaftende Details begreiflich und erklärlich, daß eine teils angeborene, teils anerzogene Scheu besteht, sich mit ihr zu beschäftigen, oder sie gar öffentlich zur Sprache zu bringen. Ich selbst habe in meiner Bildung als »höhere Tochter« und im Sinne von Gabriele Reuter[3] »aus guter Familie« alle Phasen dieser Scheu in mir selbst durchlebt. Ich weiß, daß es zwischen den Momenten naiven Erstaunens und entsetzten Begreifens eine lange Stufenleiter quälender und bedrückender Empfindungen giebt, die man wohl in seinem ganzen Leben nicht los wird. Hat man sich aber erst klar gemacht, daß es Verhältnisse und Vorkommnisse giebt, deren Erwähnung moralisch empfindende Menschen, auch wenn sie verheiratet sind, höchst peinlich berührt, dann ist der Schluß doch nahe, welch furchtbare Kämpfe gegen Scham, Schande und Erniedrigung von vielen Tausenden menschlicher Geschöpfe durchgefochten werden, ehe sie so »gesunken« sind, daß andere ein Recht zu haben glauben, heuchlerisch über sie zu schweigen. Was zu denken uns peinlich, was vorzustellen uns schaurig ist, das wollen wir andere erleben lassen, gleichmütig, ruhig?

Ich glaube, wenn die Sittlichkeitsfrage nichts andres bedeuten würde, als jenen moralischen Kampf des einzelnen, dessen eventuelles Unterliegen weiter keine Bedeutung für die Gesamtheit hätte, – auch dann wäre es grausam, dem Ringen und langsamen Sinken von Menschen mit Achselzucken zuzusehen.

Aber die Prostitution als moralisches Siechtum oder Tod des einzelnen Individuums ist nicht die Sittlichkeitsfrage. Sie ist nur ein furchtbares Symptom dafür, daß es soziale Verhältnisse giebt, die solche antisoziale Folgeerscheinungen hervorbringen und fördern.

Einblick in diese antisozialen Folgeerscheinungen können wir bei verschiedenen Gelegenheiten erwerben. In krasser Deutlichkeit z.B. können wir sie erkennen, wenn wir Zahlen lesen, wie sie die Statistik aus Polizeilisten und Krankenkassen veröffentlicht. Wir erschrecken, wir denken, der Druckfehlerteufel habe mit den Nullen gespielt und einige zu viel hingestreut. Aber nein, die Zahlen sind richtig; die Zahlen verfolgen uns. Nach und nach gewinnen sie an Bedeutung, sie illustrieren sich gleichsam mit Bildern des Jammers und des Elends, körperlichen und geistigen Verfalls, und gerade auf dem Boden der Scheu vor jener vielgestaltigen Verkommenheit wächst unaufhaltsam, übermächtig das Mitleid empor.

Kein schwächliches Mitleid, das seufzt und sich abwendet, sondern ein Mitleid, das hört und sieht mit Herz und Verstand, und das die Scheu überwindet, wo es nötig ist und zu tapferer Arbeits- und Hilfsbereitschaft wird. Derartige Vorgänge erleben viele in sich selbst. Sie können sich ohne alle Sentimentalität heftig oder weniger heftig bemerkbar machen. Je nach der Individualität zeigen sie sich mehr nach der Gefühls- oder nach der Verstandesseite betont. Man kann diese Vorgänge als das Erwachen des sozialen Gewissens bezeichnen. Eigentümlich ist, daß die Frage, die das erwachte soziale Gewissen eindringlich und unabweislich stellt, die soziale Frage, nicht durchgängig als wichtigste Gesamt-Interessenfrage, als Menschheitsfrage, aufgefaßt wird, sondern daß sie, in Teilfragen aufgelöst, häufig zu einem Kampf zwischen Mann und Frau verflacht. Durch Streitigkeiten und kleinliches Geplänkel auf dem Wege wird das Ziel, die Förderung der Gesamtheit, oft ganz vergessen. Diese Hemmungen kann man besonders deutlich auf der ganzen Linie der Frauenfrage beobachten, in der männlichen Opposition gegen Frauenerwerb, Frauenstudium, politische und kommunale Rechte der Frau.
Nun bestehen ja, soweit sich die Opposition auf dem Boden der Konkurrenz und des Broterwerbs bewegt, Scheingründe, die den männlichen Interessenten und den Kurzsichtigen unter den Unbeteiligten noch lange als stichhaltig gelten werden. Und wenn z. B. ein Arzt die Ärztin als Konkurrentin fürchtet, so kann ich mir Verhältnisse für den einzelnen im Existenzkampf denken, die dem Manne das Frauenstudium als gefährlich oder gar verderblich erscheinen lassen. Es gehört eben schon eine gewisse Abstraktionsfähigkeit, unterstützt von äußerer Unabhängigkeit, dazu, um den Wettbewerb der Geschlechter vom Standpunkte der Fortentwicklung des Geschlechtes als einen Vorteil anzuerkennen.
Anders verhält es sich auf dem Gebiete der Sittlichkeitsfrage als ethisches Moment. So wie es nur eine Wahrheit giebt, so giebt es nur eine Sittlichkeit. Wir nennen im Sinne der hier zu erörternden Frage »sittlich« jenes Thun oder Lassen, was vielleicht den einzelnen eine Überwindung oder ein Opfer kostet, aber der Allgemeinheit nützt. Wir nennen unsittlich, was vielleicht einzelnen ein Genuß oder eine Freude ist, aber der Allgemeinheit schadet. Da die Allgemeinheit

eine untrennbare und unlösliche Interessengemeinschaft beider Geschlechter darstellt, so kann eine einseitig geschlechtliche Auffassung der Sittlichkeitsfrage niemals logisch oder gerecht sein.
Und so ist denn thatsächlich die zwiefältige Auffassung der Sittlichkeitsfrage die unter dem Kennwort der doppelten Moral landläufig geworden ist, eine der größten Ungerechtigkeiten, deren sich die Civilisation zu schämen hat.
Die Zunahme der »schlechten Krankheit«, wie in Rußland die verheerenden Folgeübel der Prostitution mit einem diskreten Sammelnamen bezeichnet werden sollen, ist die nächste Ursache für die Aufmerksamkeit, die man in Männerkreisen der Sittlichkeit der Frauen und Mädchen zuwendet. – Zum Schutze der Männer! Man kann es leicht von frivolen Männern hören, daß es »um die Frauenzimmerchen nicht schade« sei, »die wollen es nicht besser«. Aber die Männer!
Bleibt zu beweisen, ob es alle nicht besser wollen oder ob nicht Tausende es teils nicht besser wissen, teils nicht besser können. Anschließend an diesen Gedankengang sehen wir nun in vielen Vereinen, Vorlesungen, ja sogar in Parlamenten Männer über die zunehmende Immoralität der Frauen und Mädchen sprechen und beraten. Ich glaube, daß die Zahl der gerechten und einsichtigen Männer, auch solcher, die mit ihrer Meinung an die Öffentlichkeit treten, im Wachsen begriffen ist. Aber es ist doch die Überzahl derer, die stolz darauf sind, »die Weiber« zu kennen, und die vielleicht nie einen Blick in das Geistes- und Gemütsleben eines normalen, ehrlichen Frauendaseins gethan haben, die das Urteil der denkfaulen Menge dirigieren. Und was sagen sie? Voll Indolenz, wie etwas Selbstverständliches, mit Mitleid oder Hohn, mit überlegenem Augenzwinkern, oder sattem Ekel wiederholen die Meister der Logik: die Mädchen sind schlecht, weil sie schlecht sind. Nun, das ist einfach nicht wahr. Daß es viele zügellose, schlechte Elemente in der Gesellschaft giebt, und wenn nicht energisch dagegen gearbeitet wird, späterhin noch viel mehr geben wird, ist wahr. Aber viele viele der Mädchen, die heute schlecht sind, sind schlecht, weil die Gesellschaft sie schlecht werden ließ und ihnen, so lange sie schwankten, so lange sie auf dem Scheidewege zwischen gut und schlecht standen, nicht half gut zu werden. Unter Hilfe verstehe ich natürlich keine Hilfe im Sinne von

Wohltätigkeit, sondern ich verstehe darunter: Rat, Schutz und Förderung und das Zugeständnis aller rechtlichen und politischen Mittel, deren jeder Mensch, Mann und Frau, zur Aufrechterhaltung seiner physischen und sittlichen Existenz bedarf. Verfolge man doch einmal den Lebenslauf eines solchen Geschöpfes, über das die glatte, ungeprüfte Wohlanständigkeit den Stab bricht. Ein Mädchen, gleichviel, wo es auf die Welt kommt, ob in einem Hinterhause in Berlin, oder in einem Fabrikviertel in London, oder in einem Ghetto in Galizien – das Charakteristische des Milieus ist überall dasselbe. Körperlich ungepflegt, nimmt das Kind nur Wahrnehmungen auf, die seiner gesunden Entwicklung nach jeder Richtung hinderlich sind. Die Schlafräume sind überfüllt, und das Ringen zur Existenz und um die Existenz spielt sich als einziger Lebensinhalt vor dem Kinde ab. Auch wie es um Unterricht und Ausbildung, um Erziehung und Beaufsichtigung bestellt ist, wissen wir. Alles ungenügend im Verhältnis zu den Anforderungen, die das Leben später unweigerlich stellt. Was der Staat in Deutschland bietet, ist der Schulzwang bis zum 14. Jahre. Daß in diesem Alter ein Mädchen geistig reif zur Selbstbestimmung und erwerbsfähig sein kann, wird niemand ernstlich behaupten, und doch tritt in vielen tausend Fällen in diesem Augenblick die Notwendigkeit des Broterwerbes an das Mädchen heran. Aber man nehme auch die günstigeren Fälle, in denen den Mädchen eine Lehrzeit zugestanden wird, als Näherin, Schneiderin, Modistin, Ladnerin, etc., etc. Auf allen Erwerbsgebieten von der Fabrikarbeiterin bis zur Lehrerin und Beamtin ist die Arbeit der Frau bei gleicher Leistung noch schlechter bezahlt als die des Mannes. Es giebt Lohnsätze und Gehälter, die geradezu empörend sind. Wenn nun so ein nach jeder Richtung schwaches, mangelhaft erzogenes, ungenügend vorgebildetes Mädchen bemerkt und erfährt, daß es einen Erwerb giebt, der ihr mühelos ein sorgloses, bequemes Dasein unter verlockenden Äußerlichkeiten bietet, da ist es nur zu begreiflich, ja entschuldbar, wenn sie das Martyrium der Anständigkeit nicht länger auf sich lädt. Und so sehen wir denn die Kellnerinnen, die Ladnerinnen, die Modistinnen, die Probiermamsellen, Balletteusen und Choristinnen, wie sie sich verkaufen, leichteren oder schwereren Herzens verkaufen sie sich. »Man« ist sittlich entrüstet darüber – aber könnten sie sich denn verkaufen, wenn keine Käufer da wären?

Das ist eben die furchtbare Ungerechtigkeit, daß, wenn zwei Menschen gemeinsam ein Verbrechen begehen, dem einen von ihnen alle Schuld beigemessen wird, während der andre in den Augen der Welt als makellos gilt. Ich sage absichtlich: in den Augen der Welt makellos, denn straflos nach den unwandelbaren Naturgesetzen geschieht es ja nicht. Es ist unmöglich, hier eingehend über eine Frage zu sprechen, die alle Tiefen und Höhen menschlichen Seins berührt, die erschöpfend zu studieren ein Menschenleben ausfüllen kann und deren glückliche Lösung die Arbeit und das Streben von Jahrhunderten erfordern wird. Dennoch würde ich glauben, meine Aufgabe nur sehr ungenügend gelöst zu haben, wenn ich theoretisierend nicht auch einen Hinweis darauf bringen wollte, wo uns das erwachte soziale Gewissen ganz konkrete Arbeitsgebiete und Interessenkreise eröffnet und anweist, die scheinbar für sich bestehen, die aber, sowie man weiter in sie eindringt, ergeben, daß sie unlöslich untereinander verbunden und verschlungen sind.

Zwischen der Menge der Erscheinungen, die sich vielleicht erst bei genauerem Zusehen als schädlich erkennen lassen, liegt in die Augen springend die Wohnungsfrage.

Wer sich auch nur ganz oberflächlich mit Armenpflege beschäftigt hat und dadurch Gelegenheit fand, in die Wohnungen gänzlich Unbemittelter Einblick zu nehmen, wird bald zu der Überzeugung gelangen, daß alle theoretischen Erörterungen den bestehenden Mißständen gegenüber wertlos sind. Ob die schwindende Religiosität gekräftigt werden soll, ob Moralunterricht dafür eingesetzt wird – ob Predigt oder Bildung – so lange die Menschen durch ihre Wohnverhältnisse gezwungen sind, in Bezug auf Anstand und Feinfühligkeit hartschlägig zu werden, so lange trifft der Vorwurf der Verrohung nicht jene Klassen, die verrohen, sondern diejenigen Körperschaften, die nicht alles aufbieten, dieser Verrohung wirkungsvoll entgegenzutreten. Es giebt Wohnräume, um deren Tisch, wenn einer da wäre, sich nicht die Zahl ihrer Bewohner versammeln könnte, die sich nachts horizontal in die unmöglichsten Lagerstätten einpferchen müssen.

Vom subjektiven Standpunkte der Mieter, Aftermieter und Schläfer ist ihre heute vielleicht in vielen Fällen schon angeborene, der Mehrzahl nach durch Anpassung in das Unvermeidliche erworbene

Hartschlägigkeit in Sachen des Anstandes ein Glück für sie zu nennen. Denn da eine Reihe von tierisch menschlichen Trieben und Äußerungen einfach nicht unterdrückt oder verleugnet werden können, so würde größere Feinfühligkeit in der Masse nur ein vermehrtes und vertieftes Unglücklichsein hervorrufen.

Objektiv ist das zur Indolenz oder Roheit führende Abgestumpftsein in Dingen, die eine Stufenleiter bilden von Nichtachtung des Anstandsgefühls bis zur Verletzung der Sittlichkeit, aufs tiefste zu bedauern.

Denn die Gewohnheit hindert die Menschen, täglich und stündlich die obwaltenden Verhältnisse als unerträglich und unwürdig zu erkennen, und es schwindet ihnen damit der Anstoß und der Aufschwung, sie auf die eine oder andre Art verbessern zu wollen.

Diese engen, nach jeder Richtung ungenügenden Menschenwohnungen sind aber nicht nur im allgemeinsten Sinne gefährlich und ungesund, weil sie einem in der Selbstzucht sehr ungeübten Teile des Volkes in aufdringlichster Art die Gelegenheit geben, den Verkehr der Geschlechter verderblich zu gestalten. Sie sind auch deshalb ein Schaden für das Volk, weil sie den Begriff des Heims, des erstrebenswerten Aufenthaltes für die Familie, vernichten. Kein Raum, keine Luft, kein Licht, nach Feierabend kein Fürsichselbstbleiben der zusammengehörigen Familienglieder, geschweige denn Schmuck und Behagen im Wohnraum – woher soll da die Freude am Heim kommen? Was man nicht liebt, das pflegt man nicht, und was nicht gepflegt wird, geht zu Grunde – in diesem Falle Häuslichkeit und Familie.

Neben der Wohnungsfrage und sie an Wichtigkeit noch weit überragend steht die Lohnfrage. Da sie zu den heute meist besprochenen Angelegenheiten gehört und sie in ihrer ganzen Ausdehnung und Bedeutung hier doch nicht herangezogen werden kann, so sei mir gestattet, im Zusammenhange mit meinem Thema nur auf die ebenso bewunderns- wie beklagenswerten Lebenskünstler hinzuweisen, die mit den üblichen Löhnen auszukommen verstehen. Alleinstehende Mädchen und Burschen, die per Tag 1-1,20 Mark, Familienväter, die 3 Mark verdienen, gehören, soferne der Verdienst nur regelmäßig ist, schon zu den Gutsituierten. Und nun rechne man! Wöchentlich

18 Mark für den Lebensunterhalt einer Familie von durchschnittlich 6-8 Köpfen. Ich habe die Rechnung oft versucht, und das Resultat war auf dem Papier schon ein sehr beklemmendes. Nun bedenke man aber, wenn man die einzelnen Posten der Rechnung durchleben, oder richtiger gesagt, durchdarben muß am eigenen Leibe und am Leibe derer, die man liebt. Man sage nicht, daß die Gewohnheit des Entbehrens die Entbehrung leicht macht. Es giebt Dinge, die leicht zu entbehren man nicht gewöhnt sein darf, weil ihnen entsagen eine Herabsetzung und Herabwürdigung des Menschen bedeutet. Dazu kommt, daß Askese von der Natur nicht gewollt ist. Ein Aufgeben aller Genüsse, aller großen und kleinen, weisen und unweisen Freuden des Lebens im Berufe als Last- und Haustier wird nur von den wenigsten mit Bereitschaft geübt, und das furchtbare Wort von der »Prostitution als Aufbesserung des Lohnes« wird erklärlich. Das ganze Elend des Kellnerinnenberufes z.B., das moralische und physische Zugrundegehen von Hunderten von Mädchen, ist in Arbeitsbedingungen begründet, die ein Auskommen ohne sogenannten »unanständigen Nebenverdienst« so gut wie unmöglich machen.

Die schlechten Lohnverhältnisse sind aber nicht nur Grund dafür, daß die Mädchen sich selbst zur käuflichen Ware erniedrigen müssen, sie machen es auch den Männern vielfach unmöglich, eine legitime Eheschließung mit ihrer ganzen Gefolgschaft von Kosten und Verantwortung auf sich zu laden. Die Folge davon sind wilde Ehen, die Frauen und Kinder ganz der Willkür, dem Wohl- oder Übelwollen der Männer anheimstellen, und die, im Zusammenhang mit dem Sinken des sittlichen Gefühls von Mann und Frau, den Ausgangspunkt zu unsäglichem Jammer, Not und Herzeleid bilden.

Radikale Abwehr und Hilfe gegen Mißbräuche aller Art, wie sie die bestehenden Lohnverhältnisse mit sich bringen, kann nur die Organisation der Arbeit, das Zusammentreten der Arbeiter zur Gewerkschaft bieten.

Jedoch ist schon oft darauf hingewiesen worden, wie sehr in der Angelegenheit der Hungerlöhne die Frauen sowohl als Konsumenten wie als Arbeitgeber einen nachdrücklichen Einfluß zum Guten und Gerechten ausüben können. Freilich müssen sie, um diesen Einfluß thatsächlich auszuüben, beobachten, denken und urteilen lernen und

den Blick weiten über die oft eng gesteckten Grenzpfähle der Häuslichkeit. Unbeschadet dieser Häuslichkeit würden viele Frauen dann zu der Einsicht kommen, daß es im Wettbewerb bei den Kaffeekränzchen ein höheres Interesse und einen höheren Ehrgeiz geben kann als den, der Putzfrau oder der Schneiderin 20 Pfennig Tagelohn weniger zu geben als die »unökonomische« Freundin oder Nachbarin.
Während die Behandlung der Lohnfrage und der Wohnungsfrage als Gegenstand der Bethätigung des einzelnen schon gewisse theoretische Voraussetzungen erfordert und Ergebnisse auf diesen Gebieten von Verhältnissen abhängen, die häufig von dem Wollen des einzelnen nicht direkt beeinflußt werden können, so finden wir dagegen in der Dienstbotenfrage einen großen Ausschnitt der Sittlichkeitsfrage, in der sehr oft die einzelnen Fälle von der Einsicht, dem Wohlwollen und dem Gerechtigkeitssinne einzelner Personen oder Familien abhängig sind.
Ich will in dem Augenblick von den Verbrechen der männlichen Familienglieder, die die Unerfahrenheit, Dummheit oder den Leichtsinn von Dienstmädchen nach ihrem Gefallen ausnützen, nicht sprechen, sondern nur von dem, was die Damen in liebelosem Aburteilen verpönen, von den »unsittlichen Verhältnissen« der Mädchen. In sehr vielen Fällen werden diese Verhältnisse nur dadurch zu unsittlichen, weil die Hausfrauen und Familienvorstände es nicht verstehen und es nicht der Mühe wert finden, sie durch Rat und That zu ganz sittlichen zu gestalten.
Und so frage ich denn, ist der Trieb, den die Natur zum Zwecke der Erhaltung der Art in alle Geschöpfe gepflanzt hat, in einem Mädchen zu verurteilen, weil es ein Dienstmädchen ist? Wenn ein Dienstmädchen nach dem terminus technicus der Frauen mit einem Gärtner, Diener oder Metzger anbändelt, weil sie im Innern vielleicht hofft, auf diesem Wege zu einer Verheiratung und Versorgung zu kommen, so thut sie genau dasselbe wie die Haustochter, die mit ihren Tennispartnern und Ballherren kokettiert. Nur mit dem Unterschied, daß dieselbe Frau auf die »Erfolge« der Tochter stolz ist, während sie die Erfolge des Dienstmädchens mit ganz anderm Maße mißt.
Und während in den Toasten bei Verlobungs- und Hochzeitsfesten das romantische Sich-Kennen-und-Lieben-Lernen des Paares gerne

betont wird, kann dasselbe Kennen-und-Lieben-Lernen des Dienstmädchens zu seiner Entlassung und damit zu vollständigem Verderben führen.
So wie es in Dingen der Moral kein bevorzugtes Geschlecht geben darf, so soll es auch keinen bevorzugten Stand geben, und deshalb ist das »Anbändeln« der Dienstmädchen und das Kokettieren der Haustöchter aus dem gleichen Grunde zu erklären, aus dem gleichen zu beurteilen und aus dem gleichen erziehlichen zu bekämpfen.
Die Dienstbotenfrage ist vielleicht derjenige Teil der sozialen Frage, der dem erwachten sozialen Gewissen am leichtesten Gelegenheit giebt, sich zu bethätigen und Gerechtigkeit walten zu lassen.
Das Wollen kann mit dem Können in vielen Fällen gleichen Schritt halten, da es ja, wie schon erwähnt, dazu keiner Studien, keiner Vorbereitungen, keiner Reorganisation öffentlicher Einrichtungen bedarf, um einem Menschenkinde, das unter einem Dache mit uns wohnt, durch Güte, Geduld, Aufmerksamkeit und liebevolles Eingehen auf seine persönlichen Interessen den Weg zu rechtlicher, gesunder Lebensführung zu zeigen.
Die Dienstgeber müssen sich bemühen, das Vertrauen ihrer in gewissem Sinne Pflegebefohlenen zu erwerben. Vertrauen ohne verkehrte, schlechtangebrachte Vertraulichkeit kann der Autorität der Dienstgeber nur nützen.
Aus den bisherigen Ausführungen geht hervor, daß für diejenigen Klassen der Bevölkerung, die infolge kärglicher Lebensbedingungen auch moralisch von geschwächter Widerstandskraft sind, die Lohn- und Wohnverhältnisse den Boden bereiten, auf dem die Unsittlichkeit oft gegen das Besserwollen der Betroffenen wuchert. Dieser aus Not käuflich gewordenen Ware steht ein Heer von Käufern gegenüber, für die alle jene Argumente, die für die Besitzlosen, in ihren Menschenrechten Geschmälerten zur Entschuldigung dienen, keine Gültigkeit haben.
Ich habe die Bemerkung gemacht, daß, wenn in ernsthafter Diskussion das Thema der Sittlichkeitsfrage zur Sprache kommt, oder wenn es in einschlägigen Schriften behandelt wird, von männlicher Seite immer die »geschichtliche Thatsache« ins Treffen geführt wird, daß, soweit wir menschliche Civilisation finden, auch die Erscheinung der

Prostitution nebenher läuft. Aus dem, was war und ist, wird das, was immer sein wird, gefolgert, und man gelangt dann zu dem bequemen Schluß, die Gesellschaft habe sich unthätig, philosophisch ins Unvermeidliche zu fügen.

Nun wird es wohl zutreffen, daß es von jeher unter Männern und Frauen einen gewissen Prozentsatz gegeben hat und immer geben wird, die durch eine spezielle Veranlagung fast unüberwindlich gezwungen sind, sich fessellos ihren Leidenschaften und Begierden hinzugeben. Die Schwachen unter diesen gehen infolge ihrer Zügellosigkeit zu Grunde; Kraftnaturen können den Zumutungen, die sie sich selbst stellen, unter Umständen trotzen. Eine relative Minderzahl solcher Erscheinungen hat auch nie zu den sozialen Bedenken Veranlassung gegeben, wie das Überhandnehmen von Erscheinungen, wie sie z.B. in einem allbekannt gewordenen Strafprozeß symptomatisch geworden sind. – Vereinzelte Pest- oder Typhusfälle sind als solche auch nur vom Standpunkte des betroffenen Individuums sehr zu bedauern. Was aber in geordneten Staaten beim Vorkommen sporadischer Pest- oder Typhusfälle die Veranlassung zu umfassenden prophylaktischen und Sanierungsregeln giebt, ist die Gefahr einer weiten und späterhin unaufhaltsamen Verbreitung der Krankheit, die, indem sie Tausende von Einzel-Individuen erfaßt und vernichtet, dem Ganzen unermeßlichen Schaden zufügt.

Diese selbe Gefahr des unermeßlichen Schadens für das Ganze besteht auch auf dem Gebiete der Sittlichkeit, wie sie heute u. a. die Statistik der jugendlichen Verbrecher und andre Korruptionserscheinungen bei Individuen jugendlichen Alters signalisiert.

Nun ist ja natürlich weder anzunehmen noch zu verlangen, daß die leider sehr große Zahl derer, die infolge mangelnder Selbstzucht, Gelegenheit, Verführung oder andrer Antriebe dazu gelangen, gegen die Gebote der Sittlichkeit zu verstoßen, auf theoretischem Wege zu einer altruistischen Lebensauffassung gebracht werden.

Ich glaube, daß man volkserziehlich ein andres Mittel ergreifen muß. Bei den meisten Menschen sind Argumente, die geltend machen, was anderen schadet, wenig wirksam. Wirksamer sind Argumente, die zeigen, was uns selbst schadet, dem eigenen Ich, am eigenen Körper und in der nächsten Umgebung, der Familie.

Darum ist es vor allen Dingen die hygienische Seite der Sittlichkeitsfrage, auf die nicht dringend genug hingewiesen werden kann und über deren Tragweite jedem Menschen, Mann und Frau, Klarheit verschafft werden sollte. – Die jungen Leute dürfen nicht im Unklaren darüber bleiben, daß, wenn sie sich gewisse Ausschreitungen zu Schulden kommen lassen, sie thatsächlich krank werden, daß solche Krankheiten ansteckend und vererblich sind und für Generationen hinaus Gesundheit, Glück und Wohlstand vernichten können.
Damit will ich aber gar nicht sagen, daß Detailkenntnisse in dieser Beziehung für jeden nötig oder auch nur zuträglich wären. Diese mag man getrost Fachleuten überlassen, und ihre Diskussion ist der Sache nur schädlich, weil sie das große Publikum überflüssigerweise abstößt, statt es heranzuziehen.
Was an Kenntnissen nach dieser Richtung notwendig in Laienkreisen verbreitet werden sollte, übersteigt meiner Ansicht nach nicht das, was auch sonst an hygienischem Wissen allen Teilen des Volkes zugänglich gemacht werden sollte.
Was weiß z. B. eine Mutter über die Natur des Scharlachs als Krankheit mehr, als daß es eine ansteckende Krankheit ist, deren Verlauf ein bösartiger werden kann und in deren Folge oft recht unangenehme Nachkrankheiten auftreten können.
Jede Mutter würde berechtigterweise Zeter schreien, wenn in einem Ballsaal ein nach Scharlach nicht fertig »gehäuteter« und nicht gebadeter junger Mann erschiene, um mit der Tochter einen Walzer zu tanzen. Und auch das Mädchen wüßte, warum man sich vor der Berührung dieses Mannes zu hüten habe. Wenn aber ein junger Mann nach einiger Zeit, vielleicht mit einer nicht minder schlimmen Krankheit behaftet, um die Hand der Tochter wirbt, dann weiß in vielen Fällen niemand und in ebenso vielen will niemand wissen, ob nicht der Bund, dem man zujubelt, durch die mangelhafte Sittlichkeit des Mannes Krankheit und Elend zur Folge hat.
Und die Söhne, die auf die Universität und zum Militärdienst gehen, sollen die nicht wissen, wohin das Übermaß unverstandener Freiheit sie führen kann?
Den Zusammenhang von Sittlichkeit und Gesundheit der breiten Menge des Volkes klar zu machen, ist einer der wichtigsten Aufgaben

innerhalb der sozialen Praxis, und es ist sehr erfreulich, daß es schon eine ganze Reihe von aufklärenden Schriften giebt, die in Ton und Inhalt den einschlägigen Ansprüchen entgegenkommen. Der Verein »Jugendschutz«[4] in Berlin hat sich die Verbreitung solcher Schriften mit zu seinen dankenswerten Aufgaben gemacht. Wenn es auch einerseits erwiesen ist, daß Not und Mangel in unzähligen Fällen den Grund für das Sinken des Sittlichkeitsniveaus von Menschen ist, deren ganze Existenz auf die schwankende Basis kärglich bezahlter Lohnarbeit aufgebaut ist, so muß andrerseits auch sehr lebhaft betont werden, daß Reichtum und Üppigkeit an dem anderen Gesellschaftspole zu denselben Ausschreitungen und Übertretungen führen, wie Mangel und Armut. Dank der unverrückbaren und unabänderlichen Gerechtigkeit und Gesetzmäßigkeit in den Zusammenhängen der Natur sehen wir, daß Besitz und Vermögen nie und nimmer imstande sind, die Folgeübel der verletzten Sittlichkeit zurückzuhalten. Verhüllt, verhohlen, verleugnet mögen sie werden, aber sie werden sich doch unfehlbar einstellen in den verschiedensten Formen von Krankheit, Degeneration und Verfall der Familien und Geschlechter.

Wenn sich so beobachten läßt, daß die Forderungen der Sittlichkeit, die sich ja nicht nur auf das Geschlechtsleben der Menschen beziehen (wenn diese auch in der sogen. Sittlichkeitsfrage in den Vordergrund treten), daß diese Forderungen der Sittlichkeit in Normen bestehen, die sich zum Zwecke der aufsteigenden Fortentwicklung der Menschheit nicht umgehen lassen, dann wird man zu der Frage gedrängt: giebt es einen Faktor, der unter allen sozialen Verhältnissen wirkungsvoll herangezogen und angewendet werden kann, um der Sittlichkeit zu dienen und sie zum Gemeingut zu machen? Die Antwort kann lauten: ja, es giebt einen solchen Faktor, es ist die Erziehung.

Nun ist thatsächlich das Thema der Erziehung innerhalb der Sittlichkeitsfrage ein solches, das für sich allein Ausgang und Inhalt mannigfacher Studien und Erörterungen bilden kann. Abgesonderte Gebiete innerhalb derselben bilden die Coeducation, – die gemeinsame Erziehung der Geschlechter – die Moralerziehung, die Volkserziehung durch öffentliche Einrichtungen wie Lesehallen.

Ich kann mich jedoch nur knapp an das halten, was ich, als im engsten

Zusammenhang mit meinem Thema stehend, nicht unerwähnt lassen will.
Die große Menge des Volkes, die infolge der eingangs geschilderten sozialen Mißstände den Angriffen auf Moral und Sittlichkeit am exponiertesten gegenübersteht, genießt durchschnittlich die allergeringste Erziehung. Auch ist das, was man im allgemeinen unter Erziehung versteht, meist nur die Ausrüstung des einzelnen zum Kampfe gegen alle andren. Da aber die Gebote der Sittlichkeit sehr oft statt Selbstbehauptung Selbstverleugnung fordern, so bringt eine Erziehung, die nur den Zweck des Durchsetzens des eignen Ichs hat, im sittlichen Leben Konflikte hervor, denen das einseitig erzogene Individuum nicht gewachsen ist und in denen es unterliegen muß.
Das Ziel einer planmäßigen sittlichen Erziehung geht weit über die berufliche, bürgerliche Kampfausrüstung hinaus. Sie besteht darin, dem heranwachsenden Geschlechte den Weg zu zeigen zwischen Begehren, Gewähren und Verzichten. Eine solche Erziehung, die sich mit den zartesten sowie mit den heftigsten Regungen und Empfindungen des einzelnen Individuums zu befassen hat, kann, trotzdem sie als Ideal für alle das höchste Interesse des Staates bildet, nicht wie die Berufsbildungsanstalten direkt vom Staate veranlaßt werden. Eine solche Erziehung kann sich nur auf dem Boden der Familie entwickeln. Sache des Staates ist es aber, der Familie in ihren Vorständen und Mitgliedern als erste Bedingung die Zeit und damit die geistige und körperliche Frische und Energie zu geben, sich gegenseitig zu erziehen. Denn wenn heute durch die ganze Welt die Klage über sinkende Moral- und Sittlichkeitsbegriffe geht, so ist der wichtigste, innere, für alle Schichten der Gesellschaft gleichgeltende Grund darin zu suchen, daß die Eltern zu wenig Zeit und darum zu wenig Verständnis und Energie für die Erziehung ihrer Kinder haben. So wie das alttestamentarische Gesetz der Sabbath-, in seiner modernen Form der Sonntagsruhe eine Vorschrift von der höchsten sittlichen Tragweite bis auf unsere Tage bildet, so ist die Forderung einer durchgängs für alle Arbeiter in allen Berufen herabgeminderten Arbeitszeit nur die Fortsetzung desselben Gedankens in Anwendung auf unsere raschlebige und intensiv arbeitende Generation: Ruhe und Muße zur Ausbildung und Förderung des Menschengeschlechtes!

Das für den einzelnen wie für die Gesamtheit so hochwichtige Geschäft der Jugenderziehung soll nicht als eine Nebenbeschäftigung betrieben werden müssen, deren Erfolg oder Mißerfolg einem Zusammenwirken von Zufälligkeiten überlassen bleibt. Denn die Erziehung ist es, die der Jugend den Wertmesser mit ins Leben geben soll für das, was erstrebenswert oder verderblich ist; sie muß den Grund legen zur Selbstzucht und Selbsterziehung, aus der allein dem Menschen die Kraft erwächst, jeweils die Sittlichkeitsfrage für sich selbst zu lösen.

Und so habe ich denn versucht, in allerdings nur sehr flüchtigen und sprunghaften Zügen, das mächtige Arbeitsfeld zu zeigen, das sich dem erwachten sozialen Gewissen darbietet. Es ist unermeßlich, denn es umfaßt das Leben; aber jeder Arbeitswillige kann einen Angriffspunkt finden, an dem er beginnen kann, es zu bestellen. Und dieser sozialen Arbeit, es haftet ihr ein eigentümlicher, treibender und beglückender Zauber inne. Wie im Märchen verwandelt sie, was schmutzig und ekelerregend ist, in lauteres Gold.

Anmerkungen

1 Die 1893 vom Bund Deutscher Frauenvereine (BDF) herausgegebene Frauenzeitschrift fungierte als Sprachrohr der bürgerlichen Frauenbewegung; sie erschien anfangs monatlich, dann vierteljährlich und suchte über allgemeine Themen wie Haushaltsführung, Kindererziehung, Frauen für die Ideale der Frauenbewegung zu gewinnen und eine breite Masse bürgerlicher Frauen anzusprechen.

2 Vgl. Pappenheim, 1992, 40

3 Gabriele Reuter (1859-1941), deutsche Bestseller-Autorin, die sich in ihren Romanen mit Mädchen- und Frauenschicksalen auseinandersetzte: z.B. »Aus guter Familie« (1895); »Töchter. Roman zweier Generationen« (1927); »Vom Mädchen, das nicht lieben konnte« (1933).

4 Der Verein Jugendschutz in Berlin wurde 1889 von der deutschen Malerin, Frauenrechtlerin und sozialen Aktivistin Hanna Bieber-Böhm (1851- 1910) gegründet. Über intensive Jugendarbeit, Bildungs- und Ausbildungsprogramme sollte der Verwahrlosung Jugendlicher entgegenwirkt werden.

Bereits ein Jahr vor der Eröffnung des Frauen- und Mädchenheimes des Jüdischen Frauenbundes *in Neu-Isenburg skizzierte Pappenheim ihr Ideal einer spezifischen jüdischen Mädchenerziehung sowie ihre Idee zur Errichtung einer Einrichtung zum Schutz und zur Erziehung junger lediger Mütter. Das Grundkonzept basierte vermutlich auf ihren als Leiterin des Israeltischen Mädchenwaisenhauses gewonnen Erfahrungen. Ihre Vorstellungen von einer prophylaktischen und schützenden modernen Jugendfürsorge und Pädagogik präsentierte sie 1906 im Rahmen einer Veranstaltung der* Zentrale für private Fürsorge[1] *in der 1901 in Frankfurt/Main gegründeten* Akademie für Handels- und Sozialwissenschaften. *Ihr Vortrag »Über Fürsorge der gefährdeten weiblichen Jugend« wurde jedoch erst nach ihrem Tod in gekürzter Form in den* Blättern des Jüdischen Frauenbundes, *13. Jg. Nr. 6/ 1937, 1-2 veröffentlicht.*

Der geistige Grundriss (1906)

Aus einem Vortrag »Über Fürsorge der gefährdeten weiblichen Jugend« in der Zentrale für private Fürsorge, Frankfurt/Main

Ich denke mir unweit einer mittelgroßen Stadt und leicht erreichbar zwei kleine Häuser mit einem Belegraum von 10-15 Betten.
In das eine Haus finden Aufnahme nicht mehr ganz jugendliche Personen, junge Prostituierte, Mädchen, die ihrer Entbindung entgegensehen, oder die vielleicht im Gefängnis entbunden haben – natürlich mit ihren Kindern. Im anderen Hause befinden sich jugendliche Gefährdete, kindliche, moralisch minderwertige Personen, in deren Leben noch alles unentschieden ist, die aber einen ausgesprochenen Hang für das zeigen, was man »moral insanity« nennt. Die Leitung des ersten Hauses in der Hand einer Ärztin oder geschulten Pflegerin und einer wirtschaftlich tüchtigen Hausbeamtin, das Haus der Jugendlichen an erster Stelle von einer weiblichen pädagogischen Kraft geleitet und durch Unterricht, hauswirtschaftliche Tätigkeit und Freiluftübungen unterstützt.

Beide Häuser einfach, aber ausgesprochen wohnlich und freundlich eingerichtet, so dass den Bewohnern das Gefühl eines strafweisen Aufenthalts nicht kommen kann, ebenso wie die Kleidung einfach, aber nicht absichtlich garstig und entstellend sein soll.
Der ganze Haushalt sei auf halb ländlichem, halb städtischem kleinbürgerlichem Zuschnitt eingerichtet. (...)
Kein Zögling wäre mit Gewalt in der Anstalt zurückzuhalten. Körperliche Züchtigungen wären auszuschließen.
Das Lesen von Büchern und Tageszeitungen soll in den Freistunden unterstützt werden. Die Leiterinnen der Anstalt hätten Arbeit und Muße mit ihren Hausgenossinnen zu teilen und sich eines freundlichen Tones zu bedienen, der jede herrische Selbstüberhebung und Verachtung der Moralkranken ausschließt.
Der Gesundheitszustand der Hausgenossen wäre sehr genau zu beobachten und in allen Einzelheiten zu kontrollieren und zu behandeln – selbstredend nur durch weibliches Pflegepersonal.
Der Einfluß des Vorhandenseins kleiner Kinder im Hause ist in seiner erzieherischen Wirkung auf junge weibliche Personen sehr hoch anzuschlagen. Was ich Ihnen heute sagen kann, sind nur Andeutungen, die Ihnen nicht genügen werden zu einem Bilde der Schulung und Genesung durch ein Leben, das in allen Stücken einen wohltuenden Kontrast zu dem bieten soll, was die Gefährdeten in Gefahr und zu Fall gebracht hat.
Ruhe, Arbeit, Belehrung und Unterhaltung in gemessenem Wechsel werden den Hang zu sittlicher Verwilderung leichter eindämmen, als Härte, unnachsichtliche Strenge, Langweile, Heuchelei und jeglicher Mangel an ästhetischem Behagen ...
Nicht, wie es vielfach der Fall ist, Männer sollen die Fürsorgetätigkeit für Gefährdete übernehmen, sondern Frauen müssen sich bemühen, an leitender Stelle mit klarem Verstande und ungetrübten Sinnen in ein Gebiet einzudringen, das, wenn irgend eines, des differenzierten, weiblichen Empfindens bedarf, um mit Erfolg bearbeitet zu werden. Unter den Frauen sollen es nicht jene sein, die klösterlich und weltfremd, in religiös asketischer Weltauffassung, selten ohne ein Körnchen Hochmut, zu den »Gefallenen« blicken.
Die Fürsorgetätigkeit für Moralkranke soll von Frauen geleitet

werden, die im vollen lebendigen Leben stehen oder es doch kennen, und die ihre Erfahrungen aus der Wirklichkeit geschöpft haben. Es sollen *Frauen* sein, wenn auch nicht ausschließlich, so doch vorwiegend verheiratete Frauen, die in Dingen des Geschlechtslebens wissend sind und darum weder in der Strenge noch in Nachsicht ohne Maß sind, wie es ja bei der Einäugigkeit der Unverheirateten beim besten Willen leicht geschehen kann. Ich glaube, dass ich heute nicht mehr sagen kann und darf.
Nur die Bitte möchte ich noch an Sie richten: gedenken Sie und durchdenken Sie die Notwendigkeit der Verbesserung der Fürsorge der weiblichen Jugend. Es kann sich die erfreuliche Möglichkeit daraus ergeben, dass ein nächster Kursus für Jugendfürsorge schon die Besichtigung einer von modernem Geiste und werktätiger Menschenliebe durchdrungenen Heilstätte für Moralkranke bringt.

Anmerkung

1 Die Aufgaben des 1883 von der *Deutschen Gesellschaft für ethische Kultur e.V.* gegründeten Vereins lagen in der Systematisierung von Informationen über bestehende private und öffentliche Wohlfahrtseinrichtungen sowie in der Zusammenarbeit mit öffentlichen Bereichen der Armenpflege. Frauen sollten vor allem als Sozialberaterinnen in die Vereinsarbeit eingebunden sein.

Die folgenden Ausführungen Bertha Pappenheims bieten einen kurzen Einblick in die praktische Umsetzung ihrer bereits 1906 im »Geistigen Grundriß« skizzierten Idee zur Gründung einer eigenen Rettungs-, Schutz- und Erziehungseinrichtung für jüdische Mädchen und junge Frauen. In ihrem Bericht über die ersten beiden Jahre seit Bestehen des 1907 von ihr errichteten Mädchen- und Frauenheimes in Neu-Isenburg unweit von Frankfurt/Main erörterte sie die Konzeption, Struktur und Organisation des Heimes als spezifische Einrichtung zur Erziehung, zur sozialen Reintegration von gesellschaftlichen Randgruppen und als Heilstätte für »Moralkranke« und »sittlich Gefährdete«. Ihr Jahresbericht wurde abgedruckt in: Pappenheim, u.a., 1994, 39-40.

Aus dem Jahresbericht des Heims des Jüdischen Frauenbundes in Neu-Isenburg (1909)

Als die Erfüllung einer Notwendigkeit auf dem Gebiete der weiblichen Fürsorge und als ein Geschenk an alle jüdischen Gemeinden Deutschlands ist in dem Heim des Jüdischen Frauenbundes in Neu-Isenburg bei Frankfurt a. M. am 25. November 1907 eine Stätte eröffnet worden, die Schutz und Erziehung für solche weibliche jugendliche Personen vorstellt, in denen die Kraft und der Wille zum Guten noch geweckt und gestärkt werden kann. Frau Louise Goldschmidt[1] ist es zu verdanken, dass dieses wichtige und schwierigste Gebiet sozialer Arbeit betreten werden konnte, indem sie ein schönes Haus mit Garten, anmutig am Walde gelegen, überließ. Das Heim selbst gilt als gemeinsamer konkreter Interessenspunkt der dem jüdischen Frauenbund angeschlossenen Vereine und Ortsgruppen. Darum ist auch der Vorstand des Jüdischen Frauenbundes zugleich der Vorstand des Heims. Eine Heimkommission, deren Sitz in Frankfurt ist, leitet die Geschäfte des Heims. Ein derartiges Heim, welches die Tendenz hat, Fürsorge eintreten zu lassen, *bevor es zu spät ist*, und Schutz zu bieten in Fällen, in denen sowohl die politischen Gemeinden als die konfessionell jüdische Vereinstätigkeit versagen, besteht in Deutschland noch nicht.

Prinzipiell wurde die Aufnahme abgelehnt von a) ausgesprochen Schwachsinnigen; b) Personen vorgeschrittenen Alters – von 30 Jahren und mehr; c) Personen, die nicht den Wunsch haben, in ein geordnetes Leben einzutreten, und die schon lange Weg und Richtung verloren haben. Die Zahl der abgelehnten Gesuche betrug zehn.
Dagegen wurden Pfleglinge im Alter von 5 bis 25 Jahren am Familientisch vereint, wurden zwei junge Mütter in der für sie gefährlichsten Zeit kurz vor und nach der Entbindung in Schutz genommen, konnte fünf Säuglingen in ihrer ersten Lebenszeit ihre natürliche Ernährung, Luft, Licht und Wartung gewährt werden, haben vier Pfleglinge zur Hausarbeit geduldig und geschickt gemacht, so dass sie sich dauernd in den erlangten Stellungen halten, endlich zwei Schulkindern eine frohe Kindheit gesichert.
Die Leitung der Anstalt selbst, die streng rituell geführt wird, liegt in der Hand einer Hausmutter, deren Takt und Güte es obliegt, das Haus zu einem behaglichen Heim zu gestalten. Der Haushalt als solcher gibt wertvolle Lehrmittel, indem er den Pfleglingen Gelegenheit gewährt, im Kochen, Waschen, Bügeln, in der Kinderpflege und in aller Haus- und Näharbeit, Übung und Verwendung ihrer Kraft zu finden.
Die Kosten des Betriebes werden durch Jahresbeiträge und Geschenke gedeckt. Denn es ist sehr wichtig, dass das Heim auch Fälle – begreiflicherweise sind es die traurigsten und dringendsten – ohne Pflegegeld aufnehmen können. Grundsätzlich wurde ein Pflegesatz von 80 Pfennig bis 1 Mark normiert, was freilich die Selbstkosten nicht deckt.
Die Heimkommission des Jüdischen Frauenbundes besteht aus den Damen Fräulein Bertha Pappenheim, 1. Vorsitzende; Frau Bertha Holzmann[2], 2. Vorsitzende; Frau Anna Oelsner[3], Schriftführerin; Frau Recha Schwelm[4], Kassenführerin; Schwester Oberin Minna Hirsch[5], Frau Gella Stern-Hirsch[6] und Frau Johanna Stern-Goldschmidt.[7]

Anmerkungen

1 Louise Goldschmidt, geb. 1851, war eine Cousine Bertha Pappenheims. Ihr Vater, Marcus Goldschmidt, der Bruder von Bertha Pappenheims Mutter Recha, war ein vermögender Bankier und Financier großer amerikanischer

Eisenbahnprojekte. Zwischen den beiden Cousinen bestand insbesondere in den ersten Jahren nach Pappenheims Übersiedlung nach Frankfurt 1888 ein enges Verhältnis.

2 Bertha Holzmann war 1912 Vorsitzende des von Pappenheim 1902 gegründeten *Vereins Weibliche Fürsorge* in Frankfurt; über ihre weitere Biografie ist nichts bekannt.

3 Über die Biografie Anna Oelsners konnten keine Informationen gefunden werden.

4 Über die deutsche Jüdin und Kaufmannsgattin Recha Schwelm (1855-1917) wurden keine weiteren Angaben zu ihrer Biografie gefunden.

5 Minna Hirsch (1860-1938) war eine der ersten ausgebildeten jüdischen Krankenschwestern. Sie war Mitbegründerin und Oberin des 1893 gegründeten *Vereins für jüdische Krankenpflegerinnen* in Frankfurt/Main und Mitglied des Vereins *Weibliche Fürsorge*.

6 Gella Stern-Hirsch wurde 1864 in Frankfurt/Main geboren und verstarb 1935 in Haifa. Über ihre Biografie ist nichts bekannt.

7 Johanna Stern-Goldschmidt (1807-1884) war eine deutsche Schriftstellerin und Frauenrechtlerin. Sie gründete 1860 den *Hamburger Fröbel-Verein* zur Ausbildung von Kindergärtnerinnen.

Am 29. Oktober 1912 veranstaltete der Verband zur Förderung der Jugendpflege, *bei dem es sich um einen Zusammenschluss sämtlicher Jugendvereine Frankfurts handelte, in der Aula der Gewerbeschule eine öffentliche Vortragsreihe zum Thema »Jugendpflege – Volkspflicht«, an der Vertreter aller Konfessionen und politischer Richtungen teilnahmen. Mit ihrem Beitrag beabsichtigte Pappenheim, die wie so viele ihrer ZeitgenossInnen von einem großen sittlichen Gefahrenpotential des Großstadtmilieus überzeugt war, die ZuhörerInnen für die Ursachen von sittlicher und körperlicher Verwahrlosung von weiblichen Heranwachsenden zu sensibilisieren. Gezielte Maßnahmen der Jugendfürsorge hätten deshalb in Form einer Prophylaxe dem Erhalt der Familien zu dienen und Kindern in Fremdunterbringung besonderen Schutz zu garantieren. Zugleich ist ihre Rede auch als Aufruf an die ZuhörerInnen zu verstehen, sich in sozialer Jugendarbeit zu engagieren. Ihr Vortrag wurde in der* Frankfurter Schulzeitung, *im Organ des Lehrervereins vom 1. Jänner 1913, veröffentlicht.*[1]

Die weibliche Großstadtjugend (1912)

Die Erscheinung, daß manche Städte, teils durch ihre geographische Lage, teils aus anderen äußeren und inneren Gründen, zu so mächtigen Wohnzentren anwachsen, daß sie als »Großstadt« einen besonderen Typus von Gemeinwesen darstellen, hat die Bewohner solcher Kulturzentralen vor ganz bestimmte und in gewissem Sinne neue Aufgaben gestellt. Hauptsächlich ist es die Industrialisierung der Produktion, die mit ihrer Umgestaltung des Wirtschaftslebens Wunder vollbracht und Werte geschaffen hat, von denen man vor einem Jahrhundert noch nichts hätte träumen können. Nur wirkt ihre aufbauende und schöpferische Kraft heute noch vorwiegend nach der technisch-materiellen Richtung. Sie zeigt aber auch ein mächtig destruktives Element, das sich oft gerade dem Besten und Feinsten im menschlichen Gefühls- und Geistesleben feindlich entgegenstellt.
Es ist nicht lange her, seit man sich bei der stolzen Beobachtung der Umwertung aller Werte auf das bedauerliche Unterschätzen und das

Verschwinden von Werten besinnt, für die ein Ersatz niemals gefunden werden kann.

Einer der interessantesten und wichtigsten Gradmesser, an dem man das Sinken und Steigen von Lebenswerten ablesen kann, ist die Entwicklung, die man die Jugend nehmen sieht.

Es kann am heutigen Abend, so wie er der Jugendpflege gewidmet ist, nur in gedrängter Kürze und dadurch vielleicht etwas einseitig und sprunghaft auf die wichtigsten Momente hingedeutet werden, die in der Vielgestaltigkeit des Großstadtlebens das Schicksal der Jugend – des kostbarsten Besitzes eines Volkes – zu beeinflussen imstande sind.

Um nicht zu falscher Auffassung zu kommen, müssen wir die Jugend von heute dahin zurückverfolgen, wo die Wurzeln aller Volkskraft liegen, in die Familie. Die einschneidenden Veränderungen, die die moderne Zeit gebracht hat, verursachen einen gewissen *Zerfall des Familienlebens*, und zwar nicht nur in der proletarischen Schicht der Großstadtbevölkerung, sondern auch in den Kreisen des Kleinbürgertums und ebenso, wenn auch in anderen Formen als dort, in den Kreisen des gesicherten Besitzstandes.

Die auffälligste Ursache dafür ist, daß die Hauptträger der Familiengemeinschaft – Vater und Mutter – eine gegen früher veränderte Stellung und Verteilung der Lasten im Haushalt erfahren haben. Wichtig ist dabei, daß die Arbeitsstätte des Familienoberhauptes sich nicht mehr wie in früherer Zeit ganz in der Nähe der Familienwohnung befindet. Die Fabrik, die Werkstätte, der Laden, das Büro liegen heute weit entfernt, und oft führt der Erwerb den Familienvater sogar außerhalb des Stadtbezirks und bedingt dessen wochen- oder monatelange Abwesenheit vom Hause. Wo der *Vater* fehlt, fehlt die Grundlage für wichtige Verflechtungen im Zusammenleben des Alltags. Des Vaters Einfluß auf das Leben der Kinder wird dann auf ein Minimum herabgesetzt, und seine Autorität scheidet schon aus einfachem Zeitmangel aus.

Und die *Mutter*? Die Frau in den Kreisen, an die wir heute vorwiegend zu denken haben, muß beim Broterwerb für die Familie helfen; sie muß Raubbau an ihrer Kraft treiben und behält als Mutter viel zu wenig Zeit für den Haushalt und die Pflege und Erziehung der Kinder.

Wir sehen darum mit einer gewissen Befriedigung das Unnatürliche

selbstverständlich werden, sehen, wie sich das »soziale Gewissen« der im Nebenamt Geborenen annehmen muß. Mit täglich wachsendem Verständnis und bereitwilliger Geschäftigkeit versucht man die sozialen Waisenkinder durch die erste Zeit ihres Lebens zu geleiten: aus der Entbindungsanstalt in die Krippe, durch die Säuglingsfürsorge in den Kindergarten, von dort in die Schule mit dem Kinderhort, dem Mußspiel, der Schulküche, der Flickschule usw. Hier bricht die Fürsorge und das Interesse für die Kinder meist ab! Wir sehen unzählige Kinder, denen das Elternhaus fehlt, als Haltekinder[2], d. h. als lebende Erwerbsmittel in fremde Familien hineingesetzt. Rühmliche Ausnahmen gerne zugegeben, im allgemeinen aber kann man sagen, daß das Leben dieser Kinder mit dem häufigen Wechsel der Pflegestellen, in dem jede ersparte Windel, jedes nicht gegessene Stück Brot, jeder nicht getrunkene Tropfen Milch einen Vorteil für die Pflegemutter bedeutet, eine traurige Vorbereitung für die Zeit ist, in der die Jugendlichen das Interesse der Volkserzieher erregen.
Trotz aller fürsorglichen Bemühungen gibt es Tausende von Menschenkindern, denen das wahre Heim im Leben fehlt: Haus und Küche, Familientisch und Kinderstube als kräftige Erziehungsmittel; gemütliches Zuhausegefühl, selbstverständliches Geben und Nehmen in frohen und ernsten Stunden fehlt ihnen und damit etwas, wofür es seiner ganzen Wesenheit nach keinen Ersatz gibt; das ursprünglich Ethische der menschlichen Beziehungen in der Familie und das kraftvoll Persönliche in dem Kreise, dessen Mittelpunkt sie bildet. Strömungen, die so mächtig sind, daß sie die Grundlagen von Gemeinwesen zu verändern vermögen, können selbstverständlich nicht ausgeschaltet werden. Wenn wir also unter ihrem alljährlich eine Armee von Kindern die Schwelle überschreiten sehen, jenseits deren sie uns bald mit einem seltsamen Gemisch von Selbständigkeit und *Unreife, Ansprüchen, Lebenshunger und Genügsamkeit* als »Großstadtjugend« entgegen treten, dann erkennt man neue Probleme und Aufgaben, welche die vernunftmäßig praktischen, sowie die moralisch ethischen Seiten des Volkslebens gleich lebhaft angehen.
Diese *Disharmonie* zwischen äußerer *Selbständigkeit* und innerer *Unreife* tritt meiner Beobachtung nach bei Mädchen – denen meine Ausführungen vorwiegend zu gelten haben – früher auf als bei Knaben.

Je nach den verschiedenen Gesellschaftsschichten äußert sich diese Disharmonie verschieden. Die Verantwortung, die Eltern aus den besitzenden Kreisen ihren Töchtern schuldig sind, ist natürlich eine größere, als die der Eltern, deren Kraft im Ringen um des Lebens Notdurft schon vollauf in Anspruch genommen ist.
Die innere Disharmonie des Großstadtbackfisches, der jungen Sportfreundin, der Amateur-Studentin oder Künstlerin, oder der Eheaspirantin sans phrase[3] ist anders aufzufassen, als die Disharmonie der kaum dem Kindesalter entwachsenen Mädchen aus dem Volke, denen ein früher Konkurrenzkampf Zeit und Recht nimmt, ein Stück Eigenleben zu führen, sich »auszuleben« im besten Sinne, nicht so wie das gefährliche Schlagwort von denen verstanden wird, denen Pietät, Respekt und Selbstzucht fehlen.
In den Kreisen nun, in denen die Eltern oder deren Vertreter nicht die volle Verantwortung für die Erziehung und Entwicklung von Kindern trifft, ist bedauerlicherweise die Notwendigkeit, den Mädchen eine ausreichende Lehrzeit zuzubilligen, noch nicht allgemein genug anerkannt; das wichtige hauswirtschaftliche Können wird unterschätzt. Die Mädchen müssen möglichst schnell, am liebsten gleich nach der Schule, Geld verdienen. Das kann bei ungelernter Arbeit nicht viel sein, und auch die gelernte Arbeit wird bei weiblichen Arbeitern schlechter bezahlt als bei männlichen Kollegen, die nicht mehr leisten.
Die ersten wenigen Mark also, die ein junges Ding verdient, die aber bei der Kostspieligkeit der Lebenshaltung in engen Verhältnissen sehr viel bedeuten, führen, je nach der Lage der Dinge, die junge Fabrikarbeiterin, das Lehr- und Laufmädchen, die angehende Verkäuferin, oder das kleine Dienstmädchen entweder schon aus dem Elternhaus hinaus, oder sie verschaffen ihr als »Verdienerin« ein Übergewicht im Haushalt, das ihrem Alter nicht zukommt und ihrer ganzen Entwicklung sehr unbekömmlich ist. Dazu sind gerade in dieser ersten Zeit der vollen Freiheit die Mädchen körperlich und geistig sehr vielen Schwankungen unterworfen, die einer sorgsamen, individuellen Behandlung und Beaufsichtigung bedürfen – die aber vollständig fehlen.
Sich durchsetzen, vorwärts kommen, Milieukrankheiten – körperliche und geistige – überstehen, das ist die Losung der jungen

Großstadtmädchen, die auf eigene Kraft angewiesen und bei aller Unreife auf ihre Selbständigkeit gestellt sind.
Auf der Basis der mißverstandenen Selbständigkeit sehen wir nun die jungen Mädchen von *Ansprüchen, Lebenshunger* und zugleich einer Art von Genügsamkeit in jähem Widerstreit beherrscht.
Die Ansprüche an Äußerlichkeiten wachsen im selben Verhältnis, als die jungen Menschen zu Besitz und Genuß täglich und stündlich angereizt werden.
Die Herstellung von Luxus in allen Formen, die Berührung mit Gegenständen verfeinerter Kultur, das Auswählen, Anprobieren, Anpreisen, Erfinden derselben kann nicht spurlos an empfänglichen jungen Sinnen vorübergehen, kann sie nicht wunschlos lassen und drängt sie, sich wenigstens mit wohlfeilen Mitteln, die aber für sie immerhin eine große Ausgabe bedeuten, so auszustaffieren, wie es ihnen nötig erscheint, um wenigstens scheinbar einen erhöhten Besitzstand darzustellen. Dagegen wie genügsam, wie traurig und unvernünftig genügsam finden wir die Mädchen dann in ihrer Wohnung, in ihrer Nahrung, in ihren geistigen, ihren geselligen Bedürfnissen!
Und *ernst* sehen sie aus, diese Großstadtblüten, wenn man sie morgens und abends gleich müde, mit blassen Gesichtern unter den phantastischen Hüten auf der Straße oder in der Straßenbahn sieht, traurig ernst, wenn sie nicht gerade überlaut mit der Freundin oder dem Freunde kichern und lachen. Was müssen sie aber auch nicht alles hören und sehen und erleben, wenn sie, kaum den Kinderschuhen entwachsen, sich in eine Umgebung hineingeworfen finden, die keinerlei Rücksicht kennt. Angespannt an der Nähmaschine, an der Schreibmaschine, als Verkaufsmaschine oder sonst wie immer und immer nur Kraft abgeben! – Wäre da der *Leichtsinn* nicht, wie könnte die Jugend so viel Ernstes, Schweres aushalten. Und man ist leichtsinnig – zum Glück und zum schweren Schaden.
Hier wäre, wenn ich mehr als die Disposition zu einem Vortrag geben dürfte, das wichtige Kapitel einzufügen, das das Großstadtmädchen in ihrem natürlichen geschlechtlichen Lebensdrang teils als Verführte, teils als Verführerin schildert: auch hier mangelndes Gleichgewicht zwischen Wollen und Können, Mangel an Einsicht, die gesundere Lebensfreudigkeit zu finden, Mangel an Kraft, sich auf das Rechte zu

besinnen, Mängel, die, wenn sie eines Tages feiner gestimmten Naturen zum Bewußtsein kommen, zu furchtbarer Tragik führen können. Und über all dem Mangel an Harmonie zwischen dem seelischen Wachstum und den äußeren Verhältnissen der weiblichen Großstadtjugend liegt etwas, das zu denen, die sich viel mit den jungen Mädchen beschäftigen, die diese unfertigen Menschen lieb haben, laut und deutlich spricht. Es ist das eine unbewußte, rührende, sichere Erwartung, daß einmal etwas kommen könne, etwas kommen müsse, das sie aus der gleichmachenden Flut des Alltags herausheben, ihnen ein Eigenes, ein Persönliches bringen werde. Sie erwarten es sehnlich und sicher aus keinem anderen Grunde, als weil sie jung sind!

Viele Fehler, mancher Fehltritt, solche die gut zu machen sind und solche, die nie mehr ungeschehen gemacht werden können, erklären sich aus diesem unklaren und doch so berechtigten Wunsche nach einem Eigenleben in irgend einer Form.

An dieser zarten Stelle des Innenlebens ist es, wo die Jugendpflege einzusetzen hat, *zart, doch bewußt.* Von hier kann geholfen, geleitet, gepflanzt und gepflegt werden, was Gutes in den Mädchen steckt, und es steckt unendlich viel Gutes in ihnen; von hier kann am Individuum gut gemacht und aufgerichtet werden, was die schwere Walze des Großstadtlebens an Persönlichkeitswerten auf den Boden drückt und zerstören will.

Um dieser Kulturaufgabe gerecht zu werden, bedarf es der Mittel und der Gelegenheit, die aus praktischen Gründen von Staat und Kommune bereit gestellt werden müssen, es bedarf aber noch mehr: der liebevollen persönlichen Vertiefung in das Einzelleben junger Menschenkinder, einer Kleinarbeit von höchster Bedeutung, und Sie alle zu dieser *heiligen Kleinarbeit* aufzufordern, das ist der Zweck der heutigen Veranstaltung.

Anmerkungen

1 Vgl. Pappenheim, 1992, 238f.

2 Bezeichnung für Pflegekinder

3 Verlobte, direkt, ohne Umschweife.

In ihrem Vortrag, den Pappenheim auf dem deutschen Frauenkongress hielt, der von 27. Februar bis 2. März 1912 in Berlin abgehalten wurde, erörtert sie Fragen weiblicher jüdischer Identität im Spannungsfeld zwischen Tradition und Moderne – Fragen, die sie ihr Leben lang begleiteten. Aufgrund ihrer eigenen Erfahrungen der Benachteiligung jüdischer Frauen sowohl in der Gesellschaft als auch im religiösen Bereich, plädierte sie für eine neue weibliche Interpretation der vormals männlich überlieferten jüdischen Tradition als Möglichkeit zur Selbstbehauptung jüdischer Frauen. Im Versuch religiöse Tradition und Feminismus zu vereinen, erweisen sich ihre Ausführungen nicht als Rückschritt, sondern als Versuch einer reflektierten Neuinterpretation unter spezifisch weiblicher Perspektive. Ihr Vortrag wurde 1912 in gekürter Fassung im von Gertrud Bäumer herausgegebenen Tagungsband »Der Deutsche Frauenkongreß, Berlin 27. 2.-2.3.1912«, 237-245, veröffentlicht.

Die Frau im kirchlichen und religiösen Leben (1912)

Um meinen Ausführungen die Basis zu geben, die sie zu ihrem Verständnis in weiten Kreisen brauchen, muß ich mit wenigen Worten auf einige grundlegende Unterschiede hinweisen, die für die verschiedene Entwicklung des Gemeindelebens der christlichen und der jüdischen Religionsgemeinschaften maßgebend sind.

Die jüdische Religion ist die reingeistige Eingottreligion. Sie kennt kein Dogma, keine Kirche, keine Sekten, keine Proselyten, keine Mission, keine weltlichen und politischen Ambitionen. Sie ist im besten Sinne eine Privatangelegenheit, d. h. sie hat und braucht keine äußeren Mittel und Machtmittel als Bindung ihrer Angehörigen.

Die Struktur der Gemeinden ist, ihren einfachen inneren Aufgaben entsprechend, sehr einfach: ihre Mitglieder vereinen sich zum Gebet und Studium der Heiligen Schrift; – sie sind fest verbunden durch Ritualgesetze, die die Funktionen des Alltags vergeistigen; – und die Erfüllung des Gebotes der Nächstenliebe, von der das ganze Leben durchtränkt ist, verwebt sie zu einer Körperschaft von idealster Solidarität und großer Widerstandskraft.

Die Funktionäre der jüdischen Gemeinden sind einerseits Gelehrte und Lehrer, deren vornehmlichste Aufgabe es ist, den Gottesgedanken lebendig zu erhalten und den sozial-ethischen Inhalt der Heiligen Schrift herauszuarbeiten; – anderseits Beamte, die der Ausführung und Überwachung der sozialhygienischen Vorschriften des Rituals dienen. Im Dienste der freien Liebestätigkeit zu stehen, ist Pflicht eines jeden.

Das absolut gleiche Interesse aller an allem gibt der Verwaltung eine gesunde demokratische Tendenz, die aber, um es gleich vorweg anzusprechen, auf die Frauen keine Anwendung findet.

Die Verfolgung der Bekenner der jüdischen Religion hat dem jüdischen Gemeindeleben für Jahrhunderte jene eigentümliche Erscheinung gebracht, die in der Bezeichnung des Ghetto zu einem allbekannten Begriff geworden ist.

Das Verschwinden der physischen Ghettomauern ist aber nicht für alle jüdischen Gemeinden gleichbedeutend mit Religions- und Gewissensfreiheit oder mit Gleichberechtigung anderen Religionsgemeinschaften gegenüber.

Unter den gleichen religiösen Vorbedingungen sehen wir darum das Gemeindeleben der in der Diaspora verstreuten Juden sich sehr verschieden entwickeln, denn es ist abhängig von der Kultur des Volkes, das sie umgibt, und abhängig von den Widerständen, die ihnen begegnen. Es weist heute in sich selbst die schroffsten und eigentümlichsten Kontraste auf, so wie ja auch die Individuen, die den Gemeinden angehören, sich in verschiedenen Ländern verschiedenartig entwickelt haben und oft durch nichts mehr verbunden sind als durch die ununterbrochene Tradition der Eingottidee und das Gebot der Nächstenliebe. So bildet der durch Generationen in seinem Lande ansässige englische und französische Jude, der in seinem Heim, vielleicht auch im politischen Leben alle Formen der Kultur beherrschen gelernt hat, einzeln und in seiner Gemeinde den denkbar größten Gegensatz zu der Majorität der polnischen Juden, denen in ihrer Erscheinung und in all ihren Lebensäußerungen ebenso wie in der Gemeinde noch ganz das mittelalterliche Ghetto anhängt; – der freie amerikanische Jude einen Gegensatz zu dem unter Rechtlosigkeit und Knute seufzenden oder sich aufbäumenden rumänischen oder russischen

Juden. Und der deutsche Jude, der nicht nur die geistige Kultur seines Vaterlandes repräsentiert, sondern dem sie auch wertvolle Elemente zu verdanken hat, unterscheidet sich auffallend von dem spanischen Juden, der spanische und orientalische Wesensart assimiliert hat.

Nun sehen wir zwar die jüdische Frau den Mann in seiner allgemeinen Kulturentwicklung begleiten, dennoch ist der Abstand zwischen beiden Geschlechtern bezüglich ihrer Stellung in der Gemeinde – und das ist das Maßgebende für unsere Frage heute – immer ein sehr bedeutender geblieben. Aber selbst für deutsche Verhältnisse, an die hier in erster Linie zu denken ist, ist es nicht möglich, einfach aus dem Spiegelbild unserer Zeit, die Stellung der Frau in der jüdischen Gemeinde ablesen zu wollen, das hieße ihr eine teils unrichtige, teils ungerechte Darstellung und Wertung geben.

Um diese Stellung zu erklären, ist es notwendig zurückzublicken und auf die Bestandteile eines durch die Zeit fest verbundenen Konglomerates von Gesetz, Überliefcrung und Gewohnheit hinzuweisen, das für die Majorität der westeuropäische Juden unserer Zeit als »Tradition« nur noch schattenhaft in ihrem Unterbewußtsein existiert, für viele als Tradition der Tradition wertvolle Momente hat, von einer Minorität nur noch in dem vollen Inhalt der Überlieferung gepflegt wird.

In diesem Zusammenhange hätten Ihnen nun der Talmudist, der Geschichtsforscher und der Kulturhistoriker viel Interessantes zu sagen, und es mag Vertretern der genannten Fächer in gewissem Sinne mit Recht vermessen erscheinen, daß eine ungelehrte Frau sich hier zum Wort gemeldet hat.

Aber es ist wesentlich und für die Materie bedeutsam, daß es keine Frau gibt, oder je gegeben hat, die das zur religionswissenschaftlichen oder auch nur zur historischen Bearbeitung der Frage nötige jüdische Quellenstudium vollständig bewältigt hätte, oder das Material vom Frauenstandpunkt geprüft hätte, wie es z. B. aus parallelen Erwägungen heute von juristisch gebildeten Frauen mit dem Bürgerlichen Gesetzbuch und dem Strafgesetzbuch geschieht.

Das Lehrhaus, die Pflanz- und Pflegestätte spezifisch jüdischer Geisteskultur, ist der Frau von jeher verschlossen geblieben und es wird auch dort, wo jüdische Gelehrsamkeit in ursprünglichem Geiste und in herkömmlicher Form weitergegeben wird, künftig bleiben.

Wir sind also nicht nur in der Vergangenheit in den Niederschriften der Gesetze und Ritualvorschriften, der Kommentare und Überlieferungen ganz auf männliche Auffassung angewiesen, sondern auch dort, wo es sich in unserer Zeit um Übersetzungen aus den hebräischen Texten, um Auszüge oder Gruppierung des Materials nach modernen, feministischen Gesichtspunkten handeln müßte, fehlt für uns Frauen die Möglichkeit eigener kritischer Bearbeitung an den Urtexten.
Wir jüdischen Frauen müssen auch Lob und Tadel, Huldigung und Verurteilung unseres Geschlechtes, wo sie uns als Destillat einer ungeheuren Anhäufung von Literatur entgegengebracht werden, widerspruchslos hinnehmen, so wie sie durch die Brille der männlichen Schriftgelehrten und Forscher je nach deren Ansicht und vielleicht auch durch persönliche Erfahrungen gefärbt, aus den jüdischen Schriftwerken herausgelesen werden. Deshalb dürfte es mehr den Intentionen dieses Kongresses entsprechen, eine ungelehrte Frau, die aber noch in der Tradition der Traditionen aufgewachsen ist, über das gegebene Thema zu hören, als einen Gelehrten, der wohl leicht mehr wissen, aber doch nicht vertreten könnte, worauf es heute und hier ankommt: den Maßstab modernen Frauenempfindens und lebendiger Gegenwartsforderungen an Verhältnisse zu legen, die teils historisch verhärtet sind, teils aber noch den unversiegbaren Urquell allen sittlichen Lebens umfassen.
Um für meine Ausführungen nach keiner Richtung ein Mißverständnis aufkommen zu lassen, möchte ich ihnen eine Zweiteilung zugrunde legen und streng unterscheiden zwischen der Bedeutung der Frau in der jüdischen Gemeinschaft und ihrer Stellung in derselben – einst und jetzt. Hier ist noch zu bemerken, daß vieles, was für uns westeuropäischen Juden als »einst« und überwunden zu bezeichnen ist, für viele östliche Gemeinden noch als »jetzt« gilt, und daß dabei kulturhistorisch sehr interessante und merkwürdige Zwischenstufen und Abtönungen zustande gekommen sind.
Nach der alten traditionell-jüdischen Auffassung handelt es sich, wenn von der Frau gesprochen wird, immer nur um die verheiratete Frau, denn der orientalische Begriff des Frauentums, der in der jüdischen Gesetzgebung durchweg zum Ausdruck kommt, hat keinen

Raum für weibliche Eigenart, die sich selbständig und ohne im Mann eine geschlechtliche Ergänzung gefunden zu haben, frei entwickelt.
Die Frau ist die Trägerin, Hüterin und Erhalterin des Volkes, und nur insofern sie dieser ihr ureigentümlichen Aufgabe, die die Grundlage für die Verheißung des Fortbestandes des Volkes Israel ist, gerecht wird, tritt sie in ihre volle Bedeutung ein. Das Gebot der Rein- und Heilighaltung der Ehe und der in Rücksicht auf eine zahlreiche gesunde Nachkommenschaft geregelte Geschlechtsverkehr gaben der jüdischen Frau im Sinne des Gesetzes bewußt von jeher die ethische und nationalökonomische Wichtigkeit, die man durch die Sozialpolitik heute der Frau im allgemeinen wissenschaftlich und praktisch zuerkennt.
Aber wohlverstanden die verheiratete Frau und auch als solche nur die Mutter von Kindern ist es, der nach dem jüdischen Gesetz die größte Ehrfurcht und Rücksicht entgegengebracht wird. Diese tritt dann freilich nicht nur in poetischen und theoretischen Auslassungen zutage, sondern in recht deutlichen, praktischen Vorschriften und Formen, solchen, die durch das moderne Vokabularium ausgedrückt, unter den Begriff des »praktischen Mutterschutzes auf dem Boden alter Ethik« fallen würden. Dieser Mutterschutz äußert sich sehr deutlich darin, daß nach jüdischem Gesetz die Frau keinen Ritualvorschriften unterworfen ist, die an eine bestimmte Zeit oder an einen Ort außerhalb ihres Hauses gebunden sind. Das bedeutet, daß es für die jüdische Frau nichts Wichtigeres und nichts Dringenderes geben soll als die Erfüllung ihrer Mutterpflichten, innerhalb deren sie und für die sie Zeit und Schonung braucht.
Bei der altjüdischen Hochachtung vor dem Familienleben und seiner gesunden Reinheit kann es aber nicht wundernehmen, daß neben der Verehrung der Ehefrau und der legitimen Mutter eine große Verachtung der unehelichen Mutter und ihres Kindes einherging. Diese Verachtung, die in dem engen Rahmen des Ghettolebens als eine schützende Hemmung vor schädlichen Ausschreitungen gewirkt haben mag, wird aber in moderner Zeit und unter modernen Verhältnissen zur Härte, denn die Freiheit und Freizügigkeit, die schwierigen Erwerbsverhältnisse, die einer rechtzeitigen Eheschließung ökonomische Schwierigkeiten entgegenstellen, die Assimilierung der Juden

an das Gute und das Schlechte der für sie neuen Umwelt – wozu in erster Linie der Alkoholismus zu rechnen ist – haben auch für das Geschlechtsleben der Juden große Veränderungen vorbereitet, die unsere lebhafte Beachtung verlangen. Aber nicht nur die rücksichtsvolle Befreiung der Frau von nach außen bindenden Verpflichtungen hat sie in eine Art von häuslicher Klausur gedrängt, die bedeutungsvolle Vorschrift früher Eheschließung und eine gewisse Angst vor geschlechtlicher Versuchung des Mannes haben die Frau vom freien Verkehr mit der Männerwelt und damit zugleich von allem geistigen Leben ausgeschaltet.
Denn wenn der Jude auch durch das Gesetz an ein ausschließlich jüdisch-wissenschaftliches Studium in hebräischer Sprache gebunden war, so gab gerade dieses ihm eine scharfe geistige Schulung, die ihn zu jeder Zeit auch für andere Materien besonders aufnahme- und leistungsfähig machten.
Die Frauen blieben aber (weniger durch das Gesetz als durch lange geübtes Gewohnheitsrecht) in großer Unwissenheit. Ihre geistige Unterernährung führte zu solcher geschlechtlicher und wirtschaftlicher Abhängigkeit von dem Mann, daß sie sich selbst dort, wo die politische Emanzipation dem Manne geistige Freiheit brachte, viel später als er individuell zu entwickeln begann.
Unwiderleglich festgelegt ist die Zurücksetzung der Frau in der jüdischen Gemeinde dadurch, daß sie bei den Gebetversammlungen nicht mitzählt, daß sie zu dem wichtigen Akt der Thoravorlesung nicht aufgerufen wird, und daß sie die öffentliche Mündigsprechung, die jedem 13jährigen Knaben verkündet wird, nicht erfährt.
Besonders das letztere Moment gibt dem Knaben frühzeitig ein bedenkliches Übergewicht den Mädchen gegenüber. Durch ein religiöses Vorrecht fühlen sie sich schon von Kindheit an dem weiblichen Geschlecht überlegen.
Die gleiche unlogische Zumessung sehen wir ferner da, wo es sich um die Erfüllung gewisser sozial-hygienischer Vorschriften und des wichtigsten sozial-ethischen Gebotes, des der Sabbatheiligung, handelt.
In die Hand der Frau ist vertrauensvoll die Ausführung der Speisegesetze gelegt, die überall da, wo die allgemeine kommunale

Verwaltung nicht eine gewissenhafte Lebensmittelkontrolle führt, heute noch von der aktuellsten Bedeutung ist. Insbesondere durch die Desinfektion des Fleisches durch Einsalzen, und die Durchführung anderer scheinbar unwichtiger Vorschriften erfüllt die jüdische Frau innerhalb der Gemeinde still und selbstverständlich das Amt einer Sanitätsbeamtin, die sich in Zeiten schwerer Epidemien oft, ihr selbst unbewußt, in großer Pflichttreue hervorragend bewährt hat.
Noch wichtiger aber, weil ethisch von der höchsten Bedeutung ist die Teilnahme der Frau an der Sabbatheiligung.
Am Freitag abend, dem weihevollen Auftakt der Sabbatharmonie hat die Frau symbolisch die Lichter anzuzünden und darüber zu wachen, daß im jüdischen Hause 24 Stunden lang Mensch und Tier ruhe und aufatme und Sammlung und Kraft finde für die nächsten sechs Werktage.
Es ist längst als berechtigte Forderung der Frau aller Konfessionen ausgesprochen, daß für dic im schweren Broterwerb stehende Arbeiterin allgemein dieser Auftakt des Ruhetages zu verlangen sei, wie ihn das vom sozialen Geist durchdrungene jüdische Gesetz einsichtig und liebevoll vorsieht. Denn gerade für die dreifach schwierigen und dreifach verantwortungsvollen Leistungen der Frau als Hausfrau, Mutter und Erwerbende ist dieser Vorabend der Ruhe die Vorbedingung des vollen religiösen, physischen und auch ästhetischen Sabbatgenusses.
Nur ein Gebiet gibt es, auf dem sich die jüdische Frau innerhalb ihrer Gemeinde gleichartig und gleichwertig mit dem Manne betätigen kann, und das ist in der Erfüllung jenes Gebotes, das nach dem Ausspruch eines Weisen den Inhalt der jüdischen Religion bildet: »Liebe deinen Nächsten wie dich selbst«! Dieser altjüdische wundertätige Imperativ, dessen Fundament die zehn Gebote sind, gilt für Mann und Frau. Aber nicht nur gepredigt, praktisch geübt muß er werden.
Das Speisen der Hungrigen, die Pflege der Kranken, der Schutz der Verwaisten, die Ausstattung der Bräute, die Treue für die Toten – in all diesen Werken konnte und sollte sich die jüdische Frau von jeher in stets bereiter Opferfreudigkeit betätigen.
Freilich konnte sich diese Betätigung bei den Juden bis zu ihrer politischen Befreiung niemals zu festen Organisationen kristallisieren,

wie in den christlichen Gemeinschaften, die sich in Ruhe und Seßhaftigkeit entwickelten. Ansätze zu solchen finden sich nur in kleinen schwachen Gegenseitigkeitsvereinen für Krankenpflege und Totenbestattung, ab und zu auch in Handwerksinnungen. Aber die warme persönliche, individualisierte Liebestätigkeit, der zwar das planmäßig Geordnete fehlt, der aber eine bewundernswerte Tragfähigkeit innewohnt, gerade diese gedieh hinter den Ghettomauern in unerschöpflicher Kraft und wirkt bis auf den heutigen Tag.
Auch bevor die Juden bei beginnender Seßhaftigkeit es wagen durften, kleine Krankenhäuser zu bauen, kleine Stiftungen zu machen, blieb in ihren Gemeinden kein Kranker ungepflegt, kein Kind, dessen Vater auf der Landstraße vielleicht als vogelfrei erschlagen worden war, blieb ohne Annehmer, keine Frau, deren Mann durch die Folter zum Krüppel wurde, blieb ohne Hilfe, kein Mann, dessen Existenz durch einen grausamen Richterspruch vernichtet war, blieb im Elend von seinen Glaubensgenossen verlassen, immer traten sie schützend zusammen, Männer und Frauen.
Freilich auf die Stellung der Frau in der Gemeinde hatte auch die Erfüllung des Gebotes der Nächstenliebe keinen Einfluß, und so sehen wir bis in unsere Zeit den Unterschied zwischen Bedeutung und Stellung der Frau eher zu ihrem Nachteil verändert, denn durch die Verflachung des religiösen Lebens unter den Juden hat die jüdische Frau in ihrem Hause an Bedeutung verloren, ohne noch bisher im kommunalen Leben in gleichem Maße an Wichtigkeit und Stellung zu gewinnen.
Einerlei wo und von wann an wir die freiere und kräftigere Entwicklung von jüdischen Gemeinden beobachten, ob von der Französischen Revolution, ob nach dem Jahre 1848 oder später, immer und überall sehen wir die Kommunen lediglich von Männergremien verwaltet; nur bezüglich der Steuern war man schon früh großherzig genug, die selbständige Frau zu den Kultusabgaben heranziehen.
Der freie Luftstrom, der die alten Judengassen der deutschen Städte zu Beginn des vorigen Jahrhunderts durchwehte, brachte den jüdischen Frauen zwar bald größere Bildungsmöglichkeiten, die sie zum Teil eifrig ergriffen und mit feinem Verständnis ausnützten, aber Rechte im Sinne unserer heutigen Frauenforderungen wurden der

jüdischen Frau in ihrer Gemeinde bis zum heutigen Tage nicht eingeräumt.
Eigentümlicherweise geschah und geschieht es auch heute noch vielfach dort nicht, wo das für beide Geschlechter traditionell gleich geltende Gebot praktischer Liebestätigkeit der Frau den Weg in die selbständige soziale Hilfsarbeit frei eröffnen sollte.
Es gab zwar bald nach der Emanzipation der Juden in Deutschland jüdische Frauenvereine, die sich mit Kranken- und Wochenpflege beschäftigten. So gibt es einen Frauenverein in Kassel, der seit hundert Jahren wirksam ist, einen anderen in Köln, der im nächsten Jahre sein hundertjähriges Bestehen feiern wird, eine Frauenkrankenkasse in Frankfurt ist fast ebenso alt, ein Mädchenwaisenhaus daselbst besteht seit 65 Jahren, würdige Beweise, daß die deutsche Jüdin sich relativ früh in eine Organisation einzufügen und deren Wert zu schätzen wußte, wenn sie auch noch nicht den Mut fand, die Verwaltung und Vertretung ihres Vereins selbständig und ohne Männerhilfe zu führen. Aber seitens der Männer fanden derartige Bestrebungen wenig Verständnis und Förderung.
Die ganze große jüdische Philanthropie, jene bewunderungswürdige ethische Kraftäußerung der Judenschaft des 19. Jahrhunderts – ich gebrauche das Wort Philanthropie hier mit Bedacht, weil seinem Begriffe das demokratische Element fehlt – sie wurde seit ihrem Bestehen ohne Frauen geübt und geleitet und ist auch fast ausschließlich dem männlichen Teil der jüdischen Bevölkerung zugute gekommen. Die *Alliance Israelite Universelle*[1], *die großen Stiftungen des Baron Hirsch*[2] (sowohl das Schulwesen wie die Kolonisation betreffend), die weitverbreitete caritative *Verbindung der Logenbrüder* – sie haben sich von dem Geist moderner Sozialpolitik noch nicht erfassen lassen und schließen noch ängstlich die Frau von jeder Mitarbeit und Mitverantwortung aus. Ein kleiner Versuch des *Hilfsvereins der Deutschen Juden*[3], auf eine Mitarbeit der Frauen einzugehen, ist erst allerjüngsten Datums und noch unentschieden in seiner Tragweite.
Der *Zentralverein der Deutschen Staatsbürger jüdischen Glaubens*[4] hat mit der Wahl von zwei Frauen in Lokalvorstände einen bemerkenswerten Anfang zur Zusammenarbeit gemacht. Die jüngste der großen jüdischen Organisationen, die zionistische, die sich modernen

Entwicklungsformen assimiliert, räumt der Frau zwar »in ihrem Parlament Sitz und Stimme« ein, aber die Zentralstelle arbeitet ohne Frau, trotzdem es sich auch dort um volkserzieherische Probleme handelt.

Aber auch lokale Wohlfahrtseinrichtungen sehen wir in jüdischen Gemeinden noch vielfach ausschließlich von Männern geleitet, selbst Institutionen, die längst als weibliche Arbeitsgebiete anerkannt sind. Es gibt Gemeinden, deren Kindergarten, Krankenhaus, Volksküchen, Vereine zur Ausbildung von Krankenpflegerinnen, Erziehungsanstalten für Mädchen, ja sogar das ganze Armenwesen, noch in den Händen von Männern liegt, die sich der Frauen nur als Helferinnen ohne Verantwortung und ohne Sitz im Rate bedienen.

In wenigen Städten, z. B. in Berlin, Breslau, Hamburg sehen wir schon einige Frauen mit den Männern an dem berühmten grünen Tisch erscheinen, u. zw. wie zugegeben werden muß, zum künftigen Vorteil des jüdischen Gemeinschaftslebens.

Daß dieses »tempo ritardando« in dem Fortschritte der Frauen innerhalb des jüdischen Gemeinschaftslebens nur teils auf die orientalisch-religiöse Tradition und teils auf die wirtschaftliche Abhängigkeit der Frau vom Manne zurückzuführen ist und nicht auf ihre Unfähigkeit, soziale Pflichten zu erfüllen, sehen wir, wenn wir die Jüdin außerhalb ihrer jüdischen Gemeinschaft beobachten.

Die Geläufigkeit sozialen Denkens, die verständnisvolle Opferwilligkeit, die ihr durch Jahrtausende hindurch aus ihrer Väter Väter und Mütter Mütter Schulung, zur sittlichen Veranlagung geworden ist, macht sie auf dem Plane der großen allgemeinen Frauenarbeit zur wohlgelittenen Mitarbeiterin.

Hätte die jüdische Frau, ihrer Kraft und Fähigkeit entsprechend, rechtzeitig in der jüdischen Gemeinschaft Verwendung, Stellung und Wertung gefunden, wir hätten heute nicht wehmütig auf manche zu verzichten, der in ihrem berechtigten Wünsche nach Betätigung und nach Entfaltung ihrer Persönlichkeit das Band entglitten ist, das sie mit ihrer Stammesgemeinde verbindet, der Gemeinschaft, der sie nun verständnislos den Rücken wendet. Aber für die Majorität der jüdischen Frauen bringt die intensive Beschäftigung mit den Menschheitsaufgaben, die uns die Frauenbewegung als letztes und

alle Konfessionen einigendes Ziel bringt, so viel Charakterstärke und wahren Persönlichkeitsmut, daß auch die Frau innerhalb ihrer religiösen und Stammesgenossenschaft ihre hohen Aufgaben neu erkennen lernt und sie den Mut finden läßt, sich zu ihr zu bekennen.
So sehe ich zwischen den aufrechten Bekennerinnen der Frauen der drei Konfessionen einen Wechselstrom höchsten menschlichen Wollens, und wir Jüdinnen wollen den unsrigen der drei Ringe, der noch die alte Kraft bewährt »vor Gott und Menschen angenehm zu machen« in dieser Zuversicht vertrauensvoll bewahren.

Anmerkungen

1 *Alliance Israelite Universelle* (AIU): Die Organisation wurde infolge antisemitischer Ausschreitungen 1860 in Frankreich gegründet. Sie unterstützte insbesondere nach Palästina ausgewanderte JüdInnen und die sozial schwache jüdische Bevölkerung in Osteuropa.

2 Baron Hirsch (1831-1896): Der deutsch-jüdische Unternehmer und Philanthrop, förderte in Form von zahlreichen Stiftungen die Aktivitäten der *Alliance Israelite Universelle* sowie die Auswanderung russischer Juden und Jüdinnen.

3 Der antizionistische Verein wurde 1901 in Berlin gegründet, zur Verbesserung der finanziellen und kulturellen Lage der JüdInnen in Osteuropa sowie zur Einigung aller großen jüdischen Hilfsorganisationen. Ab 1930 verlagerte sich die Vereinstätigkeit auf die Unterstützung bei Auswanderungen.

4 Der 1893 in Berlin gegründete *Zentralverein der Deutschen Staatsbürger Jüdischen Glaubens* (auch C.V. –Verein genannt) repräsentierte das assimilierte bürgerlich-liberale Judentum Deutschlands. Im Versuch einer Vereinbarung von Judentum und Deutschtum lag sein Interesse in der Durchsetzung erreichter staatsbürgerlicher Rechte und gesellschaftlicher Gleichberechtigung.

Ursprünglich sollte dieser Beitrag Pappenheims als Tagespunkt 16, als Diskussion des von ihr entworfenen elfsprachigen internationalen Flugblattes auf dem V. Internationalen Kongress zur Bekämpfung des Mädchenhandels, der vom 30. Juni bis 4. Juli 1913 in London stattfand, präsentiert werden. Als Kongressthemen wurden unter anderem Fragen der weiblichen Kinderarbeit, der Prostitution, des Mädchenhandels in den Kolonien sowie wirtschaftliche und soziale Fragen der Auswanderung erörtert. Aus »technischen Gründen«, wie es hieß, wurde Pappenheims Beitrag allerdings ausgelassen. Zudem wurde argumentiert, die Entscheidung, das Flugblatt im Kampf gegen den Mädchenhandel einzusetzen, läge bei den einzelnen Nationalkomitees. Im Folgejahr veröffentlichte Pappenheim ihr Flugblatt in den Mitteilungen des Jüdischen Frauenbundes, *Nr. 1, 1914.*[1]

Entwurf eines internationalen Flugblattes (1913)

1. Männer und Frauen aller Nationen und Konfessionen müssen wissen, daß es einen Mädchenhandel gibt. Das ist eine erwerbsmäßige Ausnützung weiblicher Personen durch Anwerbung, Vermittlung und Überlassung zur Prostitution, entweder in polizeilich anerkannten Bordellen oder in anderen Häusern und Lokalen, die der bezahlten Unzucht dienen, wenn sie auch im »polizeitechnischen Sinne« nicht als öffentliche Häuser bezeichnet werden (Varietés, Cafés, Chantants, Bars, Hotels, Maisons de passe, Bäder etc.)

2. Männer und Frauen aller Nationen und Konfessionen müssen wissen, daß, um den ungeheueren Bedarf der Männer in den Bordellen und anderen Prostitutionsbetrieben an lebender Ware zu decken, tausende und abertausende mittelloser unwissender, leichtsinniger und leichtgläubiger Mädchen ständig durch List und Vorspiegelungen aller Art in Abhängigkeit von Kupplern, Mädchenhändlern (beiderlei Geschlechts) und Zuhältern geraten und mit allen Mitteln der Gewalt, durch Rohheit und

Verbrechen der moralischen und physischen Vernichtung preisgegeben werden.

3. Männer und Frauen aller Nationen und Konfessionen müssen wissen, daß Verelendung, Unwissenheit, mangelnder Erwerb, schlechte Lohn- und Wohnverhältnisse, gewisse Formen angeborenen Schwachsinns, durch keine religiöse und allgemeine Erziehung gehemmter sexueller Leichtsinn die Hauptursachen sind, die den Mädchenhändlern die Opfer in die Hände treiben.

4. Männer und Frauen aller Nationen müssen wissen, daß der Alkoholgenuß sowohl für die männlichen Konsumenten wie für die weibliche Ware das verheerendste Reizmittel ist.

5. Männer und Frauen aller Nationen und Konfessionen müssen wissen, daß es notwendig und möglich ist, jeder einzelnen Ursache des Mädchenhandels im sozialen Leben Gegenwirkungen zu bereiten: durch politische und sozialpolitische, durch administrative und gesetzgeberische Maßnahmen, durch das Wachrütteln des sozialen Gewissens, die Beeinflussung der öffentlichen Meinung, durch Verbreitung von allgemeiner Volksbildung, durch Aufklärung über die Verbreitung und Bedeutung der venerischen Krankheiten und deren verderbliche Folgen für den Einzelmenschen, die Familie und den Staat.

6. Männer und Frauen aller Nationen und Konfessionen müssen wissen, daß es großzügiger, weitausgreifender Maßnahmen bedarf, um Verbrecherbanden unschädlich zu machen, die unter Ausnützung menschlicher Schwächen und sozialer Unzulänglichkeiten, die das Gewerbe der Unzucht fördern, in der ganzen Welt ihr Unwesen treiben.
Hierher gehören: nachdrücklichstes Verlangen nach gesetzlichem Frauen-, Mädchen- und Kinderschutz, internationale, legislative und administrative Vereinbarungen in der Auffassung, Behandlung und Bestrafung der Mädchenhändler, sowie aller Vergehen, die mit demselben in Zusammenhang stehen. Anstellung von

Agenten zum Aufsuchen und Nachgehen der Mädchenhändler und Händlerinnen, Bahnhofshilfen, Einrichtung von Schutzhäusern, Arbeitsvermittlung, Auskunftsstellen, Verbreitung von aufklärenden und warnenden Schriften etc. etc.

7. Männer und Frauen aller Nationen und Konfessionen müssen wissen, daß es schon viele Organisationen gibt, die sich mit der Bekämpfung des Mädchenhandels befassen, daß ihnen aber noch die Macht und die Mittel fehlen, ihrer großen Aufgabe gerecht zu werden.

8. Männer und Frauen aller Nationen und Konfessionen müssen wissen, daß die Bekämpfung des Mädchenhandels eine religiöse, patriotische und im höchsten Sinne menschliche Pflicht ist, die ohne jede Sentimentalität betrachtet, die größte praktische Bedeutung hat.

9. Männer und Frauen aller Nationen und Konfessionen müssen wissen, daß der Mädchenhandel durch seine Förderung des Prostitutions-Unwesens und als Propaganda der doppelten Moral zur Verrohung der Sitten und zur Vergeudung der besten Volkskräfte führt.

10. Männer und Frauen aller Nationen und Konfessionen sollen hierdurch aufgefordert werden, jeder an seiner Stelle nach Maßgabe seiner Kräfte Fähigkeiten und Mittel, in ehrlichem Wollen und kräftigem zielbewußten Vorgehen die Schande der Geschlechtssklaverei und des Mädchenhandels bekämpfen zu helfen zur Ehre und zur Wohlfahrt der Menschheit!

Anmerkung

1 Pappenheim, 1992, 251

Der Weltkongress jüdischer Frauen, *der vom 6.-8. Mai 1923 in Wien abgehalten wurde, war vor allem auf Initiative amerikanischer Jüdinnen einberufen worden, die aufgrund der Pogrome der Nachkriegszeit mit Einwanderungsfragen jüdischer Frauen und Mädchen konfrontiert waren. Mit ihrer Rede am 7. Mai wandte sich Bertha Pappenheim an ein spezifisch weibliches Publikum und problematisierte erneut die sozialen Ursachen von Prostitution und Mädchenhandel, deren Lösung nicht auf nationaler Ebene realisierbar wäre. Ihre Forderungen konzentrierten sich auf eine konstante Förderung der Diskussion, auf den umfassenden Ausbau internationaler Schutzmaßnahmen für jüdische Mädchen sowie auf die Notwendigkeit der Einflussnahme auf die nationale und internationale Gesetzgebung.*[1] *Pappenheims Referat wurde im Tagungsband »World Congress of Jewish Women, Vienna, May 6-8th«, 30-33, veröffentlicht.*

Schutz der Frauen und Mädchen (1923)
Das Problem in allen Zeiten und Ländern.

Das Programm, das wir in die Hand bekommen haben, hat mir in bezug auf die Tagesordnung eine kleine Ueberraschung bereitet, da ich bei Vorbereitung des Programmes gebeten habe, über den Mädchenhandel sprechen zu dürfen. Dieses einfache Wort, das so schrecklich ist, hat sich durch die liebenswürdige Form, in die man es gekleidet hat, in das Thema »Schutz der Frauen und Mädchen, das Problem aller Zeiten und Länder« verwandelt. Wohl war es ein Problem aller Zeiten. Eine Konferenz wie die, an der wir teilnehmen, kann an diesem Problem nicht vorbeigehen. Ich möchte gleich betonen, dass wir, die wir die Frage auf dieser jüdischen Konferenz mit Ernst behandeln wollen, sie nicht erschöpfen können. Wir können keineswegs sagen, dass es sich um ein nur jüdisches Problem handelt. Wir müssen es ablehnen, es als ein speziell jüdisches anzusehen, aber bei geschlossenen Türen sage ich, dass es auch ein jüdisches ist. Zugleich möchte ich sagen, dass wir bis jetzt viel zu wenig getan haben, um diesem Problem in die Augen zu sehen. Ich möchte auch bitten, dass wir das Wort »Mädchenhandel« anders auffassen als gewöhnlich, als im polizeitechnischen Sinne. Sie werden durch Zeitungen erfahren, dass es keinen Mädchenhandel gibt, andererseits hört man, dass wir ihm alle Tage begegnen können, nur ist er nicht direkt nachweisbar. Der Mädchenhandel ist eine so komplizierte Form der Unterstützung unmoralischer Taten, unmoralischer Gesinnung, ja sogar der Unterstützung von Verbrechen, er ist eine solche Komplikation von Dingen in den einzelnen Menschen, dass wir gar keine absolut richtige Bezeichnung dafür finden können.

Es gibt keine Frau auf der Erde, die es nicht als eine ihrer wichtigsten Aufgaben empfinden wird, zu erreichen, dass die Hingabe des Körpers einer Frau aufhöre, als etwas Selbstverständliches zu gelten, und die nicht alles tun würde, um diese Hingabe eines Menschen für Geld zu verhindern oder zu vermindern. Wir können in die Materie nur dann eindringen, wenn wir ausser dem Begriff des Mädchenhandels auch noch den Begriff hinzufügen, der uns Frauen immer entgegengehalten wird, wenn es sich um Prostitution handelt, den Begriff der freiwilligen Hingabe; die Opfer, die wir als Opfer bezeichnen, seien freiwillig. Ich bitte Sie, diesen Begriff der Freiwilligkeit zu kontrollieren, ob diejenigen, die man der Freiwilligkeit auf diesem Wege zeiht, wissen, was das Ende ist, der Abschluss, die Folge ihrer Handlung. Wenn wir ihren Lebenslauf kennen, ihre Jugend, ihre Psyche, dann werden wir verstehen, was sie so weit brachte, Prostituierte zu werden, dann werden wir in vielen Fällen zugeben müssen, dass von einer Freiwilligkeit im Sinne eines freien Entschlusses nicht die Rede sein kann.

Die Mädchen sind leichtsinnig, arm, oft nicht imstande, irgend einen Beruf auszuüben, von zu Haus aus nicht dazu angehalten, sich in einen bestimmten Kreis hineinzufinden: sie haben nur das Streben, herauszukommen, vielleicht auch einen natürlichen Trieb, irgend jemandem anzugehören. Den ganzen Lebenslauf eines solchen unerfahrenen Mädchens können wir nicht übersehen. Und deswegen bitte ich Sie, sich klar zu machen, dass das Wort »Mädchenhandel« eigentlich nicht richtig ist. Handeln kann man mit einem Huhn oder mit Stiefeln. Es ist eben nicht ein Verkauf in dieser Form. Wir müssen uns fragen, welches sind die entsetzlichen Möglichkeiten, die junge Mädchen dem Dirnentum zuführen?

Ich möchte Sie bitten, sich darüber klar zu werden. Ohne Bordelle keine Prostituierten, ohne Bordelle kein Mädchenhandel. Ohne die Bekämpfung der Prostitution keine Bekämpfung des Mädchenhandels. Ich bitte Sie, mir nicht zu sagen, Prostitution gab es immer, und sie daher nicht bekämpfen zu wollen. Warum sagen Sie nicht dasselbe, wenn Ihnen eine Uhr gestohlen wurde, dass es ja auch Diebe immer gegeben hat: warum sie also verurteilen? Weshalb sagt man dann, Prostitution hätte es immer gegeben?
Die christliche Gesellschaft ist geneigt, zu sagen, dass der Mädchenhandel eine jüdische Erscheinung sei. Wir müssen das energisch zurückweisen. Wir hören die Westjuden oft sagen, dass der Mädchenhandel eine Sache des Ostens sei; bei uns gäbe es das nicht, es sei eben eine Sache des Ostens. Ich glaube, es gibt nichts, was nur einen Teil der Juden angeht und den anderen Teil nicht. Wir müssen die Dinge sehen, wie sie sind. Was ich heute sage, habe ich schon vor zwanzig Jahren gesagt. Nicht das ist traurig, dass ich es schon vor zwanzig Jahren gesagt habe, sondern dass ich es heute wieder sagen muss. Denn ein Mensch mag sagen, was er will; er mag es in die Welt hinausrufen, wenn es nicht gehört wird, wenn es niemand aufnimmt, dringt es trotzdem nicht weiter. Der Vorwurf, dass man ein und dasselbe immer wieder sagen muss, ist ein Vorwurf für die Westjuden, weil sie den Ostjuden nicht geholfen haben. Wenn wir nun das Wort »Mädchenhandel« beibehalten wollen, so möchte ich doch sagen, dass wir beim Mädchenhandel wie bei jedem anderen Handel drei Begriffe unterscheiden wollen: Händler, Ware und Konsument.
Wir Juden sollen, wo immer Juden beisammenwohnen, wo immer jüdische Menschen zusammentreten, den Wunsch haben, uns gegenseitig zu erziehen. Wir sollen aufpassen, ob nicht unerlaubte Dinge geschehen: die Schädlinge sollen vor das Forum der Gerechtigkeit gebracht werden, damit die Anständigen mit den Unanständigen nicht auf einen Haufen gekehrt werden. Wenn sich niemand findet, der es angibt, so machen wir uns zu Mitwissern und Helfern. Die Frauen sollen nicht ängstlich sein und fürchten, Ungehörigkeit aufzudecken, und jeden, der sie begeht, der Gerechtigkeit auszuliefern. Leute innerhalb unserer Gemeinschaft, die sich ungehörig benehmen, sollten von uns an den Pranger gestellt werden. Ich möchte den

Herren Rabbinern sagen, dass sie solche Menschen nicht zur Thora aufrufen; wir sollten unsere Kinder nicht in Familien hinein heiraten lassen, die in dieser Richtung ungesund sind – das ist unsere Pflicht und Schuldigkeit.

Sprechen wir von der Ware. Ware sind die Mädchen, die jungen Dinger; dass sie alt werden, teilen sie mit allen anderen: zuerst sind sie hübsch, dann vielleicht sehr bald garstig. Ohne aufgeklärt zu sein, vielleicht ihre Kenntnis nur aus Romanen schöpfend, treiben sie Verlockungen aller Art hinaus ins Leben. Sie gehen zuerst mit einem, und wenn sie der eine sitzen lässt, schämen sie sich und gehen mit einem anderen. Sie bekommen vielleicht ein Kind, und das sind noch die besseren unter ihnen. Ein Berg von Pflichten liegt vor uns; wir müssen unsere Augen und Ohren überall haben. Wir müssen aufpassen, wo die Schuld liegt. Wenn es junge Mädchen gibt, die für ein Paar Florstrümpfe oder für einen Kinobesuch ihr Leben verkaufen, so müssen wir anfangen, ihrem Leben neuen Inhalt zu geben. Wir müssen uns fragen: Ist es richtig, dass die Tochter der Besitzenden diese Dinge im Ueberfluss hat, sie zur Schau trägt und dadurch den Neid der Aermeren erregt? Kann das junge Mädchen nicht mit seinem Vater oder Schwager ins Kaffeehaus gehen, dann geht es eben mit einem anderen. Wir müssen es den Frauen der eigenen Familie erst klar machen, was Lebensfreude ist. Wir haben unser Leben so einzurichten, dass diejenigen, die nicht so gebildet sind und keine höheren Interessen haben nicht auf Schritt und Tritt den Wunsch empfinden, es auch so zu haben wie wir. Wie wir für die eigene Tochter sorgen, wie wir sie selbst zu schützen suchen, so müssen wir die Töchter anderer schützen.

Der Konsument im Mädchenhandel ist natürlich der Mann. Wenn der Mann nicht da wäre, der den Konsum wünscht, der ihn zu brauchen angibt, dann würde es sein wie mit aller anderen Ware auch: sie würde sitzen bleiben. Dasselbe Gesetz von Angebot und Nachfrage gilt auch hier wie auf allen anderen Gebieten des Handels. Es ist unsere Pflicht, unseren Söhnen und Männern und allen Männern mit denen wir zu tun haben, zu verstehen zu geben, dass sie vor jungen Menschen Respekt haben müssen und dass die Konsumenten zu boykottieren sind. Ich bin überzeugt, dass viele von Ihnen lachen

werden; es sind diejenigen, die sich eine gewissermaßen gewohnheitsmässige Frivolität der Auffassung über diese Dinge angeeignet haben. Sie müssen aber versuchen, sich von dieser Frivolität zu befreien. Wenn wir erst auf diesem Wege heruntergerutscht sind, herauf kommen wir nicht wieder so schnell. Wir sind hier zur praktischen Arbeit. Wir kämpfen für die gleiche Moral von Mann und Frau. Wir haben für Aufklärung in sittlicher Hinsicht zu sorgen, im Osten noch mehr als im Westen, wo dies durch die Zeitungen geschieht. Vor allem muss das erschlaffende Familienleben neu belebt werden.
Es gibt eine jüdische Sittlichkeit und diese haben die Juden der Welt gebracht. Diese Mission haben wir zu erfüllen; wenn wir aufstehen und wenn wir uns niederlegen, müssen wir daran denken; wir wollen die Sprache der ganzen Welt sprechen, uın allen Menschen diese Mission bringen zu können. Mit unserem ganzen Herzen, mit unserer ganzen Seele und mit unserem Vermögen. Wehe denen, deren Gewissen schläft!

Anmerkung

1 Pappenheim, 1992, 257f.

Wie bereits in ihrem Vortrag auf dem Weltkongress jüdischer Frauen im Jahr 1923 in Wien thematisieren die beiden folgenden Texte Pappenheims erneut Fragen des jüdischen Mädchenhandels und der Prostitution. Ihr Anliegen war es für diese Themen wieder öffentliches Interesse zu wecken, nicht zuletzt auch deshalb, als innerhalb der jüdischen Frauenbewegung zu diesem Zeitpunkt diese Fragen immer weniger Berücksichtigung fanden. Pappenheim knüpfte in ihren beiden Referaten erneut an die Bemühungen und die Diskussion vor dem Ersten Weltkrieg an und verwies auf die nach wie vor existente Dringlichkeit einer strukturell geregelten, internationalen jüdischen Zusammenarbeit. Deshalb publizierte sie im selben Jahr auch ihre Reiseeindrücke aus Osteuropa und dem Orient aus den Jahren 1911 und 1912, die ihre umfassende Kenntnis der Zusammenhänge des Mädchenhandels belegen.[1] Im Unterschied zur Vorkriegszeit zeichnete sich in der internationalen Diskussion jedoch eine Schwerpunktverlagerung von der Rettung junger Prostituierter auf den vorbeugenden Schutz in Form einer Gefährdetenfürsorge ab. Der folgende Text ist Bericht bzw. ein Gedächtnisprotokoll über Bertha Pappenheims Kongressteilnahme.

Bericht einer Sonderbesprechung jüdischer Delegierter am Weltkongress gegen Unsittlichkeit in Graz, 21. September 1924.

Anwesend:

Mr. Claude Montefiore[2], London.
Mr. S. Cohen[3], London.
Fräulein »Bertha Pappenheim, Frankfurt a. M.
Frau Henriette May[4], Berlin.
Frau Ludwika Sygelbory, Warschau.
Frau Silberminz, Warschau.
Frau Therese Wajchmann, Lodz.
Frau Hopfenblum, Warschau.
Fräulein Eisemann, Frankfurt a. M.

Mr. Cohen begrüßt die Anwesenden im Namen von Mr. Montefiore und gibt seiner Freude Ausdruck, daß hier Menschen versammelt sind, mit denen er schon lange und regelmäßig in gemeinsamer Arbeit verbunden ist. Er bittet dann Fräulein Pappenheim, auf deren Veranlassung man zusammengekommen war, das Wort zur Begrüßung der Zusammenkunft zu nehmen.

Fräulein Pappenheim sagt, sie habe sehr bedauert, daß wir Juden auf dem Kongreß nicht als Juden vertreten seien. Wir arbeiten zwar in den Nationalkomitees unserer Länder, ohne aber auf dem Kongreß als Vertreter jüdischer Stellen zu gelten. Trotzdem der ganze Kongreß weiß, welch´ starken Prozentsatz bei Händler, Ware und Konsumenten die Judenschaft stellt. Unser Wille zur Mitarbeit ist noch nie bewiesen worden. Die jüdischen Geistlichen beherrschen das Material weder nach der sozialen, hygienischen, noch nach der pädagogischen Seite. Keiner hat die stille Arbeit getan, hat die jahrzehnetlange Erfahrung hinter sich, wie viele evangelische und katholische Geistliche es durch soziale Fürsorge, Beobachtung und Seelsorge haben. Da wir keine geistliche Vertretung in der Arbeit haben und auch nicht so rasch haben können, müssen wir ein Organ schaffen, dessen Pflicht es ist, tüchtig zu werden und wachsam zu sein, um in der ganzen Welt sachkundig daran zu arbeiten, daß dieser Schandfleck am Judentum verschwinde. Diese kleine Versammlung soll ein Anfang dazu sein. Wir können gern zugeben, dass in einzelnen Orten lokale Mädchenschutzarbeit gut gemacht wird. Wir wissen, dass man sich in Lodz, Warschau, Berlin, Frankfurt, London, Triest und anderen Städten bemüht. Wir dürfen aber nicht damit zufrieden sein, denn Mädchenschutz ist noch keine Bekämpfung des Mädchenhandels. Die Zusammenarbeit, die gegenseitige Stärkung fehlt. Wo ist die Stelle, wo wir die allgemeinen Erfahrungen und Beobachtungen sammeln, sichten, prüfen und zusammenfassen? Die Auffindung von Händlern kann in vielen Fällen nur von den Juden selbst gemacht werden, und es muß die Gepflogenheit schwinden, dass man verdächtige Personen nicht zur Anzeige bringt. Bisher begnügte man sich damit, Händler von einem Ort auszuweisen, von Land zu Land ziehen zu lassen, wo sie ihr Unwesen natürlich weiter betreiben können. Wir haben über unsere Schande keine Literatur, keine vorgebildeten Lehrer, keine mit der Materie vertrauten geistlichen oder Sozialarbeiterinnen. Auch hier muß heilige Kleinarbeit einsetzen und uns das Recht verschaffen, in diesen Dingen öffentlich mitzureden. Wir müssen gemeinsame Richtlinien für die Arbeit aufstellen, und wir müssen uns für die Arbeit stark machen. Die Rednerin erinnerte noch an die Bordelle von Péra, deren Insassen zu 40 Prozent Jüdinnen sein sollen.

Anmerkungen von Silberminz, Mstr. Montefiore. Frau Wajchmann (…).

Fräulein Pappenheim meint vorerst, daß, wenn wir Juden nicht auf dem heutigen Kongreß gewesen wären, sicher der Ton ein anderer gewesen wäre. Auch das ist ein Beweis für die Notwendigkeit unserer Arbeit. Fräulein P. schlägt dann vor ein internationales jüdisches Komitee zur Bekämpfung des Mädchenhandels mit dem Sitz in London zu gründen.
Ein Komitee, das in Aktion zu treten hat, das nicht nur auf dem Papier steht. Bei der Weltkonferenz in Karlsbad ist nichts vom Mädchenhandel, nichts vom Kinderschutz gesagt. Trotzdem muß man an die Welthilfskonferenz wieder herantreten, obgleich Anträge, die der Jüdische Frauenbund an sie gerichtet hat, nicht beantwortet worden sind. Man muß aber alle Organe benutzen, die vorhanden sind. Ferner ist die Gewinnung von sachverständigen Aerzten, Frauen, Rabbinern für diese Arbeit in der ganzen Welt notwendig. Es ist eine Aufgabe der Juden in der Diaspora, die Missionare der alten jüdischen Ethik zu sein. Nach Gründung des internationalen jüdischen Komitees müsse dieses sich an den Völkerbund wenden.

Mr. Montefiore hält eine Zusammenkunft in London für wünschenswert, fürchtet aber zu geringe Beteiligung.

Fräulein Pappenheim meint, der Kongress könne auch in Warschau sein oder an anderer Stelle; es müssten aber nur die Leute kommen, die die Arbeit kennen, oder solche, die sie tun wollen. Die Arbeit selbst kann im Zusammenhang mit dem interkonfessionellen

Nationalkomitee der einzelnen Länder vor sich gehen. Die eigentliche Arbeit muß im Ursprungsland und ins Zielland gelegt werden. Sie fordert dann:

1. Ausarbeitung einer Schrift, die in dem Aufruf enden muß, dass in der Bekämpfung des Mädchenhandels eine soziale und ethische Pflicht zu erfüllen ist. Diese Schrift muß weiteste internationale Verbreitung auch bei kleinen Organisationen und Einzelpersonen finden und Fragen enthalten, wie sich die einzelnen Organisationen zu einer Mitarbeit stellen und was sie in ihren Ländern evtl. schon auf diesem Gebiete leisten.
2. Besprechung der Vertretung der Länder, dabei Ausschaltung jeden Streits über Richtungen im Judentum, wie Agudah[5], Zionismus, Misraelis usw.

Anmerkungen von Mr. Montefiore, Frau Ziegelberg (...).

Fräulein Pappenheim erinnert noch daran, dass der in Wien geplante »Weltbund jüdischer Frauen«[6] nicht zustande gekommen ist.

Anmerkung von Mr. Montefiore (...).

Mit allseitigem Einverständnis und der Hoffung, dass die Schrift der Anfang zur Begründung eines internationalen jüdischen Komitees zur Bekämpfung des Mädchenhandels sein möge, schließt die Sitzung.

Anmerkungen

1 Vgl. Pappenheim, 1992

2 Claude Montefiore (1858-1938), fortschrittlich jüdischer Philanthrop aus England. Präsident der *Anglo-Jewish-Association*, Präsident der *Jewish Historical Society of England.* Der Theologe vertrat ein aufgeklärtes liberales Judentum und trat als für die Verbesserung des jüdisch-christlichen Dialogs ein.

3 Samuel Cohen (1892-1969), religiöser Zionist aus England. Verheiratet mit

der Frauenrechtlerin Anita Müller-Cohen.

4 Henriette May (1862-1928): Die deutsche Lehrerin und Frauenrechtlerin engagierte sich in diversen jüdischen Wohlfahrtseinrichtungen und gehörte zu den Mitbegründerinnen des *Jüdischen Frauenbundes* und der *Zentralwohlfahrtstelle der deutschen Juden.*

5 Die Aguda (Agudath Israel) ist eine streng orthodoxe jüdische Bewegung, die 1912 im damals deutschen Kattowitz (Polen) gegründet wurde und einen politischen, nicht-religiösen Zionismus strikt ablehnte. Als Sprachrohr seiner Ideen diente ihr die Frankfurter Zeitschrift *Der Israelit.*

6 Tatsächlich wurde der antizionistische »Weltbund jüdischer Frauen« auf Initiative Pappenheims erst 1929 gegründet.

Zwischen 22. und 27. August 1924 wurde in Karlsbad die II. Jüdische Welthilfskonferenz in Karlsbad abgehalten. Bertha Pappenheim hat als deutsche Delegierte an dieser Tagung teilgenommen. Ihr Konferenzbeitrag wurde noch im selben Jahr in der ersten Ausgabe der ab 1924 erschienen Blätter des Jüdischen Frauenbundes, *1. Jg. Nr. 1, Oktober 1924, 2-4, abgedruckt.*

Bemerkungen zur 2. Jüdischen Welthilfskonferenz in Karlsbad (1924)

Vom 22. bis 27. August fand in Karlsbad die 2. Jüdische Welt-Hilfskonferenz statt. Der Jüdische Frauenbund war durch Fräulein Bertha Pappenheim, Frankfurt a. M., und Frau Vogelstein[1], Breslau, auf derselben vertreten. Wir sehen den Wert des nachfolgenden Berichtes nicht nur in der äußeren Wiedergabe der Verhandlungen des Kongresses, sondern vor allem in der kritischen Stellungnahme einer Frau, die die Tatsachen und Aufgaben aller Sentimentalität entkleidet – in voller Verantwortung sucht und sichtbar macht.

Ich fasse meine Pflicht der Berichterstattung als Delegiertes des jüdischen Frauenbundes zur 2. Welt-Hilfskonferenz in Karlsbad nicht so auf, dass ich, was die Zeitungen oder die gesammelten Bulletins über die Verhandlungen bringen, nochmals, wenn auch vielleicht etwas anders geordnet und beleuchtet wieder erzähle, sondern so, dass ich in Kürze von dem spreche, was die Zeitungsberichte nicht sagen, was aber meiner Ansicht nach zur Charakterisierung der Konferenz und zur Vervollständigung ihres Bildes gehört.
Dazu scheint es mir nötig, mit der Feststellung zu beginnen, was andere vielleicht längst wussten daß der Begriff, der Welt-Hilfe von den Initiatoren und den Trägern des Gedankens zwar dahin aufgefaßt wird, daß die Helfer – klar gesagt: die Geldgeber, aller Juden der Welt sein sollten, daß aber zunächst nur die ost-jüdischen Massen als die z. Zt. Fürsorgebedürftigsten der Judenheit für die Hilfe in Betracht kommen.
Zu dieser Verengung des Begriffes der Welt-Hilfe kommt noch die,

daß die Exekutive heute den ganzen Komplex von Fragen der Hilfe nur unter dem Gesichtspunkte jener russisch-jüdischen Volksteile begriffen wissen will die durch Katastrophen (Bolschewismus, Sowjet-Regierung, Pogrome mit ihren Folgen) aufgescheucht, gezwungen sind, sich außerhalb ihres Geburtslandes, das für Viele doch vielleicht mehr Heimat ist, als man zugeben will neue Wohn- und Lebensmöglichkeiten zu schaffen.

Mit dieser Einschränkung rückt natürlich das Problem der Emigration in den Mittelpunkt des Interesses der Konferenzleitung und alles Andere wird zu Teilfragen, die nur Bedeutung haben, sofern sie die Umstände sind, die die Wanderung zu hemmen oder zu fördern imstande sind, oder sowie sie der Propaganda, in deren Auswahl man weder zaghaft, noch feinfühlig noch geschmackvoll ist zur Ueberwindung der Gebemüdigkeit dienen könnten.

Pogrome in Wort und Bild, Mutterschutz und Kinderelend, teils sentimental teils grausig geschildert, sind die Mittel, mit denen Mitleid aufgepeitscht, die Zedakah von Privaten und Organisationen lebendig und flüssig gehalten werden soll.

Von Immigrationsländern kommt nach der Ansicht der Majorität der Anwesenden nur Palästina als moralisch anerkanntes und wünschenswertes Wanderziel in Betracht; andere Länder wie Argentinien, Buenos Aires, Mexiko, Kanada, nur als Surrogate und Notsiedelungen, über deren Berechtigung und Nichtberechtigung die Wogen der Diskussion hoch gingen. Wie eng oder wie weit die Welt-Hilfskonferenz ihre Ziele stecken mag, immer brauchen sie Geld, viel Geld, und ich bemerkte in der Feststellung dieser Tatsache eine rührende, vielleicht die einzige, Einmutigkeit, den Arewuth-Gedanken[2] der Konferenz, die auch in ihrer Gesamtheit gegenüber dem Woher von Mitteln wenig Bedenken zeigte und in der gleichen Bereitwilligkeit zur Annahme von Geld, alle kapitalistische Abneigung großzügig ausschaltete und neben stolzer Selbsthilfe unbedenklich Maaßer[3], Zedokoh[4] und Darlehen gelten ließ und sogar begrüßte unter der alles gefährdenden Tatsache, daß der Joint[5] und das Amerika-Relief-Comité ihre Geldsendungen eingestellt haben.

Als Sammelbecken und finanzielle Energiezentrale, deren moralische, ideelle und materielle Wirkungsmöglichkeit stark betont wurde, war von verschiedenen Rednern eine Volksbank beschrieben worden. Mein Laienverstand vermisste zwar die Abwesenheit und Zustimmung von Fachleuten, aber ich beruhigte mich damit, daß sich ja auch vorher in London die Bankiers schweigsam und zurückhaltend gezeigt hatten. Vielleicht verfügt die Welt-Hilfskonferenz auch über schweigsame, aber desto ergiebigere Bankleute – Luftschlösser stellt man doch nicht zur Diskussion – die den nötigen Kredit bereithalten.

Ganz besonders auffallend und praktisch bedeutsam ist, daß in dieser ganz aus der männlichen Psyche geborenen, ohne jedes Vorbild und ohne Erfahrung eingeleiteten Hilfsaktion, an Individuen anscheinend gar nicht gedacht wird. Menschenmassen sind aber keine Herden oder doch nur vorübergehend, und Juden sicher nur widerstrebend, und wenn man Luftmenschen produktivieren will, so ist das keine Organisations-, sondern eine Erziehungsfrage, ebenso wie Siedlungsfragen nicht suggestiv, sondern nur durch den erzogenen Willen und durch das geschulte Können der einzelne Menschen gefördert werden können.

Daß die jüdische Masse auch nicht homogen männlich, sondern mindestens zur Hälfte aus weiblichen Individuen besteht, die entsprechend ihrer Eigenart gepflegt und entwickelt kostbare, Männern unerreichbare Qualitätswerte produzieren können, beschäftigt anscheinend die Matadore der Hilfe nicht. Man spricht zwar in traditioneller Begeisterung von der Mutter und man verabscheut – theoretisch – die Prostitution, aber es fehlt der Blick für die Unzerreißbarkeit des biologischen, psychischen und ethischen Gewerbes, das Mann und Weib zum Leben in all seinen Phasen bindet, und die allein ruhige besonnene, gesunde Aufwärtsentwicklung gewährleistet.

Siedlung, einerlei wo, hängt nächst ihrem technischen, hauswirtschaftlichen, mütterlichen Können vor allem von der sittlichen Kraft nicht nur der Frau ab, sondern von der Durchtränkung mit den Idealen der jüdischen Lebensgesetze und der Ehrfurcht vor der Familie, bei Mann und Frau. Das ist in keinem der Referate angeklungen, auch bei dem für aufbauende Hilfe nicht.

Wenn ich bei gespannter Aufmerksamkeit richtig verstanden habe, dann tragen die Organisationen für Gesundheitsschutz,

für Wiederaufbau und Kinderhilfe die nächste und stärkste Verantwortung dafür, daß die Emigrationshilfe eine wohldurchdachte, planmäßige, auf mindestens 2 Generationen zugeschnittene Erziehungsarbeit sein müßte und kein Vorsehungsspielen auf kurze Frist.
Wenn ich ferner richtig verstanden habe, sind mehrere Appelle an Amerika und andere Länder gerichtet worden, die eine Minderung der Einwanderungsschwierigkeiten anstreben, aber ich meine, besser als Rachmones[6]-Akte wäre eine spartanische durchgeführte Erziehung, die die Ostjuden für die ganze Welt zu »desirable citizens« macht, nach dem Beispiel von Palästina, wo auch still die Politik gilt, »undesirables« schon in ihrem Ursprungsland zurückzuhalten. Es soll in Tel Awiw wenig (...) Luftmenschen geben, und in den Kolonien kann man sie erst recht nicht brauchen!
Die vielen Tausende von heimlosen und verwaisten Kindern, die in schaurigstem Sinne als wertvolles Erbe der Pogrom- und Kriegsopfer, Eigentum der gesamten Judenheit sein müßten, sollten eigentlich unter deren liebevoller Verantwortung heranwachsen. Sie waren gerade durch ihre, durch ein tragisches Schicksal veranlaßte, Losgerissenheit und Isoliertheit (frei von wohlmeinenden und doch oft eine gute Entwicklung hindernden verwandtschaftlichen Einflüssen) ein Menschenmaterial, das eine pädagogische Auslese, ein Born von Hoffnungen sein müßte.
Mit solchen hochgespannten Erwartungen, die infolge vieljähriger Erfahrung keineswegs überspannt waren, freute ich mich, auf der Tagesordnung »das Problem der Kinderhilfe« nach dem Tätigkeitsbericht an erster Stelle genannt zu finden. Aber:
Die Referate wurden als Ganzes abgesetzt, und um einzeln, vor leeren Bänken, als Lückenbüßer zugelassen. Demnach verklang Frau Melzers (Lemberg) wichtigstes Verlangen dem gesunden, normalen Kinde einen Teil der Aufmerksamkeit und Hilfe zuzuwenden, die für die defektiven Kinder verlangt wird, denn die körperlich und seelisch gesunden Kinder werden die verläßlichen Träger der Zukunft sein.
Die Kommission zur Kinderhilfe war bei der Bildung und Aufzählung der Kommissionen für die nächsten Arbeiten der Welt-Hilfskonferenz tatsächlich vergessen worden und nun auf Betreiben einer winzigen Frauengruppe im Saal wieder schwach belebt.

Kinderhilfe auf der 2. Welt-Hilfskonferenz ist eine (...) Fanfare, die in der Viertelstunde den Höhepunkt ihrer Unwahrhaftigkeit erreichte, als man die »Declaration de Genéve[7] (man kann auch allein »Declaration« sagen) hebräisch und auf Eselshaut geschrieben dem Vertreter des Roten Kreuzes, Mr. Guery aus Genf überreichte.

Die Kommission für Kinderhilfe ist also wieder gebildet. Sie hat sich ein sehr bescheidenes Programm untergelegt, und das Wort »Erziehung« ist nur mit 5 gegen 4 Stimmen nach starken Drängen meinerseits einmal zugelassen worden. Aus Angst vor religiösen und politischen Strömungen soll die Welt-Hilfskonferenz 21000 eingeschriebene Waisen in Polen und in der Ukraine, und 40000 registrierte Waisen in Russland zwar retten, aber nicht erziehen. Mein Antrag (in der Kommission) auf Einsetzung einer Welt-Sammelvormundschaft für alle verlassenen Kinder mit Einrichtung eines Katasters, sie in Evidenz zu halten, ist angenommen worden.

Ob diese Basis einer systematischen Kinderhilfe je Verwirklichung finden wird, ist mindestens ebenso Frage des Verständnisses wie eine Geldfrage.

Der Raum, in dem die Vollversammlungen der Welt-Hilfskonferenz zumeist stattfinden, war der Kursaal der Stadt Karlsbad, banal ausgestattet, aber von angenehmen Proportionen und ausreichender Akustik.

Exekutive und Permanenzausschuß hatten ihre Plätze auf der Bühne, auf der sich auch ein bemerkenswerter, nicht undramatischer Vorgang abspielte. Es handelt sich wie alle Zeitungen melden, um die alte Dame ICA, die, nicht immer sehr tugendreich, dennoch sehr umworben ist, weil sie jenen Charme hat, um den schon die Juden in der Wüste in Tanz-Extase gerieten. Der zur Zeit angeblich bevorzugte Liebhaber L. malte die Reize der Dame ICA in glühenden Farben, ein vor etwa 14 Jahren stark enttäuschter Günstling Ch. schrie ihn heftig an, ein Brief spielte, wie in allen Hintertreppengeschichten, eine große Rolle, kam aber nicht zur Kenntnis des Publikums und der Vorsitzende spielte in dieser Komödie keine sehr mutige Rolle, weil er nur beständig und vorsichtig versicherte, von nichts zu wissen und gewußt zu haben. Wichtig ist, daß das Wort »Chuzpe« für die Versammlung als unparlamentarisch zurückgewiesen wurde.

Ein Journalist, es sollen seines Zeichens 30 auf der Konferenz gewesen sein, den ich auf der Rückreise an der Bahnsperre in Eger traf, erzählte mir, daß zum Schlusse der letzten Tag- und Nachtsitzung des Permamenz-Ausschusses L. und Ch. sich noch versöhnt und geküßt hätten. Ich berichte das unter Vorbehalt weil ich G. s. D.[8] nicht dabei war.
Ferner spielten sich auf der Bühne Kämpfe zwischen den befeindeten Organisationen ab, denen ich als Uneingeweihte nicht ganz folgen konnte. (...)
Als Kongreß- und Umgangssprache galt Jiddisch, polnisch-jiddisch, russisch-jiddisch und englisch-jiddisch, hebräisch, russisch, tschechisch; französisch für die Vertreter von Genf und deutsch, wenn etwas gesagt wurde was Alle verstehen sollten, wie z. B. Motzkins großer Tätigkeitsbericht. Vom Standpunkte des Verständnisses und der genannten Verbreitung der Berichte wäre es besser gewesen, wenn sie in einer Weltsprache gegeben worden wären, aber die Leitung fand es jedenfalls aus inner-politischen Gründen vorteilhafter, dem Druck der Richtung mit Jiddisch entgegen zu kommen und schädigte dadurch die eindringliche Wirkung der Referate für eine große Oeffentlichkeit. Diejenigen, denen die Sprache voll verständlich und absolut geläufig ist, brauchen vom Referat nur die Verhältnisse kennenzulernen.
Mit der jiddischen Sprachen schnurrte die Welt-Hilfskonferenz zu einer jiddischen Versammlung zusammen.
Diese eigensinnige Sprachenpolitik, hie jiddisch, hie hebräisch, bringt die Juden um ihre bedeutsame Stellung als Welt-Dolmetscher, die ihnen wirtschaftlich und im literarischen und wissenschaftlichen Leben einen so großen Vorsprung vor den Anderen gegeben hatte.
Von hervorragenden Konferenzmitgliedern nenne ich die Russen Motzkin[9], Schloßberg[10], die beiden Brüder Dr. Z. Tiomkin[11] und Wladimir Tiomkin[12], Yellin[13] und Uschischkin[14], deren Ton und Formen in jedem Augenblick nicht nur die Ueberlegenheit und Reife des Alters, sondern vor allem universellen Bildung und feiner Kultur zeigten, ein geistiger Vorzug, den die nachwachsende Generation zu erwerben anscheinend weder Zeit noch Lust noch Verständnis hat.
Diese Männer, die wie viele russische Juden in ihrem Lande zur Zeit

der Zentralherrschaft politisch links standen, sind heute Emigranten und der Trotzki-Herrschaft gegenüber rechts gerückt!
Auch äußerlich betrachtet zeigen sie interessante Köpfe. Uschischkin und Yellin, sicher so sprachgewandt wie die anderen, sind Palästinenser geworden und sprechen prinzipiell nur hebräisch. Aus ihren Reden habe ich nur 3 Worte verstanden: Erez Jisroel, Awodah- und Ahawah[15]; das ist aber auch genügend, den Lebensinhalt dieser beiden bedeutenden Juden zu begreifen. Als eine interessante Gruppe auf der Konferenz erschienen mir die Sekretäre der verschiedenen Organisationen und ihre Delegaten: klug, beweglich, redegewandt, zielbewußt, schneidig, unbelastet mit Universal-Bildung und verfeinerter Kultur erschienen sie als neuer Typ von Intellektuellen, die ohne innere oder geistige Vorbereitung durch das Leben und seine unmittelbaren Notwendigkeiten an die Oberfläche gespült worden sind und sich nun zu behaupten trachten. Das wird ihnen sicher gelingen, trotzdem oder vielleicht, weil sie in ihren Mitteln nicht immer sympathisch sein mögen. Die Mehrzahl von ihnen lebt in Berlin. Ob Berlin eher auf sie oder sie mehr auf Berlin abfärben, kann man nicht entscheiden. Welche »Muttersprache« diese Männer wohl ihren Kindern geben werden, wenn sie es nicht mehr nötig haben, aus ihrer Sprachennot eine Tugend, d. h. eine Richtung zu machen?!
Amüsant waren noch 2 Chaluzim[16] (mit den Ton auf der 3. Silbe). Der eine mit einem Sperlingsprofil und flattrigen Bewegungen beklagte sich heftig, daß man seiner und seiner Kameraden Neschomoh[17] zu wenig Rechnung trägt, der andere anscheinend das Modell des palästinensischen Struwelpeters mit allen Attributen.
Zwei russische Frauen **(…)** glitten traurig und schattenhaft, ohne, wie sie erwartet hatten, zu Wort zu kommen, durch die Versammlung.
Von Frauendelegierten waren nur wenige, etwa 6, da: wortführend in dieser verschwindenden Minorität war Frau Anita Cohen-Müller[18], die allerdings im Ton nicht immer das traf, was wir Frauen von der einzigen Frauenvertreterin in einer jüdischen Welt-Hilfskonferenz verlangen müssen.
Hierbei kann ich befriedigt berichten, daß in dem neu gewählten 11 köpfigen Zentralrat der Welt-Hilfskonferenz der Jüdische Frauenbund auch einen Satz haben wird.

Von den deutschen Delegierten[19] nenne ich: Geheimrat Emendorfer, Dr. Ollendorff, Alfred Berger[20], Dr. Klee, Dr. Oskar Cohn, Dr. Segall[21] und einige Andere.
Wir Deutschen haben zu meinem Bedauern der Konferenz nichts Bedeutsames oder Spezifisches gebracht, weder als Juden noch als Deutsche. Auch wir konnten den beiden großen Gedanken der jüdischen Welt-Hilfskonferenz, die verheißungsvoll in die Zukunft weisen: Kinderhilfe und Weltverband für soziale Hilfe, weder Förderung noch echte Stärke bringen.
Der Gedanke einer jüdischen Welthilfe scheiterte an Reibereien, Machtfragen und Geldfragen, und blieb zerbröckelt in Organisationen, deren Anführer aus persönlicher Eitelkeit nicht »nur« Organe eines großen, umfassenden Ganzen sein wollten. Allerdings bliebe auch noch die Frage bestehen, wer der Führer und Leiter einer solchen Welthilfe sein könnte in Sachkenntnis und Weitblick, Takt, Mut und Klugheit, Energie und Wahrhaftigkeit.
Jedenfalls fehlte auf der 2. Welt-Hilfskonferenz in Karlsbad ein geistiges Fluidum, die sittliche Kraft Größtes zu wollen, zu gestalten und mit dem Atem des Leben zu füllen.
Noch eine Bemerkung über eine kleine Aeußerlichkeit: das Symbol der Würde des Vorsitzenden und das Instrument der Versammlung, Mahnungen zur Ruhe, Disziplin zu vermitteln, war keine Glocke, sondern, nach anglo-amerikanischem Gebrauch, ein Hammer. Und das war richtig, denn Vieles, das geredet wurde, gehört unter den Hammer und nicht an die große Glocke!

Anmerkungen

1 Frau Vogelstein war die Ehefrau des Breslauer Rabbiners Hermann Vogelstein, einer der führenden Vertreter des liberalen Judentums und engagierte sich in der jüdischen Wohlfahrt.

2 Gedanke der sozialen Verantwortlichkeit, nach welchem die Sünde des Einzelnen der Gesamtheit Israels, also jedem Einzelnen des Volkes zur Last fällt.

3 Vgl. Das M´aasse-Buch. Buch der Sagen und Legenden aus Talmud und Nidrasch, nebst Volkserzählungen in jüdisch-deutscher Sprache, Amsterdam

1723, bearbeitet und herausgegeben von Berta Pappenheim in Frankfurt/ Main 1929. Im Vorwort das Ma'assebuch schreibt sie: »In der Hand von Eltern, Erziehern und Lehrern können die ‚Allerlei Geschichten' eine Brücke zu dem erneuten Verständnis der Bedeutung überlieferten jüdischen Kultur- und Glaubensgutes werden.«

4 Zedokoh, hebr. Form des Gebens und Schenkens; nicht Almosen sondern Gerechtigkeit.

5 Das *Joint Distribution Committee* (JDC) oder *American Jewish Joint Distribution Committee*, kurz *Joint*, ist eine seit 1914 vor allem in Europa tätige Hilfsorganisation US-amerikanischer Juden für religiöse GlaubensgenossInnen. Der ursprüngliche Zweck der Organisation war die Unterstützung jüdischer Opfer des Ersten Weltkriegs.

6 Rachmones, hebr., Erbarmen, Mitleid.

7 Die Declaration de Genève sur les Droits de l`Enfant ist das erste historische Bekenntnis spezifischer Rechte und Bedürfnisse von Kindern sowie die erklärte Verpflichtung der Erwachsenen, diese zu bewahren.

8 Gott sei Dank.

9 Der in Russland geborene Mathematiker Leo Motzkin (1867-1933) studierte in Berlin und war ein führender Aktivist in der zionistischen Bewegung.

10 Herr Schlossberg: Angaben zu seiner Biografie konnten nicht gefunden werden.

11 Dr. Z. Tiomkin war führendes Mitglied der staatszionistischen Organisation »Vereinigte Revisionisten Deutschlands« (*Revisionist World Organisation*)

12 Vladimir Tiomkin (1861-1927), russischer Zionist. Gründer der *Ahavat Zion Gesellschaft* in St. Petersburg.

13 Yellin: Angaben zu seiner Biografie konnten nicht gefunden werden.

14 Der aus Weißrussland stammende Ingenieur und Politiker Menachem Ussishkin (1863-1941) begann sich aufgrund der Pogrome 1881 aktiv in der zionistischen Bewegung zu engagieren. Er widmete sich der hebräischen Erziehungsarbeit sowie der Beschaffung von finanziellen Unterstützungen. Er selbst wanderte 1919 nach Palästina aus.

15 Kibbutzarbeit und Liebe im Land Palästina.

16 Jugendliche, jüdische Pioniere in Palästina.

17 Neschomoh ist die westjüdische Bezeichnung für Seele.

18 Anita Cohen-Müller (1890-1962), Sozialarbeiterin und Politikerin. 1919 Mitglied des Wiener Gemeinderates, schuf sie 1926 ein jüdisches Zentrum mit

Rechtsberatung und Jugendclubs. 1936 ging sie nach Palästina und wurde führend in der zionistischen Frauenbewegung aktiv.

19 Aufgrund der Namenshäufigkeit sowie ungenügender Angaben, waren die genannten Personen nur zum Teil zu identifizieren.

20 Alfred Berger (1890 -1947) war wie sein Bruder Julius eine führende Persönlichkeit der zionistischen Weltorganisation. Er emigrierte 1933 nach Palästina.

21 Dr. Segall: Der Arzt und Sozialpolitiker Jacob Segall (1883-1959) leitete 1917-1929 die von Pappenheim mitbegründete Zentralwohlfahrtsstelle der Deutschen Juden, war in freier Praxis tätig und wanderte 1933 nach Palästina aus.

Die umfassende Dokumentation der Aufgabengebiete und Tätigkeiten im Heim des Jüdischen Frauenbundes in Neu-Isenburg über die Jahre 1914-1924 stellen eine nachträgliche Reflexion Pappenheims über die seit seiner Gründung 1907 veränderte pädagogische, kulturelle und wirtschaftliche Arbeitsweise des Heimes dar. In ihrem Rechenschaftsbericht für die Finanziers, den Interessensverband »Heim des Jüdischen Frauenbundes« und die »Heimkommission,«[1] erläuterte sie die Schwierigkeiten bei der Aufrechterhaltung des Heimbetriebs während des Ersten Weltkriegs sowie die Spuren, die dieser im Alltagsleben der Heimbewohnerinnen hinterlassen hatte. Ihr Bericht bietet einen Einblick in inhaltliche Schwerpunktverlagerungen, die Ausweitung der Aufgabengebiete und strukturelle Veränderungen der Einrichtung. Er zeigt, wie moderne zeitgenössische sozialpädagogische Konzeptionen ihren Niederschlag in der Erziehungs- und Fürsorgepraxis des Heimes fanden. Bertha Pappenheim verfasste ihren Tätigkeitsbericht in Neu-Isenburg, im Dezember 1925. Er wurde erstmals abgedruckt in: Pappenheim u.a., 1994, 58-77.

Aus der Arbeit des Heims des Jüdischen Frauenbundes in Isenburg 1914-1924 (1925)

Während der schweren Kriegsjahre und der nach allen Richtungen nicht weniger schweren Zeit der Nachkriegsjahre, hatte es die vom Vorstande des Jüdischen Frauenbundes in Frankfurt a.M. eingesetzte Kommission für das Erziehungsheim in Isenburg von Jahr zu Jahr hinausgezögert, einen richtigen und ausführlichen Arbeitsbericht zu geben.

Zwar waren verschiedene Gelegenheiten, wie Bundestagungen, Propagandaschriften, Auslandsbriefe und andere Stellen, an denen in Kürze von der Isenburger Arbeit erzählt wurde, aber eine umfassende Darstellung ihrer Entwicklung war es nirgend und so kam es, daß wir uns plötzlich vor die Aufgabe gestellt sehen, dem Jüdischen Frauenbund den die Erziehungsbestrebungen interessierten weiteren Kreisen, aber sicher nicht zuletzt uns selbst, seit 1914, also über ein Jahrzehnt des Lebens im Heim Rechenschaft zu geben.

Da in der Isenburger Heim-Arbeit auch durch den Wechsel der Zeiten außer mir als Vorsitzenden keine Zeugin der Gesamtentwicklung mehr da ist, habe ich es übernommen, im Zusammenhang mit dem Gründungsgedanken *Schutz den Schutzbedürftigen und Erziehung den Erziehungsbedürftigen,* den vorliegenden Bericht zu geben.
Es ist selbstverständlich, daß sich ein Zehnjahresbericht nach den verschiedensten Richtungen von einem Einjahresbericht unterscheiden muß.
Viele Einzelheiten treten heute in ihrer Augenblicksbedeutung zurück oder gewinnen eine andere, zum Teil erhöhte Bedeutung in dem Gesamtbilde, wie es die Distanz von zehn Jahren zeigt. Aber auch die Ausdeutung des Gesamtbildes und seiner wichtigsten Teile kann heute von größeren und weiteren Gesichtspunkten geschehen, da uns die Zeit aus Beobachtungen, Erfahrungen, Vergleichen und Gruppierungen Maßstäbe finden läßt, die innerhalb kurzfristiger Aufzeichnungen noch nicht aufzustellen waren. Man lernt eben in der täglichen Arbeit nicht nur für die Forderungen der Stunde, sondern der »Lehrstoff« wird größer und interessanter, wenn er sich von dem Hintergrunde einer längeren Zeitspanne ablöst, und man damit berechtigt – vielleicht sogar verpflichtet – wird, ihm berichtsmäßig einem weiteren Kreise darzubieten, als nicht gleichgültiges Nebenprodukt einer Spezialarbeit.
Ein wichtiges Moment für die »unbegrenzten Möglichkeiten« der Entwicklung unserer Arbeit, bildet das Verhältnis der Heimkommission zum Jüdischen Frauenbund nicht in dem Sinne, daß wir als einzige praktische Bundesarbeit durch die Bundesglieder eine besondere Förderung erhalten hätten, sondern dadurch, daß der J.F.B. der Behörde gegenüber die Juristische Person ist, Eigentümer des Vereinsvermögens, der Immobilien und Mobilien in Isenburg, und daß das Heim ohne eigene Statuten in seiner Arbeit uneingeschränkt – nach Alter , Herkunft, Art der Schutzbedürftigkeit – frei der individuellen, psychischen und physischen Not der weiblichen Jugendlichen und des Kindes jeden Alters begegnen kann.
Die Gründe für eine Aufnahme ins Heim können dadurch so vielfältig sein, wie das Leben selbst; als Gründe für die *Ablehnung* eines Aufnahmeantrages oder zu einer kurzfristigen Entlassung haben sich

in der Praxis herausgestellt: ansteckende Krankheiten, geistige und moralische Defekte, die das Gemeinschaftsleben stören oder verderben, Unerziehbarkeit und bei Schulentlassenen eine ausgesprochene heftige Auflehnung gegen die Aufnahme in das Heim, die sich nicht durch gütlichen Zuspruch überwinden läßt. Falsche Versprechungen und unwahre Angaben über den Charakter des Heims, als eine geschlossene Haushalts- und Arbeitsschule haben sich immer gerächt!
Selten hat in dringenden Fällen das Fehlen einer Sicherheit für Pflegegeld zu einer Ablehnung der Aufnahme geführt. Jedoch ist die Beobachtung unerfreulich wie wenig bereit noch die jüdischen Fürsorgestellen waren und vielfach noch sind, rechtzeitig und ausgiebig *moralische Prophylaxe* zu betreiben. Besonders für die uneheliche Mutter und ihr Kind zu sorgen, bleibt nur allzu oft dem Belieben und der Auffassung von Personen überlassen, die *kein Verständnis für die Erfordernisse der Zeit* und darum für Sozialpolitik und praktische Bevölkerungspolitik wenig – vor Allem *kein Geld* übrig haben.
Um dem Bericht die nötige Perspektive nach rückwärts zu geben, sei hier mit einem Wort darauf hingewiesen, daß es im Jahre 1907 durch eine großzügige *Schenkung der Frau Louise Goldschmidt,* Frankfurt a.M., ermöglicht worden war, weibliche Jugendliche, denen die Sicherheit rechtschaffener Lebensführung verloren gegangen war, im Heim des J.F.B. in Isenburg in eine gesunde Häuslichkeit zu verpflanzen. Die ersten Berichte über die Entwicklung dieser Bestrebungen finden sich in den Jahresberichten des Vereins Weibliche Fürsorge Frankfurt a.M., aus dessen Tätigkeit der Heimgedanke logisch und wurzelhaft hervorwuchs.
Als besonderes Glück in der Entwicklung kann die Chronik von Isenburg verzeichnen, daß ein *zweites Haus* auf demselben Gelände, das *Haus II«,* noch *kurz vor Kriegsausbruch* im April 1914 eröffnet werden konnte.
Die *Fürsorge für junge Mütter mit ihren Säuglingen* war in immer häufigeren Fällen notwendig geworden. Die *Schwangeren* und stillenden Mütter konnten um der Schonung ihres körperlichen und psychischen Zustandes willen nicht zwischen die frei und stramm zu beschäftigenden Jugendlichen eingeordnet werden, und so entstand dieses Haus, dessen neutrale Bezeichnung (wie die aller Häuser) nur

in seiner baulichen Anlage, aber nicht durch den Namen den Zweck der Aufnahme von Frauen, Säuglingen und Kleinkindern verrät.
Kaum fertig, erwies sich das Haus II als *zu klein*, wie alle unsere Häuser, woraus sich der günstige Übelstand ergab, daß eine beschränkte Betten- und Körbchenzahl eine Ausdehnung der Belegschaft unmöglich machte, die den Charakter unserer Gemeinschaft als *große Familie* beeinträchtigen würde. Leider fiel der starken Inanspruchnahme der Räume doch sehr bald ein Tagraum, ein Badezimmer wurde Isolierzelle – kurz Fügen und Bescheiden überall, bis auf den heutigen Tag, trotzdem er nur Geldmangel ist, die meist gerügten Mängel gerade dieses Hauses zu verbessern, ohne seinen intimen Charakter zu verändern.
Während des Krieges häuften sich zwischen den vielen Anmeldungen die Fälle *fürsorgebedürftiger Schulkinder*, eine Erscheinung, die mit den Zeitverhältnissen in begreiflichem Zusammenhange stand und die uns dazu drängte, ein weiteres kleines Haus, unserer ersten Siedlung eng benachbart, zu erwerben und wir konnten mit dem »Haus III« erreichen, daß *verschiedene Altersklassen* von Kindern sich nähern konnten und eine Erweiterung der Tagesinteressen in das Leben der Zöglinge kam.
Und endlich noch »Haus IV«, ein Geschenk (mit der Auflage etwas Wohnraum zu reservieren) das zuerst nur der *Freizeit der Beamtinnen* und als Schlafraum *für Schülerinnen* bestimmt war, das aber in allerjüngster Zeit teilweise der Notwendigkeit einer Isolier- und Krankenstation dienstbar gemacht werden mußte, wodurch allein die Aufnahme von Schülerinnen fast unmöglich wird.
Dieses organische Größerwerden des Heims, das, was die Belegschaft betrifft, aus erzieherischen Gründen seine Grenze erreicht haben soll, schreibt sich so leicht hin, hört sich als Faktum recht einfach an. Nicht so war es in den Zeiten des Wachstums selbst. Viel Denken und Beobachten, Sorgen, Disponieren und – *Kämpfen* – mit Freund und Feind galt es in jeder Etappe der Entwicklung der kleinen Organisation, die nun nach fast zwanzig Jahren anscheinend so selbstverständlich viergliedrig auf einem Morgen Land aufgebaut, eine freundlichen harmonischen Eindruck macht.
Wenn ich heute an jene Zeit der Kämpfe zurückdenke, so habe ich

ganz lebhaft die Überzeugung, daß es sich bei allem gelegentlichen Aufeinanderplatzen der Geister doch nicht um persönliche Fehden, nicht um Macht – und Kompetenzfragen handelte, sondern es war – wenn auch nicht allen Beteiligten bewußt – *ein Kampf der Ideen.*
Der alte überlieferte Typ, der »Anstalt« mit seinen mittelalterlichen, von der katholischen Caritas und der Diakonie hergeleiteten Formen, sollte, an dem Gesichtspunkt der jüdischen Weltanschauung festhaltend, freier und lebensfroh verändert werden.
Das Heim des J.F.B. sollte *keine »Anstalt für Fürsorgezöglinge im Sinne des Gesetzes«* sein, kein steinernes Denkmal einer Stiftung mit Aufschriften, Votivtafeln, Korridoren, Schlaf- und Eßsälen, einer Elementarschule, mit Karzer und Zellen und einer dominierenden Direktorsfamilie, sondern, wenn auch immer Surrogat der einzig wünschenswerten guten Familienerziehung, ein Heim. *Eine Heimat* sollte es werden, für jene schutz- und erziehungsbedürftigen Kinder und Jugendlichen, denen der moralische Lebensodem auszugehen droht – sei es infolge ihrer psycho-physischen Veranlagung, sei es durch die äußeren Verhältnisse gedrosselt. Also Kämpfe: zuerst um Haus I. Die Einrichtung sollte primitiv sein, d.h. durchwegs und bei aller Zweckmäßigkeit doch so gemütlich und einfach, wie man es in jener längst vergangenen Zeit unter dem inzwischen verlorenen Begriff des kleinbürgerlichen Haushaltes verstand. Darum: *keine Heißwasserversorgung, keine Zentralheizung,* kein fließendes Wasser in einem allgemeinen Waschraum, dagegen als unumstößliche Vorschrift *für alle Hausbewohner gemeinsame Mahlzeiten,* und selbstverständliches *Zusammenleben bei Arbeit* und Ferien, Sabbath und Festtagen.
Dann für Haus II: »Es gibt in der jüdischen Gemeinschaft keine entgleisten Elemente« hieß es damals, und sich mit »solchen Personen« beschäftigen, sie nicht ignorieren, ihnen sogar menschlich freundlich begegnen, kommt einer »Sanktion, einer Förderung des Lasters gleich«.
»Man« konnte sich nicht genug tun, in frivolen abfälligen Bemerkungen dem Frauenwollen gegenüber, Lebensprobleme aufzugreifen, an denen auch die Juden, wenn sie nicht absichtlich blind und taub sein wollten, nicht länger unbewegt vorüber gehen durften.

Bezeichnend ist, daß sonst kluge und gütige Frauen, als die sozialen Tatsachen zur Errichtung des Hauses II drängten, sich in ihren moralischen und religiösen Gefühlen verletzt fühlten und sich von der Mitarbeit zurückzogen, weil die uneheliche Mutter, das vaterlose Kind, die »sexuell nicht mehr einwandfreien Personen« für sie Parias, Unberührbare, waren!

Und als die Altersgrenze der Schutz- und Erziehungsbedürftigkeit bemerkenswert sank, als man an aktiven jüdischen Fürsorgestellen immer öfter Fälle von psychischer Kindernot beobachtete und sich damit in Isenburg die Zuweisung von schulpflichtigen Kindern mehrte, begann der Kampf um den Schulbesuch der Kinder.

Man glaubte, wie an anderen Stellen, eine Schule im Hause einrichten zu müssen und es kostete viel Mühe und Rede um durchzusetzen, daß, da es sich nicht um schwer defektive Kinder handelte (die ja gar nicht nach Isenburg gehören) der richtige Besuch einer staatlichen Schule mit ihren strammen Anforderungen an Einordnung und Disziplin, in dem sicher gestellten Klassenziel durch den *autoritativen Einfluß des Lehrerkollegiums* und der Schulbehörde einen unschätzbaren Einfluß auf die oft auch nach dieser Richtung verwilderten Kinder bedeutet.

Heute wird auch die seither obligatorisch gewordene *Fortbildungsschule* von den schulentlassenen Mädchen regelmäßig und sehr gern besucht, soweit es sich nicht um vereinzelte Fälle handelt, die nach Bericht und auf Antrag der Heimleitung von dem Besuch der Fortbildungsschule befreit werden.

Das Verhältnis des Heims zu den Isenburger Schulen und die *Zusammenarbeit mit der Schulbehörde und dem Lehrerkollegium ist eine vorzügliche* und es muß an dieser Stelle mit großem Dank darauf hingewiesen werden, daß ein gut Teil unseres Erziehungserfolges der verständnisvollen Haltung der Isenburger Lehrer und Lehrerinnen zuzuschreiben ist.

Es sind in Isenburg 3 jüdische Lehrkräfte an den öffentlichen Schulen angestellt, was wohl mit darauf zurückzuführen ist, daß vom Heim immer etwa 25 Kinder die Schulen besuchen.

Um dem Hintergrund des folgenden Berichtes noch eine wichtige Durchsicht nicht vorzuenthalten, sei noch festgestellt, welche

Schwierigkeiten in der ersten Zeit *die Frage der Entbindungen* für das Heim brachten. Da mußten wir die Hilfe einer Ortshebamme in Anspruch nehmen: außerhäuslich für den Akt selbst und für zehn Tage danach. Dieser Zustand und die damit verbundenen Aufregungen und Mühen liegen legendenhaft weit zurück und das Heim steht nun in geregelter Verbindung mit *dem jüdischen und dem städtischen Krankenhaus in Frankfurt a.M. und dem Frankfurter Mutterschutz,* das, sowie das Isenburger Krankenauto, das seit allerjüngster Zeit Tag und Nacht zur Verfügung steht, läßt heute alle Ängste und Bedenken, die während der Kriegs- und Nachkriegszeit aufreibend gewachsen waren, versinken und vergessen. Um so wichtiger ist es bei der Darstellung der historischen Entwicklung des Heims auch dieses Zustandes als glücklich überwunden zu gedenken.

Bevor wir aber in die angefügte Zehnjahresstatistik hineinleuchten, scheint es mir gut, auf gewisse Erfahrungen einzugehen, deren Ineinandergreifen manches geformt hat, was sich allmählich zu Prinzipien des Heims entwickelte. Es sind das nicht ausgedachte Formen, die ein angewandtes System darstellen, sondern es sind praktische Erfahrungen auf organisatorischem, pflegerischem und erzieherischem Gebiet, die keiner anderen Absicht dienen, als der, ein natürlich behagliches, gesundes, im jüdischen Sinn betontes, liebevoll aufgebautes Gemeinleben Wirklichkeit werden zu lassen.

Ich meine aber, daß, wer sich ernsthaft für die Ausgestaltung einer pädagogischen Idee interessiert, nicht damit zufrieden sein kann, nur Zahlen und ihre Ausdeutung, über die äußere Entwicklung entgegenzunehmen, ohne eine Mitteilung darüber, was die Arbeit selbst uns im Laufe der Zeit *gelehrt* hat. Wir wissen zwar recht gut, daß es keine unabänderlichen Normen sind, denn ohne daß grundlegende religiöse und ethische Forderungen aufgegeben werden dürfen, werden manche Lehren, die wir heute aus der Isenburger Arbeit abstrahieren, der Praxis späterer Zeitläufe in sozialer Feinhörigkeit neu angepaßt werden, ebenso wie wir heute als Fortschritt registrieren, was geistige Bewegungen an Veränderungen der pädagogischen Bedürfnisse früherer Jahrzehnte brachte.

Erziehungsarbeit ist ja auch die Kunst, Kinder und Jugendliche in das fließende Leben mit seinen veränderlichen Erscheinungsformen und

Anforderungen durch eine vergeistigte und reine Atmosphäre kräftig und froh eintreten zu lassen.

In diesem Sinne des Lernens aus der Praxis für eine flexible Theorie fällt in den Umriß des vorliegenden Berichtes auch manches, was leicht als »nur« organisatorischer und technischer Behelf nicht genügend beachtet wird.

Dieses Nur-technische hat sich im Laufe der Jahre zu einem sehr wichtigen Teil der Arbeit entwickelt. Während in den Anfängen derselben die schriftlichen Arbeiten im Hause und unter der alleinigen Verantwortung der ehrenamtlichen Schriftführerin geschehen konnte, haben wir seit 1915 *eine Geschäftsstelle* (Frankfurt a.M., Langestraße 30), wo die ganze Korrespondenz und die Aktenführung von einer beamteten Kraft besorgt wird.

Gerade bei einer Arbeit wie die für Isenburg, wo es nach jeder Richtung auf Persönliches und ganz fein Differenziertes in der Auffassung ankommt, wo für Aufnahme, Ablehnung oder Entlassung *das Publikum* mit dem zu verhandeln ist, *auf ihm ganz neue* und oft recht *unbequeme Gedankengänge* gebracht werden muß, sind die Briefe und das Sitzungsprotokoll besonders wichtig. Sie dürfen nicht schematisch und ungenau abgefaßt werden. Auch die Aktenführung für die einzelnen Fälle und die *Biographien der nachgehenden Fürsorge* müssen im Laufe der Jahre wertvolles Material über Leben und Schicksal ehemaliger Pfleglinge geben. Leider fehlt die Zeit gerade diesen Zweig der Erkenntnisse so zu pflegen (durch laufende Vermerke von Einzelheiten aller Art, psychologische Beobachtungen, wichtige Wahrnehmungen) wie es seiner Bedeutung zukommt, so daß ich dafür eine *fleißige, verständnisvolle Spezialistin* wünschen würde – vielleicht zum Zwecke einer *Doktorarbeit* – bevor die interessanten Einzelheiten aus dem vielköpfigen Kommissionsgedächnis verschwunden sind.

Auf derselben Linie der technischen Erfahrungen steht auch der Komplex der *Kassenführung*, der sowohl was die Verwaltung der Gelder als was die Wirtschaftsführung und die Kostenberechnung für den einzelnen Zögling betrifft, ein ganz schwieriger ist.

Auch hier hat es, was nicht verschwiegen werden soll, »einen Kampf für deine Idee« gegeben. Es hat nämlich anfangs immer geheißen, es müsse ein Mann in der Verwaltung sein; 1. um sie zu stützen, 2. um sie zu repräsentieren, am besten geschähe das in der Kassenführung. Hier haben wir u.a. auch gelernt: daß sich keiner bereit gefunden hätte, für Isenburg ehrenamtlich diese komplizierte und durch Details so verwirrende und zeitraubende Arbeit zu übernehmen und durchzuführen.

Wichtig war auch der erbrachte *Beweis, daß Frauen* – allerdings auserlesen tüchtige – *Vereinsfinanzen zu verwalten im Stande sind.*

Was sonst technisch in diesem Kassenlabyrinth von Anlagefragen, amerikanischer Buchführung und fortwährender Pflegegeldberechnung während der Kriegs-, Inflationszeit und nachher zu tun und zu lernen war, das darzustellen reicht die Fähigkeit der Berichterstatterin nicht.

Aber als wichtigste Beobachtung aus diesem Spezialgebiet der Heimarbeit in Isenburg möchte ich generell feststellen, daß die *Buchführung, die Rechnungsführung,* Mitgliederlisten, Listen von Geldgeschenken, Inkasso, Quittungen usw. absolut *getrennt vom Anstaltsbetrieb gehalten werden muß. Leiter und Leiterinnen* einer Anstalt dürfen außer dem einfachen Wirtschaftsbuch, Tagesrechnungen und der Tagesstatistik *mit keiner Außen- oder Büroarbeit belastet werden.* Abgesehen davon, daß wirtschaftliche, rechnerische und pädagogische Fähigkeiten nur selten in einer Person vereint sind, und daß der Außendienst mit Innendienst schlecht vereinbar ist – wenn man hechelt, kann man nicht spinnen – liegt es im höchsten Interesse des Lebens und Gedeihens einer Anstalt, daß die *Ämter der Kuratoren lebendige verantwortliche Pflichten* darstellen, die nicht nach Lust und Bequemlichkeit liegen zu lassen sind oder auf einen beamteten Funktionär abgewimmelt werden können. Die Zuwahl in die Vorstandsschaft geschehe nicht nach der Prominenz von Persönlichkeiten, sondern nach der Bereitschaft eines Menschen einem Erziehungswerk um seines Zieles willen mit seinem ganzen Herzen mit seiner ganzen Seele und allem, was er vermag, zu dienen. *Keine Ehrendamen und untätige Männer im Vorstand!*

Auch die *Propagandatätigkeit,* die Wege Geld zu schaffen sind *in ihrer Form nicht gleichgültig.* Es darf nicht heißen, daß der Zweck die Mittel heiligt; es zerreißt die Harmonie des Wollens, wenn man einerseits auf die niederen Instinkte der Menschen spekulierend eingeht, um andererseits die Schäden zu heilen, die dieselben niederen Instinkte an anderen Stellen schmerzlich erzeugt haben. Es ist doch recht widersinnig, daß einige Leute an einem Abend Champagner trinken müssen, damit man dem rachitischen Nachwuchs Lebertran einlöffeln kann.

Zu dem lehrreichen und vielumfassenden Begriff der Technik des Vereinslebens – speziell von der Isenburger Arbeit aus betrachtet und darum sicher auch in den Umriß dieses Berichtes fallend – gehört, *den Weg aufzuzeichnen, wie Anmeldungen zur Aufnahme* ins Heim geschehen und was dabei zu lernen war.

Aufnahmegesuche von Fürsorgestellen, Organisationen, Gemeinden oder privaten Stellen liegen den Wochensitzungen der Heimkommission des Jüdischen Frauenbundes in Frankfurt a.M. vor. Die Entscheidung erfolgt auf *Prüfung ausgesandter Fragebogen. In Eilfällen* genügt kurzerhand eine Verständigung von 3-4 Kommissionsmitgliedern.

Die Form des heutigen Fragebogens ist nicht seine erste: wir sind in unseren Fragen nach jeder Richtung deutlicher, eingehender, vorsichtiger geworden. Dem *allgemeinen Fragebogen* hat sich ein *ärztlicher* zugesellt und doch, wenn uns die beiden in der Sitzung vorliegen, finden wir sie in vielen Fällen recht ungenügend ausgefüllt und oft unliebsamen Überraschungen Raum gebend.

Wir erleben, daß unsere Fragen, die alle wohl eine überlegte Bedeutung haben, *ungenügend* oder gar nicht, *oberflächlich* vielleicht sogar *irreführend* beantwortet werden. Besonders über den geistigen Zustand mancher Kinder, über die Art ihrer Schwächen wird ungenügend berichtet. Hier scheint mir auch ein Wort hierüber am Platze, daß mit den Beziehungen *nervös* und *psychopatisch* oft Mißbrauch getrieben wird.

Was man nur *schwer erziehen* kann, sieht man als psychopatisch an, was in gewissem Sinne sehr bequem ist.

Es gibt natürlich auch echte Psychopaten, aber sicher viel weniger als so bezeichnet wird. Viele Kinder und Jugendliche, die unter dieser Marke präsentiert werden (ich glaube, daß die Kinder reicher Leute lieber nervös, die anderen leichter psychopatisch bezeichnet werden),

sind bedauernswerte Erziehungskrüppel, im zweiten und dritten Geschlecht mit Unvernunft belastet.
Das gibt lehrreiche Ausblicke durch die Wände des Heims hinaus in die Lande und in die Familien. Eine besonders wertvolle Leistung von Isenburg besteht darin, den Familien von echten Psychopaten und wirklichen Schwachsinnigen zu Erkenntnis der geistigen Verfassung dieser Bedauernswerten zu verhelfen und damit zu einer gerechteren Beurteilung ihrer Geistigkeit. Für solche Fälle darf Isenburg nur *ganz kurz* Durchgangsstation bis zur Beobachtung und Einweisung resp. Pflege in solchen Bewahrungsstellen sein, die der speziellen Not des Einzelnen angepaßt sind. In für Isenburg unsicheren Fällen beschließen wir probeweise Aufnahme. Auch das haben wir im letzten Jahrzehnt zu lernen wiederholt Gelegenheit gehabt.
Was nun den Charakter des Isenburger Heims als Erziehungsheim und Schutzaufenthalt für Jugendliche betrifft, wird er vielfach nicht beachtet und wenn wir uns in den Sitzungen durch bewegliche Briefe unsicher machen ließen, hätten die *aussichtslosen Dauerfälle* im Alter von 28-60 Jahren jede aussichtsreiche Erziehungsarbeit verdrängt.
Sehen wir nun einerseits bei Anträgen auf Aufnahme unseren Fragebogen von draußen ungenügend beachtet und in der Bedeutung der Frage nicht verstanden, so haben wir bezüglich der Entlassung oft ebenso wenig Verständnis und sehr große Schwierigkeiten zu verzeichnen.
Wer in der Statistik die Zahl der zur Entlassung gediehenen Mädchen in Erwägung zieht, wird leicht einsehen, daß es der Heim-Kommission *nicht möglich wird,* für all diese Anwärterinnen *von Isenburg aus Stellen zu finden* und sie fürsorgerisch im Auge zu behalten. Aber gerade das wird von den einweisenden Stellen verlangt, die meinen, mit der Zuweisung an das Heim dauernd jeder Verantwortung ledig zu sein. Man will nicht begreifen, daß es 1. Grenzen der Erziehbarkeit gibt, 2. daß das Heim in Isenburg die Pflicht hat, sich in gewissen Zeitabständen neuen Erziehungsfällen zu widmen, daß also wieder neue Plätze frei werden müssen und 3. endlich, daß die *Berufsunterbringung* nicht nur der Zahl und rein technisch *nicht vor der Heim-Kommission gewährleistet werden kann*, sondern auch, daß die

Anhäufung von schwierigen Personen oft mit Kindern in Frankfurt a.M. und Umgebung behördlicherseits bald beanstandet würde.
Der politischen Behörde Isenburg gegenüber ist das Heim Bewahrungsanstalt und kein Zögling erwirbt dort seinen Unterstützungswohnsitz; Ausländern gegenüber wird vom 14. Lebensjahr an strenge ein Paß verlangt.
Die Mappe der *abgelehnten* Fälle gehört auch zu den lehrreichen Positionen unserer Arbeit! – Wenn man sie prüfend durchblättert ist es wie wenn erstickte Anklagen heraustönten *wegen der Unterlassungssünden* und Unzulänglichkeiten und Fahrlässigkeiten, die sich die, auf ihr soziales Gewissen so stolze *jüdische Wohlfahrtspflege,* seit Jahrzehnten zu Schulden kommen ließ.
Und da sind es nur Zufallsgriffe, Stichproben, die an uns heranschwemmen. Wie wäre es, wenn diese Mappe der Ausgangspunkt tiefergreifender Prüfung der sittlichen Verwahrlosung der jüdischen Jugend überhaupt würde, ihrer Ursachen, ihrer Ausdehnung, ihrer Eindämmung und vor allem der mangelnden Fürsorge und Erziehungsanstalten.
Für die praktische Einstellung der Arbeit im Heim selbst, scheint es mir wichtig zu berichten, daß die Geschichte und Charakteristik eines Neuankömmlings, sowie sie sich aus der Korrespondenz und den Fragebogen aktenmäßig darstellen, im Heim nur der Leiterin und der Hausmutter von Haus II in ihrem ganzen Umfange bekannt werden. Mir ist diese Zurückhaltung in der Preisgabe der Anamnese schon oft persönlich als Geheimniskrämerei zum Vorwurf gemacht worden, und zwar besonders von dem jungen Erzieherinnen-Personal, die ein Anrecht darauf haben wollen »Alles zu wissen«. Abgesehen davon, daß ein gut und gewissenhaft ausgefüllter Fragebogen ein Dokument darstellt, das »vertraulich« behandelt werden muß, möchte ich auch aus erzieherischen Gründen den Standpunkt vertreten, daß ein Neuankömmling unbefangen als normal in die Gemeinschaft aufgenommen werden soll. Nur selten ist es gut, den jungen Helferinnen eine kleine Andeutung zu machen, um der Beobachtung des Zöglings etwas Richtung zu geben. Im Allgemeinen kann man bemerken, daß eine genaue Kenntnis der Vorgeschichte eines Zöglings eine gewisse Voreingenommenheit bewirkte, die Unbefangenheit im

Zusammenleben störte und sehr oft eine Beunruhigung verursachte. Interessant ist aber in diesem Zusammenhang, wie die Heiminsassinnen selbst – trotzdem man ihnen empfiehlt mit dem Eintritt in die neue Heimat die Vergangenheit ruhen zu lassen – oft das ihnen so bekömmliche Schweigen über ihr Vorleben brechen und sich dadurch ganz unnötig unangenehme Situationen schaffen. Geltungsbedürfnis und eine gewisse Sensationslust erklären das sonst unverständliche Verhalten.

Das Anwachsen der Arbeit während der Berichtsperiode – wie sie die Statistik den Zahlen nach zeigt – hat nicht nur zur Einrichtung der Geschäftsstelle geführt, und die Sitzungen, die sich für die Hausfrauen in der Heim-Kommisssion oft bedenklich ausdehnen, vermehrt, sondern sie hat uns auch vor eine wichtige prinzipielle Frage gestellt, die der *Teilnahme der Beamtinnen resp. Leiterin an den Sitzungen.*

Für die Sekretärin der Geschäftsstelle war die Beantwortung der Frage für den technischen Teil, wie er sich aus den Beratungen ergibt, leicht gegeben; sie muß anwesend sein.

Der Leiterin gegenüber hieß es: kann, soll oder muß sie an den Sitzungen – wenn nicht gerade Personalfragen auf der Tagesordnung stehen – teilnehmen? Es wurde entschieden, daß sie kann *und soll,* daß sie aber nicht regelmäßig den Sitzungen anwohnen muß. Damit ist die ganze Außenarbeit unter die volle Verantwortung der Vorstandsschaft gestellt. Ich möchte das auch allgemein als wünschenswerte Lösung der Frage bezeichnen. Soweit es sich um Internate handelt, deren Vorstandsmitglieder nicht am selben Ort wohnen und häufige Sitzungen unmöglich sind, ist eine *Lokal-Kommission* nötig, die den Zusammenhang der Anstalt mit dem Kuratorium ausführlich und verantwortlich unterhält.

Hierbei möchte ich es nicht unterlassen, gerade aus den Beobachtungen der Isenburger Arbeit einige generelle Bemerkungen zu machen: Es ist nicht leicht, die beiden Komponenten einer Anstaltsleitung – das Kuratorium – und die praktisch ausführende Stelle im Betrieb selbst – die Leiterin – in gutem Gleichgewicht zu halten.

Die große technische Tüchtigkeit einer Leiterin kann sehr leicht dazu führen, daß das Kuratorium vergißt, daß die Anstalts-, sowie jede Vereinsarbeit nicht Selbstzweck sein darf, sondern nur ein Teil der

jüdischen sozialen und noch größer gesehen, der nationalen und der Weltaufgaben überhaupt.
Wer die täglichen und stündlichen Schwierigkeiten eines Anstaltsbetriebes kennt, wird es menschlich nur zu begreiflich finden, daß Leiter und Leiterinnen in ihrem Reiche zu einem ausgesprochenen Oberhoheitstone gelangen, weil Außenstehende (Vorstandsmitglieder) unmöglich in die notwendigen Momentsentscheidungen eingreifen können, daß sie aber dennoch – von den kleinpersönlichen Bedingtheiten ganz abgesehen – nur selten die großen Linien sozialer Notwendigkeit werden im Auge behalten können und sie in den Rahmen ihrer Aktivität einspannen. Denn das hieße für Leiter und Leiterinnen zu den nächsten Schwierigkeiten auch noch entferntere einbeziehen! Hier hat die Kompetenz eines gut orientierten und weitblickenden Vorstandes einzusetzen, der die Verbindung zwischen der kleinen Welt der Anstalt und dem was sie leisten kann, mit den Forderungen der großen Welt draußen herzustellen und aufrecht zu halten hat. Die Stelle, an der solche höchst wichtige Fragen sozialer und pädagogischer Art entschieden werden müssen, sind *Sitzungen und Konferenzen* entweder *mit* den Anstaltsleitern oder wenn die Leiter und Leiterinnen egoistische Kirchturmpolitik treiben wollen, mit Beschlüssen *gegen* die Leitung. Das ist natürlich alles sehr sehr schwer. Aber ein zielbewußtes weitblickendes Kuratorium wird die Sitzungen zu solchen Aussprachen machen, wie sie für die geistige Führung der Anstalten irgend einer Art wichtig sind, um die *Verantwortung der Kuratoren der jüdischen Welt und der Gesamtwelt* gegenüber zum Ausdruck zu bringen.
Die aufbauende Kraft des Dienstes an einer Idee oder die zersetzende Wirkung der Herrschsucht als solche, die Größe in der Einordnung oder die Zerstörung unlautern Ichwesens – sie zeigen sich schon deutlich in dem Mikrokosmos des Vereins- und Anstaltslebens. Es kann natürlich auch sein, daß Leiter und Leiterinnen weitblickender als ein ganzes Gremium engherziger und bequemer Kuratoren sind, aber auch dann darf es keine Ichpolitik, keine Zaghaftigkeit geben, sondern der Gedanke ist aufrechtzuerhalten, daß *jede jüdische soziale Einrichtung Interesseneigentum der jüdischen Gesamtheit ist,* von der unter Kontrolle der Öffentlichkeit Höchstleistungen zu fordern sind.

Auch das Heim des J.F.B. in Isenburg darf sich niemals als Selbstzweck fühlen, sondern nur als ein strategischer Punkt für die Eroberung und Verteidigung jüdischer sozial-pädagogischer Werte als Gemeingut, deren Auswirkung diesem Bericht gesondert beigegeben ist.

Und nun ein Wort zur Statistik: Bevor man in sie hineinhorcht, um festzustellen, was sie nach bestimmter Fragestellung zu erzählen vermag, möchte ich nur sagen, was sich eigentlich erübrigt, daß die Statistik nach bestem Wissen und Gewissen aufgestellt ist. Sie wird natürlich nach den verschiedensten Richtungen hin fehlerhaft sein. Mir selbst sind bei der Aufstellung manche Fehlerquellen zum Bewußtsein gekommen, die künftig vermieden werden müssen. Aber auch ohne dieses Zugeständnis können die Zahlen nur ein ungefähres Bild der Isenburger Arbeit geben. Bestimmte Rückschlüsse auf allgemeine Verhältnisse in Deutschland lassen sie absolut nicht zu, weil den Einweisungen *keine planvoll* durchgeführte *Erziehungs- und Fürsorgeidee* zugrunde liegt, die für die einzelnen Länder oder Provinzen oder Gemeinden ein Vergleichsmaterial bieten könnte, sondern es sind im gewissen Sinn Zufallseinweisungen, je nach Not oder Gutdünken, Verständnis und Geldmittel einzelner Stellen. Wir weisen in den Jahren 1914/1924 589 Aufnahmen mit 180 158 Pflegetagen nach.

Es ist aber sehr schwer, die Bedeutung dieser Zahlen begreiflich zu machen. Aber vielleicht geht es einigermaßen, wenn man bedenkt, daß im Jahre 1924 (Zöglinge, Beamtinnen, Praktikantinnen, Schülerinnen, gelegentliche Gäste usw.) durchschnittlich täglich 75 Menschen im Heim lebten. Dem Verbrauch während des schlimmsten Rübenjahres im Kriege gegenüber, in dem wir auf den Kopf 15 gr. Fett und 200 gr. Brot geben konnten, verbrauchten wir im Jahr 1924:

55 gr. Fett /
3/4 Pfd. Kartoffeln / pro Tag und Kopf
1 Pfd. Brot /

also 3 011 Pfd. Fett, 6 843 vierpfünder Laib Brot, 20 532 Pfd. Kartoffeln. Das sind Mengen, die man sich als Jahresbedarf unschwer auf einem Haufen vorstellen kann, auch die 780 Briefe, die die Geschäftsstelle nachweist, auf einen wöchentlichen Durchschnitt von 15 gering gerechnet. Die Gewichtszunahme der Schulkinder und Schulentlassenen betrug auf 17 Zöglinge, die ein rundes Jahr da waren, durchschnittlich 8 Pfd. Was aber die nachgewiesenen 180 158 Pflegetage – ich weiß, daß es mehr sind – an rein finanziellen, materiellen, hauswirtschaftlichen Mühen und Dispositionen bedeuten, was an erzieherischen Sorgen und Bemühungen, was an medizinisch- hygienischer Anstrengung und Betreuung – das ist weder in Zahlen noch in Worten auszudrücken. Außenstehende werden diesen Energieaufwand, »Leistung« – abgesehen von der gedankenlosen banalen Frage nach dem Unnachweislichen, dem »Erfolg« – nie übersehen, noch fassen können. Nur der Heim-Kommission und dieser natürlich in der Abstufung der Intensität der Mitarbeit ihrer Mitglieder, und Menschen, die in gleicher Arbeit wirken, dürften diese Zahlen lebendig werden. Die *Kassenbücher, Wirtschaftsbücher, Berechnungen der Kosten- und Pflegegelder*, alle Nachweise der Finanzgebarung liegen bei der Kassenführerin. Wichtig scheint mir hier, den Wunsch der Kassenführerin auszusprechen, daß sich alle jüdischen Internate auf ein gemeinsames *Schema der Wirtschaftsführung und der Kostenberechnung* usw. einigen möchten – vorgedruckte Bücher, die für alle Anstalten hergestellt, nicht nur billiger werden, sondern auch eine bessere Gesamtübersicht über die Bedürfnisse und Arbeitsmethoden der Heime geben würden.

Auch dieser Wunsch ist aus den Beobachtungen während der Berichtszeit hervorgegangen und darf darum nicht zurückgehalten werden.

Wenn ich heute rückschauend feststelle, wie wir »durchgehalten« haben, dann erscheint es mir wie ein Wunder, das freilich nur durch die *Hilfe von guten Freunden im* Inlande, *vor allem aber im Auslande* bewirkt worden ist. Natürlich haben wir Lumpen geflickt, unheimlich dicke Suppen gegessen und Rübenmarmelade (frische Milch und wöchentlich 1/2 Pfund Butter gab es nur für die Kleinen und Kleinsten) und haben die Kohlennot durchgekämpft; die Kinder mußten vielfach Holzsandalen tragen, im Sommer barfuß laufen; wir mußten für manche Schäden und Abnützung blind sein und doch haben wir die Küche vergrößert, haben Gruden[2] angeschafft, Lazarettbetten

und Wäsche aus Heeresbeständen gekauft, aber unvergeßlich sind – und sollen sie bleiben – die Sendungen von Liebesgaben mitten in der Zeit der Rationierung.
Möge dieser Bericht unseren Dank hinaustragen: nach Amerika, das uns als erstes Fleisch und Seife und Zucker und Reis und Kakao gesandt hatte, nach Holland, nach der Schweiz und nach London – und wenn die Kinder all den langentbehrten Kostbarkeiten entgegenjubelten (mit Ausnahme des Lebertran), so fühlten wir Erwachsenen auch bei jeder Geldsendung in tiefer Freude die *Kraft der jüdischen Solidarität, die sich unverabredet verbunden hatte, das kämpfende kleine Kultureiland in Isenburg zu erhalten.*
Mein Bericht würde an dieser Stelle eine unverzeihliche Lücke aufweisen, wenn ich nicht noch beifügte, daß wir auch eine amerikanische Kuh bekommen hatten. Ich kann jedoch die Biographie dieses lieben, von den wohlmeinendsten Absichten getragenen Tieres nicht erschreiben. Nur soviel, sie lebte, d. h. sie wohnte und fraß geraume Zeit in Frankfurt a. M. auf Heimkosten und war schließlich nach reichstierärztlichem Zeugnisse – keine Kuh! –
Wenn wir uns so die Zeiten der Entwicklung der Arbeit in Isenburg mit allen ständig neu aufsteigenden Schwierigkeiten und Hemmnissen vergegenwärtigen, dann müssen wir feststellen, daß wir Bestand und Aufbau nur den Fähigkeiten und *den starken sittlichen Qualitäten weniger Personen* zu danken haben und zwar sind es vor allem vier Frauen, auf deren unermüdlicher Bereitschaft und beispielhafter Opferwilligkeit an leitender Stelle die ganze Last lag, resp. noch liegt. Das sind:
Fräulein *Johanna Kahn*[3], die von 1909/1920 sich in allen Teilen des Betriebes bewährt hatte und die jetzt in der Geschäftsstelle durch ihre praktisch-sozialen Kenntnisse und Erfahrungen der Heimarbeit dauernd wertvolle Dienste leistet.
Von 1910/1923 war es Fräulein *Franziska Katz*[4], die, bis sie viel zu früh und aus voller Tätigkeit einem tückischen Leiden erlag, ihre ganze rechtschaffene, tüchtige, reife Persönlichkeit dem Isenburger Heim gewidmet hatte. Es war wunderbar zu beobachten, wie sie mit der wachsenden Arbeit wuchs und sich doch immer gleich blieb in der Auffassung ihrer pädagogischen Aufgaben.

Geraume Zeit, von 1915/1924 wirkte Schwester *Emma Lewin*[5] als Pflegerin und Leiterin des Säuglings- und Kleinkinderhauses, liebevoll besorgt für jedes einzelne der Kleinen, treu und angestrengt bei Tag und Nacht einem Dienst hingegeben, dem ihre Kraft endlich nicht mehr gewachsen war, so daß wir sie unter Bezug einer kleinen Pension in leichtere Arbeit eintreten sehen mußten.
In die schwierige Situation einer Nachfolgerin von Fräulein Katz fand sich Fräulein *Helene Krämer*[6], deren langjährige pädagogische Erfahrung und ein den ganzen Haushalt und die Nähstube umfassendes Können ihr rasch die nötige Sicherheit in der Heimleitung gaben. Aber das Wichtigste ist, daß sowohl Frl. Krämer wie die derzeitige Hausmutter von Haus II, Frau *Emma Haas*[7] all unseren Kindern die *mütterliche Liebe und Geduld* entgegenbringen, die die ganze Atmosphäre des Heims mit Wärme erfüllen, wie sie nicht nur Kinder, sondern alle 70 Menschen zu ihrem Gedeihen und Wohlfühlen nötig haben.
Weniger erfreulich und schon deshalb beunruhigend weil unsere Beobachtungen und Erfahrungen sich mit denen anderer Erziehungsheime decken, ist, was wir leider von vielen der *jungen Helferinnen* und Beamtinnen in der Arbeit zu berichten haben. Flackernder Wille, kurze Begeisterung, ungenügendes technisches Können, Rastlosigkeit, Fehler der Jugend, die dadurch bedenklicher werden, als sie in Verbindung mit Selbstsicherheit und einem großen Mangel an Ehrfurcht auftreten.
Weltanschauungen, Probleme – politische, philosophische, pädagogische – beschäftigen ungeordnet und unkontrolliert die meisten der jungen Anwärterinnen für Stellungen, für die sie noch viel zu unerfahren sind. Den meisten der Mädchen fehlt, was kein Seminar geben kann, die gut jüdische Kinderstube und im Blute von dem Destillat des Schulchan – aruch[8].
Oft fühlt man im Verkehr mit dieser Jugend gutes Material, das aber selbst der Erziehung und der Reife bedürfte, bevor diese 18-21 Jährigen bildend und erziehend an höchst verantwortlicher Stelle stehen dürften.
Es ist für heute wenig tröstlich, wenn ich sage, daß sich in etwa 5-6 Jahren eine pädagogische Auslese gebildet haben kann, wenn erst die wilden Triebe von heute abgestoßen, abgewandert und hoffentlich

fortgeheiratet sein werden. Aber diese Erwartung entbindet nicht von der *Pflicht*, der *Heranbildung eines erzieherischen Nachwuchses mit Ernst* aber auch mit von Verantwortung getragener Strenge die größte Aufmerksamkeit zu widmen.

Wenn wir in Isenburg als *Ziel die Erziehung* zu rechtschaffener Selbständigkeit in der materiellen Lebenshaltung und gleichzeitig treuer Bindung zur Familie und zur jüdischen Gemeinschaft erkennen, dann tauchen im Verfolg dieser Leitgedanken eine Menge Fragen auf, die für die Berichtszeit aus der Praxis Antworten und Hinweise brachten, die mir nicht ohne allgemeine Geltung zu sein scheinen.

Da ist zunächst die Frage über welche Erziehungsmittel verfügen wir? Ich möchte, um die weite Umrißlinie nicht zu verlassen, deren drei nennen:

1. die *Arbeit*; 2. das *Kind*; 3. das *Streben zur jüdisch religiösen Durchleuchtung des Lebens*. Zu 1 – Arbeit – ist zu berichten, daß das *Heimleben* in all seinen Teilen als *Lehrmittel* dienend, sich für die Erziehung von Mädchen als ein unersetzlich gutes *Erziehungsmittel* bewährt hat. Es liegt sicher Knabenheimen gegenüber, vielleicht auch Pensionaten für die armen verbildeten und verwöhnten Kinder der »gehobenen Stände« gegenüber, bei uns ein großer Vorteil darin, daß für Frauen und Mädchen in einem lebendigen *Haushalt produktive Arbeit* in unendlicher Mannigfaltigkeit jederzeit fortlaufend *vorhanden* ist und nicht außerhäuslich gesucht, konstruiert oder herangeholt zu werden braucht.

Ich will der Versuchung widerstehen in der angedeuteten Richtung mehr als Allgemeines zu sagen, doch ist es nötig auszusprechen, daß das H. d. j. F. aus gewichtigen inneren und äußeren Gründen nur Haushaltungsschule und *praktische Lehrstelle* für Säuglings- und Kinderpflege sein kann.

Allerdings bedeutet dieses »nur« in fast allen Fällen für Jugendliche das mühsame Nachholen im Erwerben der einfachsten Fertigkeiten, die sie von zu Hause her – wenn sie ein Zuhause haben – beherrschen müßten, für viele eine berufliche Ausbildung oder für die eben schulentlassenen Mädchen durch ein Haushaltungsjahr die unentbehrliche Einführung in die Grundkenntnisse der Wirtschaftsführung, die für alle Verhältnisse ihres späteren Lebens wichtig und oft unentbehrlich sein können.

Wenn so in einem Mädchenheim *Hauswirtschaftliche Tätigkeit* zu ihrer Bedeutung erhoben wird, als eine *Belebung* und *nicht als eine Belastung* des täglichen Lebens empfunden zu werden, bringt sie die *Vergeistigung des Alltags*, wird sie eine elastische und doch sichere Basis, auf der es in weitem Umkreise wertvolle Entwicklungsmöglichkeiten und Sicherheiten gibt.
Diese starke Betonung der praktischen Arbeit ist, abgesehen von ihrer großen Verwendbarkeit, schon deshalb nötig, weil die meisten der uns zugeführten schulentlassenen Mädchen durchschnittlich sehr geringe Fähigkeiten und Schulkenntnisse mitbringen. Lesen, Vorlesen, gemeinsames Zeitungslesen bringt für manche Anregung (die meisten bleiben diesem Bemühen gegenüber stumpf und ablehnend) aber keinen Ersatz für vergessene oder nie da gewesene Elementarkenntnisse. Auch die Fähigkeiten der Schulkinder, die oft in die Hilfsschule gehen und oft 1-2 Jahre zurückgeblieben sind, weisen für später mehr auf Haushaltungspflege, in manchen Fällen auf Kinderpflege als Beruf hin, als auf kaufmännische Berufe, die sie in Geschäftsbetriebe führen würden, wo es vielerlei Versuchungen gibt, und sicher die Aufsicht zur Bewährung fehlt, die man in Privatstellungen wenigstens anzubahnen versuchen kann.
Wenn der *Betrieb* selbst als *Lehrmittel* bezeichnet wird, liegt die Frage nach der *Selbstverwaltung als Erziehungsprinzip* nahe.
Dazu habe ich zu berichten, daß wir in Isenburg vor Jahren – etwa im Anfang der Berichtszeit – leise Versuche mit Selbstverwaltung machten, die aber nicht geglückt sind. Vielleicht lag der Grund dafür darin, daß unser Erziehungspersonal für solche pädagogische Experimente nicht reif genug war, zu oft wechselte. Ich persönlich neige jedoch zu der Anschauung, daß dort, wo die Selbstverwaltung mit Erfolg durchgeführt sein soll, doch im *Hintergrunde* eine starke leitende Persönlichkeit steht, die die Fäden der Verwaltung in der Hand hält und den Zöglingen fortwährend das suggeriert, was sie wollen sollen. Ich fürchte auch, daß diese Methode *leicht zu Unwahrhaftigkeiten* führt und sei es auch nur aus Liebe oder Verehrung zum Leiter oder der Leiterin der Selbstverwaltung. Jedenfalls muß die Selbstverwaltung immer wieder frisch aufgezogen werden.
Nach meinen Beobachtungen und Erfahrungen gilt es im Kleinleben

des Internates nur wohldurchdachte, gleichmäßige, ernste Forderungen zur Gewohnheit werden zu lassen; – nichts mechanisch fordern – unermüdlich alles erklären, alles zeigen, nichts voraussetzen; es versteht sich nichts von selbst, nichts Ethisches, nichts Geistiges, nicht das Materielle oder das Technische, alles muß beispielhaft gezeigt »vorgelebt« werden. Was je von den unendlichen Erziehungsmühen eingeschlagen, Wurzel gefaßt hat, das zeigt sich immer erst nach der Entlassung eines Zöglings in die Freiheit und Selbständigkeit, manchmal in frohen Überraschungen, oft in Enttäuschungen – ganz wie in der Familie! Nur daß man mit Anstaltskindern viel strenger zu Gericht sitzt, als mit den eigenen – und doch haben beide das gleiche Anrecht auf Nachsicht und auf Strenge.

Welche Strafmittel gibt es in Isenburg? Sehr wenige. Da das Heim kein »Härtebetrieb« mit Prügel, Karzer und Nahrungsentziehung ist, und wir die beiden Pole falscher Erziehung – Ohrfeigen- und Schokoladepädagogik – gleichmäßig vermeiden wollen (es kommen natürlich auch Entgleisungen nach beiden Richtungen vor) so kann jede Strafe nur eine individuelle und relative sein: Ausschluß von der gemeinsamen Mahlzeit, vom Spaziergang oder einer Einladung vom Einstudieren kleiner Aufführungen oder irgend einem anderen Vergnügen; Konfiskation von Spielzeug oder anderen Dingen, wenn sie Streitobjekt geworden sind, und der Gerichtshof zu keiner Entscheidung kommen kann; Entziehung von Obst und Schokolade; Arbeitsverbot gehört zu den schlimmsten Strafen. Freitag Abend wird tunlichst nicht gestraft – außer wenn darauf hin spekulativ gesündigt wird.

Für richtig *erfüllte Pflicht*, gute Schulzeugnisse usw. gibt es wohl anerkennende und aufmunternde Worte, aber *keine Belohnung*, sie müssen als selbstverständlich aufgefaßt werden. Es gibt aber regelmäßige, nicht sehr bedeutende *Geldprämien für die Arbeit in der Waschküche und in der Küche*, die sich für die schulentlassenen Mädchen zu einem kleinen Sparfond aufsammeln, der ihnen zur Befriedigung bescheidener Wünsche zur eigenen Verfügung steht.

Ließe sich über »die Arbeit als Erziehungsfaktor« noch viel mehr berichten, so ist es dagegen sehr schwer, in gewissem Sinne sogar unmöglich über den Erziehungsfaktor »Kind« so zu sprechen, daß man die Quelle von Licht und Wärme im Gemeinschaftsleben des Heims des Jüdischen Frauenbundes so faßt und darstellt, daß sie durch die Darstellung nicht gerade ihr Bestes verliert. Deshalb will ich lieber weniger ausführlich sein und nur sagen, daß alle Phasen des Mutterwerdens und Mutterseins, alle Erscheinungen im Leben der Säuglinge und Kleinkinder Gegenstand des unbefangensten Interesses und der Freude aller sind und daß es kein Lebensalter in unserer Gemeinschaft gibt, dem die Kleinschar nicht helle Freude brächte. Das ist auf kein System, auf keine Formel zu bringen, dieser lebendige Liebesquell, der stärker wird, je mehr er spendet, dieses Wunder, das tief in der Frauenseele liegt. Jedes Kind ist ein Geheimnis; jedes Kind ist ein Heiligtum; jedes Kind berechtigt zu irgend welchen guten Erwartungen, bis es in seinem Leben später das Gegenteil bewiesen hat. Niemand kann eines Kindes Erbgut von Urväter- und Urmütterzeit einschätzen. Wir wissen, daß *gute Eltern böse Kinder haben können und böse Eltern gute Kinder*. Es ist tröstlich, daß die Eugenik nicht unfehlbar ist, sonst wäre die Welt längst zugrunde gegangen. Die ganze jüdische Messiashoffnung personificiert sich in jedem Kinde, dem man helfen muß, an Körper und Geist heil, den Weg der Gottähnlichkeit zu suchen.

Es widerstrebt mir, in diesen Gedankengängen, den Begriff der *Ehelichkeit* und *Unehelichkeit* auch nur zu berühren und doch ist es wichtig und nötig festzustellen, daß es im *jüdischen Sinne ein uneheliches Kind nicht gibt.* Nicht die Ehe sanktioniert das Kind, sondern das Vorhandensein eines Kindes wird als verantwortliche Bindung der Erzeuger aufgefaßt. Und doch – –

Um bei der etwas schematischen Aufzählung und Darstellung der wichtigsten Erziehungsmittel (es gibt deren natürlich noch vielmehr: solche, die wir anwenden und solche, die wir mit Bedauern nicht anwenden können) nach außen in *deren Bewertung keine Überschätzung eintreten zu lassen*, die in einem Bericht wie der vorliegende es sein soll, einer Schönfärberei also einer Unwahrhaftigkeit gleichkäme, muß gesagt werden, daß die erwähnten Erziehungsmittel nur Versuche, Wege sind, aber *kein Universalmittel*, die uns anvertrauten Kinder und Jugendlichen auf die rechte Lebensbahn zu bringen. Es kommt dabei wie bei der Anwendung aller Erziehungsmittel nach einem alten Wort auf den »Mekabel« – den Empfänger an.

Es ist doch ein gewaltiger Unterschied, ob dem Heim Zöglinge so früh zugeführt werden, daß man vom ersten Tage an, kulturell und religiös aufbauen kann, oder ob man erst damit anfangen muß, mit *fehlerhaften Begriffen*, üblen Gewohnheiten, schlechten Lebensformen und Anschauungen *aufzuräumen* bevor man mühsam die Begriffe reinen, jüdischen Sollens *anbahnen kann.*
Dazu gehört viel viel mehr, als die strenge Durchführung der rituellen Haushaltsführung, der äußeren Heiligung des Sabbath und der Betonung aller Feste und deren Vorschriften, die unumgängliches Gesetz des Hauses sind.
Man bedenke doch, aus welcher Umwelt vielfach die Mädchen kommen. Die Statistik zeigt die häufige Herkunft aus Mischehen und verantwortungslosen Verhältnissen, in denen die Mutter Jüdin ist, die Kinder »jüdisch eingeschrieben« oft auch das nur in der Erwartung besserer Unterstützungsmöglichkeiten, *ohne jedes Gefühl einer Bindung und Verpflichtung zur jüdischen Gemeinschaft oder Ehrfurcht vor irgend einem Partikelchen der Tradition. Dazu kommen die traurigen Auswirkungen, des seit Jahrzehnten mangelhaften Religionsunterrichtes, der schon die zweite und gar die dritte Generation für die jüdische Gemeinschaft* verloren gehen ließ und der *Ausfall jeder Seelsorge*, das ist das Nichtvorhandensein einer persönlichen Beeinflussung und sozial-ethischen Betreuung der modern – d. h. der in ihrem Innenleben unsicher gewordenen Juden – durch die Rabbiner als geistige Berater.
Selbstverständlich gibt es in Isenburg nach Kenntnissen resp. Unkenntnissen gestaffelten Religionsunterricht; man bemüht sich, die Mädchen hebräisch lesen und die Gebete verstehen zu lehren. Seit einigen Jahren wird durch das gemeindliche Zusammenstehen der Isenburger jüdischen Familien (die keine wirkliche Gemeinde bilden) in den zur Verfügung gestellten Räumen des Heims *an den Feiertagen Gottesdienst* abgehalten, wobei manches Kind zum ersten Mal eine Thorarolle sah und ein Schofar[9] hörte! Tunlichst vor jedem Fest wird von einem Kundigen eine Einführung in seine Bedeutung gegeben, ebenso oftmals Erklärungen der Wochenabschnitte – aber ich glaube, das wichtigste Moment unserer Heimerziehung ist der Sabbath mit seiner Zurüstung und Vorfeier, dem Freitag Abend.

In dessen Gestaltung hat sich – außer dem vorschriftsmäßig traditionell Gegebenen ein kleiner *Isenburger Minhag* (Gewohnheitsformel) herausgebildet: ein allgemein verständliches Gebet, ein frohes Beisammensein bei gutem Essen, beim Schein der Lichter Singen, Lesen,Vortragen der Kinder, fröhlich parlamentarische Besprechungen, Obst, Schokolade und Süßigkeiten (wenn wir sie geschenkt bekommen). Wir freuen uns, wenn Gäste über Schabbes bei uns bleiben und auch zu ihrem Teil Geistiges mitbringen.

Nach diesen Freitagabenden haben alle unsere entlassenen Kinder Heimweh!

Wenn es uns sonst nur gelänge, in Allen – nach Hillel[10], den Inhalt des Judentums in der *Durchführung des Gebotes der Nächstenliebe und der Erfassung der Zehngebote zur Richtschnur ihres Lebens* zu machen, es wäre ein beglückendes Ergebnis unserer Bemühungen.

Viele aber sind zu schwach, zu triebhaft und hemmungslos, um für ihr ganzes Leben diesen Aufschwung zu nehmen. Viele – aber nicht nur die Isenburger Zöglinge!

Noch über einen wichtigen Fragenkomplex haben wir Rechenschaft zu geben: über die *Gesundheitsverhältnisse* im Heim und die ärztliche Betreuung unserer Zöglinge.

Der Gesundheitszustand ist im Allgemeinen sehr gut.

An Infektionskrankheiten sind oftmalig Halsentzündungen, *epidemisch einmal* Grippe und kreisformiger Haarausfall zu verzeichnen. Eine kleine Keuchhustenepidemie fiel schon außerhalb der eigentlichen Berichtszeit in das Jahr 1925.

Den Säuglingen trachten wir, tunlichst lang die Muttermilch zu erhalten. Die meist schönen Zähnchen und geraden Beinchen der Laufkinder und Vorschulpflichtigen beweisen, die richtige Zusammensetzung ihrer Nahrung, den günstigen Einfluß der Waldluft und die gute Wirkung der *Höhensonne*, für die wir der *Welthilfskonferenz* unendlich dankbar sind.

1924	520 Bestrahlungen
1925	980 Bestrahlungen

Für die Schulkinder und Jugendlichen des verschiedensten Alters, insbesondere die Schwangeren und Mütter, ist das einfache regelmäßige

Leben – oft im starken Gegensatz zu ihrem Vorleben – *vorzüglich bekömmlich.*
Früh Zubettgehen (ungefähr um 9 Uhr) früh aufstehen (durchschnittlich um 1/2 7 Uhr) der Schulweg von 25 Minuten, die Bewegung in Haus und Garten, die einfache kräftige Kost, die Ordnung, die Aufmerksamkeit, die man der Körperpflege beimißt – alles vereint sich zum Gedeihen der uns anvertrauten Menschen – könnte aber nicht genügen, wenn wir nicht das Glück hätten, in der *ärztlichen Versorgung* über ein *Höchstmaß von Fürsorge* berichten zu können.
Von der Gründung des Heims bis zu seinem Wegzuge aus Isenburg war es der seither verstorbene *Dr. Flichter*, der die ärztliche Behandlung ausübte.
Seit 1918 ist *Dr. Minkel* als Hausarzt unser unermüdlicher Berater, dessen sicherer Blick, seine Kenntnisse und Erfahrungen, dessen menschliches Interesse und die Auffassung der Aufgabe, die er sich freiwillig und ehrenamtlich gestellt hat, die ihn zu einem wahren Freund des Heims machen, der den Dank für seine Mühe nur in der Befriedigung seines Wirkens und seiner persönlichen Bedeutung darin finden kann. Worte des Dankes gibt es dafür nicht.
Im Verlauf von weit über einem Jahrzehnt haben sich uns vorwiegend zur Verfügung gestellt:
die Herren[11]: *Dr. Levy*[12], *Dr. Deutsch, Dr. Sichel, Dr. Mannheimer, Dr. Julius Kohn*[13], *Prof. Dr. Kahn*[14], *Dr. Scherer, Dr. Meyer, Dr. Horovitz*[15], *Dr. Blüthe*[16], *Prof. Simon, Dr. Bappert; Dr. Julie Bender*[17], *Dr. Henni Posen* und nicht zuletzt: *Prof. Grosser*[18], als Vorsitzender einer »Pflegschaft für das Heim des J. F. in Isenburg«, die aus der Hermann Cohen[19]-Loge[20] im absoluten Ende der Berichtszeit hervorgegangen ist. Darüber, sowie über den längst notwendig gewordenen Anbau durch die »Bausteine« einer Sammlung des J. F. B. zu berichten, muß ich mir aus Rücksicht für einen nächsten Bericht versagen!
Bevor ich schließe, scheint mir noch ein sachliches Wort darüber zu fehlen, warum Isenburg trotz seiner Fülle von Lehrstoff und Lehrmitteln nicht mehr *Ausbildungsstätte* ist. Der äußere Grund liegt darin, daß wir keine theoretische Belehrung, sondern nur praktische Ausbildung vermitteln können, ohne Abschlußprüfung und staatlich gültige Zeugnisse.

Als innere Gründe gelten dafür, daß die jungen Mädchen, die für die Ausbildung bei uns in Betracht kämen, sich meist nicht für ein Lehrjahr binden wollen, sich nicht in den strammen Dienst, das einfache Leben fügen wollen, und auch selbst dort, wo ein Stipendium materiell nicht in Frage käme, die Selbstkosten ihrer Verpflegung nicht tragen wollen. Die finanzielle Lage des Heims erlaubt es nicht, wochenlang oder monatelang Gäste zu beherbergen. Und doch ist manches junge Mädchen, das glaubte, nur Besucherin, Lehrkraft oder Gast im Heim gewesen zu sein, sozusagen meuchlings bekehrt worden. Viele danken es uns – und oft will es mir scheinen, als gäbe es eine verborgene Fontana Trevi im Heim – man vergißt es nicht, viele haben Sehnsucht nach der kleinen Siedlung, behalten Fühlung mit uns und kommen gerne immer wieder.
Aus meiner Erfahrung und meiner Teilnahme an dem Aufbau des H. J. F. B. glaube ich endlich noch sagen zu dürfen, daß im Wollen, dem Geiste nach, trotz Mißlingens und Versagens und Enttäuschungen, an manchen Stellen und in manchen Beziehungen, daß »Isenburg« ein starkes und wichtiges Stück jüdischen sozialen Kulturstrebens ist – eine große pädagogische Aufgabe, die der gesamten Judenschaft ideell und materiell zufällt, die aber noch längst nicht am Ende ihrer Entwicklung und des Erreichbaren steht. Ein Weg ist es! Ich erlaube mir deshalb noch nach den Bemerkungen zur Statistik das anzufügen, was ich im Laufe meiner Arbeit als meine »testamentarischen Gedanken« skizzenhaft notiert habe und der Heim-Kommission und dem Vorstande des J. F. B. zur Fortführung ihrer Aufgabe: »*Erziehung den Erziehungsbedürftigen und Schutz den Schutzbedürftigen*« empfehle!

Isenburg, Ende Dezember 1925

Anmerkungen

1 Der Verein »Heim des Jüdischen Frauenbundes« war ein von Pappenheim gegründeter Interessensverband. Über die Beiträge seiner Mitglieder – 1914 umfasste er ca. 300 Personen – sollte ein Großteil der Haushaltkosten des Heimes gedeckt werden. Die »Heimkommission« setzte sich aus Frauen zusammen,

die in diversen dem Jüdischen Frauenbund assoziierten Frauenvereinen tätig waren. Pappenheim war sowohl Vorsitzende des Interessensverbandes als auch Vorsitzende des Heimvorstandes, der sich aus der Heimleiterin und der »Heimkommission« zusammensetzte. Vgl. Heubach, 1986, 30

2 Gruden oder Grudenkoks ist eine deutsche Bezeichnung für Koks-Rückstände.

3 Johanna Kahn (geb. Lewy, 1896 –1942) war Mitarbeiterin in Neu-Isenburg. Über ihre Biografie ist nichts bekannt.

4 Franziska Katz (Heller), gest. in Frankfurt/Main 1922, war Mitarbeiterin in Neu-Isenburg. Nähere Angaben zur Biografie konnten nicht gefunden werden.

5 Emma Lewin, geb. Baron, (1873- 1944), Mitarbeiterin in Neu-Isenburg wurde 1942 nach Theresienstadt deportiert und 1944 in Auschwitz ermordet. Nähere Angaben zu ihrer Biografie konnten nicht gefunden werden.

6 Helene Krämer (1881-1977) kam als Siebenjährige in das von Pappenheim geleitete Mädchenwaisenhaus des Jüdischen Frauenvereins in Frankfurt. Die am *Pestalozzi-Fröbel-Seminar* ausgebildete Erzieherin wurde 1922 von Pappenheim nach Neu-Isenburg geholt und übernahm auf deren Wunsch hin nach ihrem Tod bis 1941 die Heimleitung.

7 Haas Emma (geb. Gottlieb, 1886-1942) war bis zur Auflösung des Heimes in Neu-Isenburg im März 1942 zuständige Hausmutter. Sie wurde am 10.02.1943 von Darmstadt in das Ghetto Theresienstadt deportiert, überlebte, und übersiedelte 1945 in die Schweiz.

8 Hebr. Gedeckter Tisch.

9 Schofar oder Schofarhorn, auch Hallposaune genannt, ist ein altes Musikinstrument aus dem Vorderen Orient und hat seine Ursprung in der jüdischen Religion; es dient primär rituellen Zwecken und ist auch heute noch in der Synagoge in Gebrauch.

10 Hillel (der Ältere oder der Alte), geb. 110 v.Cr.-9.n.Chr. war einer der bedeutendsten pharisäischen Rabbiner und Begründer einer eigenen Schule zur Auslegung der Schrift. Seine Lehre fußte auf den Prinzipien der Gewaltlosigkeit und Nächstenliebe.

11 Aufgrund der Namenshäufigkeit sowie ungenügender Angaben, waren die genannten Personen nur zum Teil zu identifizieren.

12 Dr. Levy: Ernst Levy (1881-1968) war ein deutscher Jurist und Rechtshistoriker.

13 Dr. Julius Kohn (1844-1937), über seine Biografie ist nur bekannt, dass er in Dachau ermordet wurde, wo ein eigener Weg nach ihm benannt wurde.

14 Ernst Kahn (1884-1959) war ein zionistisch orientierter und sozial engagierter Journalist, Kommunalpolitiker und Dozent an der Universität in Frankfurt.

15 Markus Horovitz (1844-1919) war ein ungarischer Historiker und orthodoxer Rabbiner in Frankfurt.

16 Josef Blüthe, geb. 1845, war ein jüdischer Lehrer und Kantor.

17 Julie Bender war Ärztin und publizierte u. a. in der *Zeitschrift für Sexualwissenschaft und Sexualpolitik* (1922/ 1923); ein Beitrag von ihr zum Thema »Fürsorge für weibliche Hausangestellte« wurde in der Zeitschrift *Ethik, Zeitschrift für Sexual- und Gesellschafts-Ethik* (1926) publiziert. Weitere Angaben zu ihrer Person wurden nicht gefunden.

18 Prof. Dr. Grosser war ein jüdischer Kinderarzt in Frankfurt/Main. Über ihn waren keine biografischen Hinweise zu erfahren, außer dass er zwischen 1933 und 1934 als aus Frankfurt »abgemeldet« aufscheint.

19 Hermann Cohen (1842-1918), jüdischer Philosoph in Marburg. Mitbegründer der »Gesellschaft zur Förderung der Wissenschaft des Judenthums«.

20 Hermann Cohen Loge: Die 1919 in Abspaltung des *Bnai Brith* (bürgerliche Berliner Loge ab 1879, Frankfurter Loge ab 1888) gegründete Loge stellte den sozialen und geistigen Mittelpunkt junger Juden aus assimilierten Familien dar, die sich für ihre religiösen Wurzeln interessierten.

1924 formierte sich in der Sowjetunion die American Joint Agriculture Corporation, *kurz* Agro-Joint. *Aufgrund der Einführung des staatlichen Handelsmonopols in der Sowjetunion hatten viele jüdische Kaufleute ihren Lebensunterhalt verloren. Der* Agro-Joint *half in Zusammenarbeit mit den sowjetischen Behörden den Betroffenen bei der Umschulung zu einem landwirtschaftlichen Beruf. Im Zeitraum von 1924 bis 1938 unterstützte der* Agro-Joint *mehr als 100.00 Juden in der Sowjetunion bei der Ansiedlung in Landwirtschaftsgenossenschaften in der Ukraine und der Krim. Pappenheims Beitrag »Bemerkungen zur Arbeit des Agrojoint in einigen jüdischen Kolonien Südrußlands«, der 1928 in der Zeitschrift* Der Morgen. Monatsschrift der Juden in Deutschland,[1] *Nr. 2, 189-194, veröffentlicht wurde, nimmt vor allem die Maßnahmen zur Umsetzung seiner Intentionen aus einer weiblichen und sozialarbeiterischen Perspektive in den Blick. Entsprechend ihrer Auffassung von Sozialer Arbeit, der eine wissenschaftlich fundierte Erhebung zugrunde liegen müsse, ist ihr Bericht nicht nur eine Bestandsaufnahme, sondern bietet darüber hinaus eine genaue Analyse der angebotenen Hilfen, im Hinblick auf deren tatsächliche Effizienz. Sozialhygienische Probleme, insbesondere in Bezug auf Mutterschaft und Kinderschutz, finden dabei ebenso Berücksichtigung wie ethisch-moralische Überlegungen.*

Bemerkungen zur Arbeit des Agrojoint in einigen jüdischen Kolonien Sowjetrußlands (1928)

Die Kunde davon, daß in verschiedenen Teilen Rußlands eine Bewegung unter den dort lebenden Juden entstanden war, die aus der Energie der Not für tausende von Familien neue Lebensmöglichkeiten suchte, beschäftigte mich in immer erhöhtem Maße, je mehr Tageszeitungen, sowie jüdische Presse, darüber berichteten, daß die bekannte amerikanische Hilfsorganisation, der Joint, eine neue Riesenarbeit aufgegriffen hatte. Sie will den durch den Krieg und die politischen and ökonomischen Verhältnisse verarmten Juden der russischen Kleinstädte, nicht nur in bildlichem Sinne, neuen Boden unter den Füßen schaffen, d. h. wieder aufbauen, rekonstruieren, was an

jüdischer Lebenskraft zu verfallen drohte. Es war ein amerikanischer Jude, Dr. Rosen[2], der das Gefühl für sein seit Jahrzehnten verlassenes Geburtsland, trotz aller Erfolge in der neuen Heimat nicht verloren hatte, und der mit staatsmännischem Blick und Geschick den historisch einzig gegebenen Augenblick zu erfassen wußte, als die russische Regierung eine Bereitwilligkeit zeigte, die Berufsumschichtung von Juden aus Händlern und arbeitslosen Handwerkern zu kleinen Landwirten zu fördern, — die Luftmenschen[3] zu produktivieren.
Nicht von außen angeregt, ohne ideologische oder politische Motive, mehrten und häuften sich beim Joint Anträge von russischen Juden um Beihilfen, das Land, das die Regierung unentgeltlich und reichlich zur Verfügung stellt, zu bearbeiten, urbar und bewohnbar zu machen. Durch den Einfluß und unter dem Vertrauen, das der jüdische Staatsmann bei seinen Freunden in Amerika genießt, entstand im »Agrojoint« als eine Sektion des Joint eine Organisation — überraschend in der Schnelligkeit ihrer Entwicklung sowohl wie in den Formen, dem Ausmaß und der Bedeutung eines lebendigen Siedlungsbildes.
Die Tätigkeit des »Agrojoint« erstreckt sich auf etwa vier Jahre und es liegen den Interessenten verschiedene Berichte vor, deren letzter offizieller in kühler Sachlichkeit, unter Verzicht auf jede Äußerung von Enthusiasmus und Optimismus seitens des Schöpfers der Idee, nun Zahlen gibt, allerdings sehr interessante und beredte Zahlen.
Außer den offiziellen Berichten trifft man auch noch manche andere, die je nach der Stellung der Berichterstatter zu der Bewegung als solcher, je nach Auffassung und Temperament verschieden sind, und so wird auch das, was ich als langjährige Sozialarbeiterin zu sagen habe, von dem, was bisher zur Frage der russisch-jüdischen Kolonisation gesagt worden ist, ganz verschieden sein müssen.
Ich enthalte mich vorsätzlich einer Beurteilung der Idee. Wenn man bedenkt, daß jüdische Emigranten, sofern sie Lebenskraft genug zu haben glauben, außerhalb der russischen Kleinstadt eine Berufsumschichtung durchzuführen, in der ganzen Welt einer Reihe von abwehrend aufgerichteten Gesetzesparagraphen gegenüber stehen, so kann die Idee: die jüdischen Massen in Rußland selbst, ohne kostspieligen Reiseapparat, ohne sie ihrem Kulturniveau zu entreißen,

in die Landwirtschaft zu verpflanzen, nur wie das Ei des Columbus anmuten. Das, was ich sagen werde, sind selbstverständlich keine lieblos-kritischen Bemerkungen zu den unvermeidlichen Unzulänglichkeiten eines jungen Unternehmens, sondern es sind Beobachtungen und Anregungen einer Frau für die wichtigsten Gebiete der Agrojoint-Arbeit, die, nachdem sie amerikanisch schnell gewachsen ist, nun auch qualitativ ausgebaut werden muß, auch nach Richtungen, die unmöglich in dem Gesichtsfelde der jungen Agronomen, die vorwiegend am Werke sind, liegen können.

Fast scheint as mir, als müßte die Leitung in dieser Beziehung künftig auch durch Persönlichkeiten von sozialpolitischer Erfahrung ergänzt werden.

Um vielfachem Mißverstehen zu begegnen, will ich, bevor ich auf Einzelheiten eingehe, ein allgemeines Wort zu dem religiösen Moment in der Agrojoint-Organisation sagen. Dieses wird, trotzdem man es such bei den Kolonisten vielfach mit »religiösen Luftmenschen« zu tun hat, keinesfalls prinzipiell verleugnet. Nur war es im Anfang der Arbeit erste unumgängliche Bedingung, sich den strengen Forderungen der Sowjetregierung, die jede religiöse Äußerung unterdrücken und sogar verfolgen zu müssen glaubte, zu fügen.

Heute scheint die Entwicklung dahin zu gehen, daß das religiöse Leben des Einzelnen weniger einer Kontrolle unterzogen wird und daß sowohl in den Familien wie in den Kolonien den Gesetzen und der Tradition Genüge geleistet werden kann, sowohl bezüglich der Sabbathheiligung — soviel mir bekannt wurde, wird in den Kolonien am Samstag nicht gearbeitet — wie der anderen Gebote (mit Ausnahme der Mikwoh), nur daß der Agrojoint völlig berechtigterweise seinerseits die Siedler absolut unbeeinflußt läßt.

Die Siedlungen sind als freie Gemeinschaften gedacht und entstanden, und die religiöse Lebensauffassung ihrer Mitglieder zu beeinflussen, darf, schon um keine Differenzierung nach irgend einer Richtung zu pflegen oder zu unterstreichen, nicht Sache einer Institution sein, deren große Aufgabe es ist, mit rein sachlichen Mitteln Juden zum Ackerbau zu führen, sie zu produktivieren. Ihr ethisch-religiöses Gleichgewicht, die Harmonie ihres Daseins nach allen Richtungen wieder zu finden, ist Sache der Siedler selbst, und nicht die des Agrojoint.

Für die Öffentlichkeit ist es wichtig zu wissen, daß die Leitung des Agrojoint dort, wo individuelle Wünsche auftauchen, seinen Beamten und Arbeitern die Sabbathheiligung freistellt, und es ist zu hoffen, daß mit einer anscheinend einsetzenden milderen Auffassung der Regierung in religiösen Dingen, die Büros des Agrojoint und ihre Werkstätten bald dazu übergehen werden, den von der Regierung geforderten »freien Tag« im Laufe der Woche vom Dienstag oder Sonntag auf den Sabbath zu verlegen, wenn auch im Handel mit Gegenständen des täglichen Bedarfs der Ladenschluß am Samstag noch im ganzen Lande strengstens verboten ist.
Ebenso besteht noch für die Schulen und die Erziehung der Kinder die Tendenz der Areligiosität als eine unveränderte Norm.
Durch eine besondere Ungunst im Zusammentreffen von Hindernissen mußte ich meine Studienfahrt nur auf die neuen und zwei alte Kolonien im Kreise von Cherson beschränken, doch wird das, was mir am auffallendsten schien, wohl auf die meisten der neuen Siedlungen zutreffen. So scheinen mir vor allem in der Anlage der Dörfer zwei Anordnungen nicht sehr glücklich.
Die allzugroße Entfernung der Brunnen von den Häusern: Bei einer Bevölkerung, die den Nutzen des Wassers erst lernen muß, ist die Zumutung, es mit Pferd und Wagen in Fässern mindestens 10 Minuten weit holen zu müssen, sozialpädagogisch wie sozialhygienisch ein Fehler. (An die Möglichkeit einer Brandkatastrophe mit ihren Schrekken und Schäden scheint man gar nicht gedacht zu haben.)
Ich kann darum begreifen, daß die Frauen, denen ein großer Wasserverbrauch nicht inneres Bedürfnis ist, im russischen Winter sowohl wie im russischen Sommer ihren Wasserbedarf auf ein bedauerliches Minimum einschränken.
Der Brunnen gehört, von allen Häusern leicht zugänglich, in die Mitte des Dorfes, d. h. das Dorf muß um den Brunnen als Zentrum gebaut sein. Das erleichtert auch die Vieh- und Geflügelhaltung, und die Anlage von Gemüsegärten, die auch nicht weit von den Häusern liegen dürfen, wird erst durch die Nähe des Brunnens ermöglicht.
Bei neuen Siedlungen — in den alten Kolonien ist dieser Fehler vermieden — könnte man vielleicht noch durch Rutengänger weitere leicht zugängliche Wasseradern erschließen.

Das Dasein der Siedler ist in den ersten Jahren ihrer »Überwanderung« an und für sich sehr schwer, daß man ihnen in den primitivsten Lebensbedingungen, zu denen das Wasser gehört, die möglichste Erleichterung bieten müßte.
Als weiterer Fehler der Wohnanlage erscheint mir, daß man die Siedler nicht an die Notwendigkeit eines W. C. — den Begriff als Raum, nicht als Installation gedacht, — gewöhnt. Ein Häuschen außerhalb des Hauses, als eine unabweisliche hygienische Forderung ist nirgends zu finden!
Man denke an Typhus- und Ruhrepidemien, die zu bekämpfen unmöglich werden, wenn man die gefährlichen Ausscheidungen im ganzen Dorf verstreut, und nicht durch Desinfektion unschädlich machen kann.
Die wichtigste Beobachtung aber, die ich der Leitung des Agrojoint gegenüber nicht unausgesprochen lassen darf, ist der Zustand, in dem ich die Kinder der Kolonisten fand: sie sind erschreckend unterernährt und in einem bedenklichen Zustand von Unsauberkeit und mangelhafter Kleidung, der im Winter furchtbar sein muß.
Was die Ernährung betrifft, so fehlt den Kindern (den Erwachsenen bei schwerer Arbeit natürlich auch) Milch, Zucker, Fett, Vitamine, Grieß, Reis und Hülsenfrüchte usw. Sie leben fast ausschließlich von Tee und Brot. Die blutleeren Lippen und Ohren der Kinder, die welke Haut schon bei den Allerkleinsten, — die deutlichen Anzeichen der Rachitis, das Einfallstor der Tuberkulose — beweisen, daß es höchste Zeit ist, sich mit den Fragen der Kinderernährung zu beschäftigen, wenn nicht des ganze Kolonisationswerk schon innerhalb der nächsten Generation gefährdet sein soll.
Außerdem hat man für diese Tausende von Familien von dem Augenblick an, wo man sich mit ihnen irgendwie beschäftigt, eine stärkere Verantwortung, als wenn sie in ihren Ursprungsdistrikten nur »jüdische Massen« sind. Das gilt für die meisten Beziehungen ihres Lebens.
Aber sage man nicht zur Beruhigung des Gewissens, daß die jüdischen Familien vor ihrer Übersiedlung aufs Land auch und ebenso unterernährt waren. Für die Kinder wird das sicher, mit Ausnahme der Hungerjahre, nicht in vollem Umfange zutreffen, da sie in den

kleinen Städtchen, wie alle Kinder auf der Straße dort, mehr Gelegenheit hatten, sich auf legalem und illegalem Wege allerlei Nährstoffe zuzuführen, sei es etwas Obst, rohes Gemüse, Zuckerwerk, ein Schnippel Wurst oder Käse usw. Dazu gibt es in den Kolonien gar keine Gelegenheit.

Als einzig gangbaren Weg, diesen Ernährungszustand zu bessern, sehe ich nur eine rasch einzuleitende Organisation für eine Art von Natural- und Tauschwirtschaft.

Die Siedler haben zwar alle kein Geld, noch wissen sie das den Kindern Nötige einzukaufen, aber sie haben schon bei einer mittleren Ernte, die mir als Laien ein bewundernswerter Ertrag schien, reichlich Getreide. Man versuche deshalb, gegen eine bestimmte Menge von Korn und Weizen den Siedlern nach der Kopfzahl ihrer Familien, Zucker, Öl, Kartoffeln, Grieß, Reis, Hirse, Hülsenfrüchte usw. zu liefern, und vor allem gebe man den Kolonisten, die sich noch keine Kuh kaufen können, 1—2 Ziegen, damit die Kinder und die stillenden Mütter und schwangeren Frauen, die körperlich und psychisch versagen, etwas Milch bekommen.

Damit nähere ich mich einem großen Fragenkomplex, den ich den Agrojoint bitten möchte, ehestens so ins Auge zu fassen, wie es bevölkerungspolitisch und vom Standpunkt einer praktischen Siedlungspolitik nötig ist:

Die Kolonistenkinder brauchen eine wohldurchdachte, organisierte sanitäre Beaufsichtigung (im elterlichen Hause, nicht in einer Poliklinik). Jedes Kind muß 4-6mal im Jahr von einem Arzt oder einer Ärztin gesehen und untersucht werden. Es muß eine Kinder-Kartothek mit ärztlichem Fragebogen geben, und es müssen in den Distrikten regelmäßige sanitäre Konferenzen stattfinden. Die vorhandenen Sanitätsstationen genügen dafür nach keiner Richtung. Zur Bekämpfung der Malaria z. B. geschieht bisher in den Kolonien gar nichts, und wenn unter den unterernährten, ungepflegten Kindern, in den unsauberen Wohnungen eine Scharlach-, Masern- oder Diphterie-Epidemie ausbrechen würde, stände man ratlos and hilflos einer Katastrophe gegenüber. Man muß darum in jedem District eine Isolierbaracke bereit halten.

Im engsten Konnex mit der unabweislichen Frage der Ernährung der

Kinder und ihrer sanitären Betreuung steht die Frage der Eignung und der Heranbildung der jüdischen Frauen und Mädchen zu gut, fleißig, ausdauernd und froh schaffenden Siedlersfrauen. Mit ihnen steht oder fällt jeder landwirtschaftliche Erfolg in den Kolonien.
Ich gestehe, daß ich aus meinen Erfahrungen und Beobachtungen nach dieser Richtung, wenigstens der heutigen Generation gegenüber, nicht sehr optimistisch bin und darin eine große Gefahr für jede Kolonisationsbestrebung sehe.
Die Ostjüdin kennt den Wert und die ökonomische Bedeutung der hauswirtschaftlichen Tätigkeit der Frau nicht, und sie ist technisch ihren Aufgaben an Ordnung und Reinlichkeit nicht gewachsen. Sie vergeudet Werte, die sie teils zu träge, teils zu ungeschickt und unerfahren ist, zu erhalten, und es darf meiner Ansicht nach aus rein wirtschaftlichen Gründen nicht gezögert werden, zu versuchen, die heranwachsenden Töchter praktisch von diesem Erbfehler der Ostjüdin zu befreien.
In Deutschland hat man für die vielseitige hauswirtschaftliche Tätigkeit als sozialen Faktor das Wort »Hauspflege« geprägt und kennt Hauspflegerinnen, die sich bei gewissen Notständen in den Familien (Wochenbett, Krankheit der Hausfrau) beruflich in den fremden Haushalten betätigen. Solche Hauspflege zum Zwecke von Anleitung und Belehrung brauchte man in den so hübsch und zweckmäßig gebauten Kolonistenhäuschen, damit die Frauen und Mädchen lernen, was eine Hausfrau and Mutter können und wissen muß. Es wird seitens des Agrojoint ernster Beratungen bedürfen, um für die Siedlerinnen den rechten Weg für hauswirtschaftliche Ertüchtigung zu finden. Ein Lehrhäuschen mit Musterwirtschaft in vierteljährlicher Lehrzeit schien mir ein Anfang, der bei relativ geringen Kosten die wenigsten Unzuträglichkeiten brächte. Natürlich braucht man eine Lehrerin, die selbst Hand anlegt. Was der Mann im Schweiße seines Angesichts erarbeitet, darf nicht durch die Untüchtigkeit der Frau verloren gehen.
Das ist auch eine ernste Frauenkulturfrage, von deren Auffassung Gedeih und Verderb der Gemeinschaft abhängt – nicht nur im materiellen Sinne.
Und noch eine furchtbare Gefahr sehe ich für das jüdische Leben heraufdämmern: die sowjetrussische sexual-ethische Auffassung, die

den Verkehr der Geschlechter hemmungslos freigibt und deren Folgen man, zum ausschließlichen Schaden der Frau, unentwickelt, unausgereift zerstört, vernichtet.

Eine jüdische Ärztin, die vertretungsweise in einer Kolonie arbeitete, gab mir die folgenden Zahlen:

Im Mai 1926 hatte sie (infolge ihrer Ablehnung, Aborte einzuleiten, die sie ärztlich nicht für nötig fand) 5 Geburten und 1 Abtreibung in Behandlung. Als dann die Frauen andere Wege fanden, ihre Absicht durchzuführen, hatte sie im Juni 7 Geburten und 5 Abtreibungen; im Juli 1 Geburt and 2 Abtreibungen.

Ich setze diese kurze statistische Bemerkung aus meinen allgemeinen Reisenotizen hierher, trotzdem sie in keinem direkten Zusammenhang mit der Agrojoint-Arbeit zu stehen scheint; sie wird aber doch sehr zu denken geben. —

Nach meinen bisherigen Ausführungen, die den Rahmen eines Berichtes vielleicht etwas überschreiten, mag, was ich zum Schluß noch an kleinen Anregungen hinzuzufügen nicht unterlassen will, unwichtig erscheinen.

Aber im Grunde gibt es bei zielbewußter sozialer Arbeit nichts Unwichtiges.

Deshalb plaidiere ich für Fahrräder für die Agronomen, die sie absolut brauchen, um ihre Besuche und Kontrollfahrten zwischen den Dörfern der Distrikte ohne Wagen und Pferd oder Auto jederzeit leicht durchzuführen; plaidiere dafür, daß die Wohnräume in den Kolonistenhäusern alle mit Dielen belegt werden, weil sie sonst unmöglich sauber und trocken zu halten sind; plaidiere für Wandernäh- und Flickkurse in den Kolonien.

Ich bin mir ganz klar darüber, daß mein Bericht und meine Anregungen für eine in Einzelheiten eingehende Vertiefung der Agrojoint-Arbeit einen Kulturfonds beanspruchen werden, aber ich bin ebenso sicher, daß die Männer in Amerika, die mit einzigartiger Großzügigkeit das großzügige sozial-politische Werk in Rußland geschaffen haben, ihre Schöpfung nicht dort und in einem Augenblick verlassen werden, wo der Geist des Geschaffenen aus sich selbst zu höherer und vor allem zu stabilerer Form drängt.

Anmerkungen

1 Die Beiträge der ab 1925 zweimonatlich erschienenen Zeitschrift widmeten sich der jüdischen Kultur-, Sozial- und Religionsgeschichte aus einer aufgeklärten orthodoxen Perspektive. Besonderes Augenmerk galt der praktischen Lebensgestaltung im Kontext der jüdischen Überlieferung.

2 Joseph Rosen (1876-1949), geb. in Moskau, studierte in Heidelberg und emigrierte 1903 in die USA. Doktorat in agricultural chemistry an der University of Minnesota. Nach dem Ersten Weltkrieg leitete er die Ansiedlung von über 250.000 Juden auf der Krim und in der Ukraine. 1940 leitete er die Ansiedlung von Flüchtlingen in der Dominikanischen Republik.

3 Die Bezeichnung »Luftmenschen« verweist in der Alltagssprache auf das Unsichtbare, Unstete, Irreale. Um 1900 wurde sie zunehmend zum Synonym für in der Diaspora lebende JüdInnen.

Am 23. November 1932 feierte das von Bertha Pappenheim 1907 gegründete Jüdische Mädchenheim des Jüdischen Frauenbundes in Neu-Isenburg sein 25jähriges Jubiläum. Im Rahmen einer Festveranstaltung, an der zahlreiche prominente Gäste teilnahmen, wurde Pappenheims Engagement als Gründerin und Leiterin des Heimes ausführlich gewürdigt. Auch sie selbst hielt im Rahmen dieses Festaktes eine Rede, in der sie umgekehrt ihren MitarbeiterInnen und WeggefährtInnen ihren Dank ausspricht. Ihre Dankesworte am Gabentisch zum 25. Geburtstag des Isenburger Heimes, 23.11.1932 wurden erstmals in Pappenheim u.a., 1994, 129, veröffentlicht.

Dankesworte am Gabentisch zum 25. Geburtstag des Isenburger Heims (1932)

»Noch niemals in meinem Leben bin ich so überrascht gewesen, wie es heute der Fall ist. Ich bin nicht so stark, um Freude ertragen zu können, aber ich will versuchen, Ihnen zu danken, weil ich weiß, wie Sie es heute meinen, und will selbst aus meiner Schwäche heraus bitten, der Arbeit die Treue zu bewahren. Das ist alles, was ich kann.
Daß ich´s gemacht habe aus meinem Leben ist begreiflich, wenn Sie bedenken, wie einsam ich durchs Leben gegangen bin und wie Sie hier stückweise die Dinge zusammengetragen haben mit Liebe, so habe auch ich meine Arbeit zusammengetragen mit Liebe.
Und wenn ich früher die Kraft aufgebracht habe, streng zu sein in der Auffassung der Arbeit, streng in der Beurteilung der Menschen, streng in all dem, was zu einem Leben überhaupt gehört, dann möchte ich Sie bitten, selbst diese Formen des Lebens für sich aufzunehmen. In Isenburg haben wir gute, schöne Stunden, wir haben aber durchschnittlich Stunden der Sorge und Arbeit der schwersten Verantwortung.
Eine jüdische Anstalt hat nicht nur die Verantwortung in sich, in ihrem kleinen Bestand, sondern jede jüdische Arbeit hat auch die Verantwortung hinaus in die Welt, in die jüdische Welt und die große Welt.
Daß es mir geglückt war, in dieser großen Arbeit auch mein Stück beizutragen, das danke ich dem, was man leichthin vielleicht »Erbgut«

nennt. Immer wieder und wieder, wenn jemand versucht, mir selbst und meine Arbeit als ein besonderes zu zeigen, als etwas, das vielleicht einer machen kann, und das sonst vielleicht die Arbeit von vielen gewesen wäre, weiß ich, daß das ist, weil ich das Glied, der Zweig einer jüdischen Gesamtheit bin, deren ganzer Stolz darin beruht, anständig, rechtlich, ehrlich den Weg als Frau und Jüdin gegangen zu sein.«

23. November 1932

Pappenheims »Leitgedanken«, eine ihrer letzten Niederschriften, fassen nicht nur die Grundideen ihres Lebenswerks zusammen. Sie sind zugleich Ausdruck ihres individuellen Werdeganges von einer »höheren Tochter«, die sich zunächst ehrenamtlich in der jüdischen Wohlfahrt einsetzte und sich aufgrund ihrer jahrelangen Erfahrungen immer mehr theoretisch-konzeptionellen Arbeiten und der Durchsetzung organisatorischer sozialer Arbeit zuwandte. Ihre genaue Vorstellung von der Gründung einer eigenen sozialpädagogischen Ausbildungseinrichtung für junge Jüdinnen in Polen ist eine komprimierte Zusammenfassung ihrer jüdischen Weiblichkeitskonzeption: Über das Zusammenspiel religiöser, praktischer, theoretischer und sozialer Bildung wirtschaftliche Unabhängigkeit zu erlangen. Ihre »Leitgedanken« wurden erst kurz nach ihrem Tod in den Blättern des Jüdischen Frauenbundes, *12. Jg., Nr. 10, 1936, 3-4, publiziert.*

Leitgedanken (1936)

Um etwaigen Besprechungen, die Errichtung eines sozialpädagogischen Institutes für die jüdische weibliche Jugend in Polen betreffend, von vornherein Basis und Richtung zu geben, will ich einige Leitgedanken notieren.
Über die Notwendigkeit einer solchen Einrichtung, die für alle Bevölkerungsgruppen gleich brennend notwendig ist, ist kein Wort zu verlieren.
Nur das Wie und Wo kann noch Gegenstand von Diskussionen sein.
Der erste Gedanke, dem Krakauer Beth-Jacob-Seminar[1] einen praktischen Einbau oder Umbau seines Lehrpensums anzugliedern, ist deshalb zurückzustellen, weil beide Teile darunter leiden müssten und zu kurz kämen.
Gewisse Mängel der Haushaltsführung und der Verwaltung, die in Krakau zu bemerken waren, müssen natürlich gebessert und verändert werden, aber selbst ein gut gepflegtes Beth-Jacob-Seminar als Internat kann aus technischen und personellen Gründen nie den Ansprüchen genügen, die an ein sozialpädagogisches Institut gestellt werden müssen.

Es empfiehlt sich auch nicht, in Krakau eine zweite Schule zu gründen, die vielleicht von der Bevölkerung und von den Leitungen und dem Lehrpersonal als unliebsame Konkurrenz aufgefasst würde. Auch zwischen den Schülerinnen käme es zweifellos zu Differenzen. Im Gegenteil, es müssen von den verantwortlichen Leitstellen der beiden Institutionen deren Eigenart und Andersart bewusst herausgearbeitet werden.

Das ist das Seminar als Religionsschule und Lehrerinnenbildungsanstalt, das sozialpädagogische Institut als geistige Einführung und praktische Durchbildung der jüdischen weiblichen Jugend vom 17., 18. Lebensjahr etwa an zu alt den Berufen deren Trägerinnen in allen Kulturländern vom Gemeindeleben als unentbehrlich erkannt worden sind.

Das Lehrziel des Seminars und das Erziehungsziel der zu gründenden Neueinrichtung dürfen keinen Augenblick als Gegensätze, sondern nur als gegenseitige Ergänzung angesehen und gewertet werden. Denn die orthodoxe Lebensführung und – wenn man es so bezeichnen darf – die geistig religiöse Ausstattung der Schülerinnen muß so gesichert sein, daß, wohin immer das Schicksal die Menschen führen mag, sie jüdisch gebildete, bekennende Jüdinnen sind, die ihre Religion aus ihrem Wissen gegen Angriffe verteidigen können und sie auch nicht nur gewohnheitsmäßig oder als Last durchs Leben tragen. Wenn also das Seminar eine Stelle religiöser Bildung bleiben muß, so muß die sozialpädagogische Ausbildungsstätte ihre Basis ins Hauswirtschaftliche weiter führen, von wo dann die Spezialfächer je nach Eignung und Notwendigkeit und persönlicher innerer Berufung ausgebaut werden müssen.

Diese Struktur eines schulischen Organismus bedingt, wie schon angedeutet, sein Wie ebenso wie sein Wo.

Die Schule muß ein Internat sein, mit den technischen Lehr- und Übungsmöglichkeiten einer Haushaltungsschule, sie muß aber auch in einer Stadt sein, wo ein Kindergarten, ein Krankenhaus, Volksküchen, eine organisierte Gemeindefürsorge vorhanden sind, um den Schülerinnen des Lehrgangs Einblick in die Vielfalt der sozialen Not und damit der weiblichen Hilfs- und Fürsorgearbeit zu gewährleisten. Die beiden nächsten großen Fragen, die sich hinter solchen Plänen erheben und den Gegenstand ernster Betrachtung bilden müssen, sind:

1. die Finanzierung des Unternehmens und
2. die Frage des Lehr- und Erziehungspersonals.

Zu 1: Eine Anstalt, wie die gedachte, kann sich nie aus Eigenem erhalten, zudem das Schulgeld, resp. der Verpflegungssatz so niedrig gesetzt werden muß, daß gerade die Töchter der Nichtbesitzenden sie benützen können, um zu selbständigem, rechtschaffenem Erwerb hingeleitet zu werden. Aber bei aller Armut im Lande Polen auch dort Personen und Kreise gefunden werden, die eine weitschauende Volkserziehung – und die Anstalt dient in letztem Ziel der Volkserziehung – als öffentliche Kapitalsanlage betrachten und zu einem Teile wenigstens die nötigen Mittel bereitstellen. Ebenso müssen aber die großen jüdischen Organisationen und Vertreter von Sammelstellen fühlen und verstehen lernen, daß es zu ihren produktiven Aufgaben gehört, die weibliche jüdische Jugend in Polen dazu zu erwecken und zu erziehen, daß sie in dem furchtbaren Lebenskampf, in dem die Juden des Landes stehen, nicht ungeschützt, haltlos und berufslos bleiben. D.h. daß die betr. Organisationen für die sozialpädagogische Ausbildung der Mädchen vielleicht auch mancher Frauen, wenn man an junge Witwen und Agunoth[2] denkt, Mittel – natürlich nicht ängstlich und kleinlich – zu Verfügung stellen. Sparsamste Verwendung und genaueste Rechenschaft der Verwendung ist Vorbedingung für jede Subvention, jedes Stipendium! –

Zu 2: Als erste Ausrüstung für das Lehrpersonal muß gelten, dass die Lehrerinnen gut Polnisch können, daß sie Jiddisch verstehen, und dass sie Hebräisch lernen – diese Verkehrsmittel zu beherrschen ist nötig. Aus den Beratungen wird dann hervorgehen müssen, welche spezifische Ausbildungsmöglichkeit im Lande schon vorhanden ist, und welche auswärts erst geholt werden muß.

Wenn man an eine Ausbildung in Deutschland denkt, muß man sich vor Augen halten, daß es hier eine jüdische Zentralstelle für eine solche nicht gibt. Früher konnten die jüdischen Mädchen ihre Gesamtausbildung sowohl wie ihre praktischen Übungen und Prüfungen an staatlichen und städtischen Schulen und Institutionen machen. Heute gibt es nur ein jüdisches Seminar für Kindergärtnerinnen und

Haushaltungslehrerinnen, die aber für die Zwecke einer sozialpädagogischen Vorbereitungsstelle in Polen nicht in Frage kommen. Für dort handelt es sich zunächst um den Einblick in die Gegebenheiten der Arbeit als solche, einer Art eiliger Rahmensbildung, deren Ernte im eigenen Lande weiterzugeben, global anzuwenden und zu differenzieren ist.

Diese ersten Lehrmissionarinnen müssen sehr sorgfältig ausgewählt werden, denn von ihrer Intelligenz und Qualifizierung für die verschiedenen technischen und hygienischen Anforderungen und nicht zuletzt von ihrem Charakter hängt für Jahrzehnte der Erfolg weit über den Rahmen der kleinen Anlernstätte ab.

Es gibt in Deutschland einige streng orthodox geführte Anstalten, die dem Anfang der praktischen Ausbildung von Stipendiatinnen – ich denke an 3-4 – dienen könnten, und als Verrechnungsstelle und Vertrauensstelle für die Stipendiatinnen würde ich die Geschäftsstelle des Jüdischen Frauenbundes mit ihrer Geschäftsführerin, Fräulein Karminski[3], und einer Vertreterin der Aguda in Berlin oder Frankfurt a.M. vorschlagen.

Als Ausbildungsstätten: das Rothschildsche Krankenhaus in Frankfurt a.M., das Erziehungsheim des Jüdischen Frauenbundes in Neu-Isenburg, die Haushaltungsschule in Frankfurt a. M., das Kinderheim Ahawah[4] in Berlin und für den Außendienst teils die Berliner, teils die Frankfurter jüdische Wohlfahrtspflege.

So wichtig die vorstehenden Punkte einer Tagesordnung sind, so sind sie doch nur als Details zu der Hauptfrage anzusehen, die darin besteht, festzustellen: wer ist der verantwortliche Träger der Institution in allgemein pädagogischer, in verwaltungsmäßiger und in finanzieller Beziehung.

Ich persönlich würde wünschen, daß die Aguda sich dazu entschließt, weil damit der orthodoxen Schicht der Bevölkerung in Polen die selbstverständliche Gewähr gegeben wäre, daß der ganze Zuschnitt des Internats und die von den Schülerinnen verlangte Haltung den religionsgesetzlichen Forderungen entsprechen.

Sollte sich aber die Aguda nicht bereit finden, Trägerin zu sein, dann würde ich mit anderen Stellen im Lande trachten, den Plan schleunigst zur Ausführung zu bringen.

Schon für den Antrag auf Gewährung von Stipendien, Einrichtungsbeiträge, für Mietverträge, Lehrverträge, Anstellungsverträge, Statuten, Verkehr mit Behörden usw., ist es womöglich nötig, eine Stelle zu nennen, die den in Frage kommenden Organisationen nach jeder Richtung als vertrauenswürdig gilt.

Meine Initiative als Privatperson kann nicht weiter gehen, als dass ich möglichst bald, wenn ich eine Einladung dazu dem polnischen Konsulat vorlegen kann, nach Warschau fahre und dort mit den für den Plan zugänglichen und erreichbaren Personen – in erster Linie mit Vertretern und Vertreterinnen der Aguda – eine Konferenz herbeiführe.

An dieser Konferenz hätte selbstverständlich Herr Rabbiner Jacobson[5] teilzunehmen, um alles zu sichern, was für den religiösen Aufbau des Lehrinstituts nötig ist. Andere Persönlichkeiten, die den Plan fördern wollen, wären zu interessieren.

Da die Konferenz zu einem großen Teil für allgemeine Kosten einberufen werden müßte, sind diese so gering wie möglich vorzusehen.

Was vorliegt, ist ein Plan auf weite Sicht mit Perspektiven, die heute noch gar nicht in all ihrer Vielseitigkeit aufzurollen sind.

Es wird voraussichtlich ein Jahr vergehen, bis der erste Lehrgang eröffnet werden kann und dann mindestens ebenso lang, bis die ersten Fürsorgerinnen, Säuglingspflegerinnen, Krankenschwestern, Hauspflegerinnen usw. ihre Wirksamkeit beginnen können: aber gerade darum muß die Zeit wahrgenommen werden. Jeder Aufschub, jede Gleichgültigkeit der Aufgabe gegenüber bedeutet Einbuße an jüdischer Kraft und jüdischem Leben.

Es ist jüdische Pflicht und Vorschrift, Brunnen und Gruben zuzudekken, um Unglücksfälle zu verhüten und nicht an solchen mitschuldig zu werden.

Die jüdisch-soziale Strategie verlangt aber auch dringend das hier skizzierte Vorgehen zur Erweckung des Gefühls der Verpflichtung für die Ausbildung der weiblichen Jugend zu modernen Berufs- und Hilfsleistungen aufzuzeigen und schleunigst in die Wege zu leiten.

Anmerkungen

1 Das *Beth Jacob-Seminar* in Krakau wurde von der polnischen Jüdin und Pionierin der Mädchenbildung, Sarah Schenirer (1883-1935) gegründet. In den 1920er und frühen 1930er Jahren etablierte sie ein Netzwerk von über 300 Ausbildungseinrichtungen für jüdische Mädchen.

2 Agunoth: Frauen, denen von ihrem Ehemann der Get (Scheidungsbrief) verweigert wird, sind nach religiösem Recht in Trennungsfällen weiterhin ehelich gebunden. Bei Verweigerung des Get sind die Frauen Aguna (Angekettete).

3 Die am *Pestalozzi-Fröbel-Haus* in Berlin und am *Hamburger Sozialpädagogischen Institut* ausgebildete Sozialarbeiterin Hannah (Johanna) Karminski (1897-1942), später Leiterin des *Israelitischen Mädchenclubs* in Frankfurt, aktives Mitglied des Jüdischen Frauenbundes und Leiterin der *Blätter des Jüdischen Frauenbundes für Frauenarbeit und Frauenbewegung*, war eine der engsten Vertrauten Bertha Pappenheims.

4 Das jüdische *Kinderheim Ahawar* (»Beit Ahawar«: Haus der Liebe) wurde 1921 in Berlin eröffnet. Beate Berger, die Leiterin konnte insgesamt 300 Kinder (aus Deutschland, Österreich, Italien, Polen, Tschechien und Ungarn) von Europa nach Palästina (Haifa) bringen, um sie vor der Deportation zu retten. Zur Unterbringung dieser Kinder wurde über ihre Initiative ein Ahawah-Heim in Palästina errichtet.

5 Aufgrund vieler namensgleicher Personen konnte der Rabbiner Jacobson nicht eindeutig identifiziert werden.

Bertha Pappenheim – Ausgewählte Schriften

Anonym veröffentlichte Texte:

(1888) (Anonym): Kleine Geschichten für Kinder, Karlsruhe

(1890) (Berthold, P.): In der Trödelbude. Geschichten, Lahr

(1897a): Paul Berthold: Eine Frauenstimme über Frauenstimmrecht. In: Ethische Kultur. Jg. 5, 106-107, abgedruckt in: Pappenheim, 2002, 39-41

(1897b): Paul Berthold: Frauenfrage und Frauenberuf im Judentum. In: Allgemeine Zeitung des Judentums. Jg. 61, 484-485, abgedruckt in: Pappenheim, 2002, 35-36

(1899a): Paul Berthold: Eine Verteidigung der Rechte der Frau mit kritischen Bemerkungen über politische und moralische Gegenstände von Mary Wollstonecraft. Übersetzung und Einleitung von P. Berthold, Dresden/Leipzig (engl. Original: London 1792)

(1899b): Paul Berthold: Frauenrecht. Schauspiel in drei Aufzügen, Dresden

(1899c): Paul Berthold: Gemäßigte und radikale Frauenbewegung. In: Ethische Kultur, Jg. 7, 354-355, abgedruckt in: Pappenheim, 2002, 53-58

Unter eigenem Namen veröffentlichte Texte:

(1901): Die sozialen Grundlagen der Sittlichkeitsfrage, Vortrag vom 26.2.1901 im Frankfurter »Verein Weibliche Fürsorge«, In: Die Frau, hg. von Helene Lange, Berlin, 9.Jg., 129-138, abgedruckt in: Pappenheim, 1992, 25-40

(1906): Der geistige Grundriss. Aus einem Vortrag »Über Fürsorge der gefährdeten weiblichen Jugend« in der Zentrale für private Fürsorge, Frankfurt/Main. In: Blätter des Jüdischen Frauenbundes, Nr. 6/ 1937, 1-2, abgedruckt in: Pappenheim, 2002, 61-62

(1907): Zur Sittlichkeitsfrage. Referat auf der 2. Delegiertentagung des Jüdischen Frauenbundes, 7. und 8. Oktober in Frankfurt/Main, abgedruckt in: Pappenheim, 1992, 107-114

(1909): Aus dem Jahresbericht des Heims 1909. In: Pappenheim u.a., 1994, 39-40

(1910a): Über die Verantwortung der Jüdischen Frau. Official Report of the Jewish International Conference on the Suppression of the Traffic in Girls and

Women, London, 145-154, abgedruckt in: Pappenheim, 1992, 137-144
(1910b): Die Memoiren der Glückel von Hameln. Aus dem Jüdisch-Deutschen von Bertha Pappenheim, Weinheim/Basel (Neuausgabe 2005)
(1912a): Die weibliche Großstadtjugend, Rede gehalten am 29.10.1912 in der Frankfurter Gewerbeschule auf der Veranstaltung des Freien Verbandes der Jugendpflege, abgedruckt in: Pappenheim u.a., 1994, 47-51
(1912b): Die Frau im kirchlichen und religiösen Leben. Gekürzte Fassung des Vortrags, aus: der Deutsche Frauenkongreß, Berlin 27. 2.-2.3.1912, hg. v. Gertrud Bäumer, Leipzig, 237-245, abgedruckt in: Pappenheim, 2002, 67-80
(1913a): Entwurf eines internationalen Flugblattes, abgedruckt in: Pappenheim, 1992, 249-251
(1913b): Das Interesse der Juden am V. Internationalen Kongress zur Bekämpfung des Mädchenhandels, London 30. Juni bis 4. Juli 1913. In: *Ost und West*, Nr. 8, Sp. 601-606
(1923): Schutz der Frauen und Mädchen. Das Problem in allen Zeiten und Ländern. Rede auf dem Weltkongreß jüdischer Frauen in Wien, 7. Mai 1923. In: World Congress of Jewish Women, Vienna, May 6-8th, 30-33. abgedruckt in: Pappenheim, 1992, 253-257
(1924a): Sisyphus-Arbeit, Folge 1, Reisebriefe aus den Jahren 1911 und 1912, Leipzig
(1924b): Über die Verantwortung der Jüdischen Frau. Vortrag am ersten jüdischen Kongreß in London, 4.-6. April 1910, abgedruckt in: Pappenheim, 1992, 137-144
(1924c): Bericht einer Sonderbesprechung jüdischer Delegierter am 6. Weltkongreß gegen Unsittlichkeit in Graz, 21.09.1924. In: Pappenheim, 1924a, 234-238, abgedruckt in: Pappenheim, 1992, 259-263
(1924d): Bemerkungen zur 2. Jüdischen Welt-Hilfskonferenz in Karlsbad. In: Blätter des Jüdischen Frauenbundes, 1. Jg., Nr. 1, Oktober 1924, 2-4
(1924e): Aus der Arbeit des Heims des Jüdischen Frauenbundes in Neu-Isenburg 1914-1924, abgedruckt in: Pappenheim u.a., 1994, 58-77
(1928): Bemerkungen zur Arbeit des Agrojoint in einigen jüdischen Kolonien Südrußlands. In: Der Morgen. Monatsschrift der Juden in Deutschland, Nr. 2, 189-194
(1929): Sisyphus-Arbeit, 2. Folge, Berlin
(1930): »Zeenah u-reenah« Frauenbibel: Bereschit. Erstes Buch Moses. (Übersetzung und Auslegung des Pentateuch von Jacob Ben Isaac aus Janow), nach

dem Jüdisch-Deutschen bearbeitet von Bertha Pappenheim, hg. v. Jüdischen Frauenbund, Frankfurt/Main

(1932): Dankesworte am Gabentisch zum 25. Geburtstag des Isenburger Heimes, 23.11.1932. abgedruckt in: Pappenheim u.a., 1994, 129

(1933): Aufgaben der deutschen Jüdin, abgedruckt in: Pappenheim u.a., 1994, 131

(1934a): Die jüdische Frau. In: Edinger, Dora, Manuskript, 139-151; erstmals abgedruckt in: Edinger, Dora, 1963, 105-118, Neuabdruck in: Pappenheim, 2002, 87-99

(1934b): Das jüdische Mädchen. In: Edinger, Dora, Manuskript, 152-162; erstmals abgedruckt in: Edinger, Dora, 1963, 118-128, Neuabdruck in: Pappenheim, 2002, 99-108

(1936): Leitgedanken. In: Blätter des Jüdischen Frauenbundes, 12. Jg., Nr. 10, 3-4

(1992): Pappenheim, Bertha / die Anna O.: Sisyphus: Gegen den Mädchenhandel – Galizien, hg. v. Heubach, Helga, Freiburg i. Breisgau

(1994): Pappenheim, u .a.: Das unsichtbare Isenburg. Über das Heim des Jüdischen Frauenbundes in Neu-Isenburg 1907-1942, hg. v. Heubach, Helga, Neu-Isenburg

(2002): Pappenheim, Bertha (Anna O.): Literarische und Publizistische Texte. hg. v. Kugler, Lena/ Koschorke, Albrecht., Wien

(2003): Gebete / Prayers, hg. von Klapheck, Elisa/ Dämmig, Lara, Teetz

Biografische Daten

Bertha Pappenheim (1859-1936)

1859	27. Februar – Geburt von Bertha Pappenheim in Wien
1865-1875	Besuch einer katholischen Mädchenschule, daneben Privatunterricht in Fremdsprachen, Klavier, Tanz und Handarbeiten
1880	Erkrankung des Vaters in Bad Ischl; November: Beginn der Behandlung Bertha Pappenheims durch Josef Breuer aufgrund schwerer psychischer und somatischer Beschwerden
1881	5. April: Tod des Vaters; 7. Juni bis Anfang November: erster Krankenhausaufenthalt im Sanatorium Inzersdorf, folgend weitere Behandlung durch Josef Breuer
1882	7. Juni: Beendigung der Behandlung durch Josef Breuer; ab 12. August: Aufenthalt in der Privatklinik »Bellevue« in Kreuzlingen
1883	ab 30. Juni: erneuter Aufenthalt im Sanatorium Inzersdorf
1884	17. Jänner: Bertha Pappenheim wird vom Sanatorium Inzersdorf als »geheilt« entlassen
1885	4- März bis 2. Juli: dritter Aufenthalt im Sanatorium Inzersdorf
1887	30. Juni bis 18. Juli: vierter Aufenthalt im Sanatorium, Entlassung als »geheilt«; ab November: Pappenheim nimmt an einem Krankenpflegekurs des Badischen Frauenvereins in Karlsruhe teil
1888	Umzug mit ihrer Mutter nach Frankfurt
	Erste Veröffentlichung einer Märchensammlung (anonym)
1893	Beteiligung in der Frankfurter Wohltätigkeitsarbeit
1895	Übernahme der Heimleitung *im Jüdischen Waisenhauses für Mädchen*; Sigmund Freud und Josef Breuer veröffentlichen die Krankengeschichte der »Anna O.« in den »*Studien über Hysterie*«
1897	Erste sozialpolitische publizistische Tätigkeiten unter dem Pseudonym Paul Berthold
1901	Gründung des Vereins *Weibliche Fürsorge*
	Erstmals Teilnahme an einer Konferenz zum Mädchenhandel
1902	Gründung des *Israelitischen Mädchenclubs* in Frankfurt am Main
1903	Reise nach Galizien
1904	Gründung des *Jüdischen Frauenbundes*

1905	4. Mai: Tod der Mutter; Reise an die russisch-galizische Grenze
1907	25. November: Eröffnung des *Heimes des Jüdischen Frauenbundes in Neu-Isenburg* Der Jüdische Frauenbund wird Mitglied des *Bundes Deutscher Frauenvereine*
1909	Reise zum Weltkongress der Frauen nach Toronto sowie nach Washington und London; Sigmund Freud stellt die Krankengeschichte der »Anna O.« in einer Vortragsreise in den USA vor (Über Psychoanalyse. Fünf Vorlesungen, die sog. *Clark-Lectures*)
1911/12	Intensive Reisetätigkeit nach Galizien, Russland und in den Nahen Osten (Palästina)
1914	Mitglied im Vorstand des *Bundes Deutscher Frauenvereine*
1914	Erweiterung des Heimes des Jüdischen Frauenbundes in Neu-Isenburg mit Haus II für schwangere Frauen und stillende Mütter Gründung des *Nationalen Frauendienstes* durch den BDF (Mitglieder: konfessionelle Frauenverbände, Frauenorganisationen der Gewerkschaften und SPD)
1914-1918	Engagement in praktischer Fürsorge (Jugendwohlfahrt, Kriegsfürsorge etc.)
1917	Gründung der *Zentralwohlfahrtsstelle der deutschen Juden* zur Koordinierung der gesamten jüdischen Sozialarbeit; Erweiterung des Heimes des Jüdischen Frauenbundes in Neu-Isenburg mit Haus III
1918	Erwerb von Haus IV des Heimes des Jüdischen Frauenbundes in Neu-Isenburg
1923	Rede auf dem *Weltkongress jüdischer Frauen in Wien* im Kampf gegen den Mädchenhandel
1924	Rede auf dem *6. Weltkongress gegen Unsittlichkeit* in Graz sowie auf der *2. Welthilfskonferenz* in Karlsbad Gründung der »*Blätter des Jüdischen Frauenbundes*« (BJFB) Delegiertenversammlung des JFB in Erfurt: Neugestaltung des JFB-Programmes zur Förderung des Aufbaus Palästinas Rücktritt aus dem Vorstand des Bund deutscher Frauenvereine
1926	Reise in die Sowjetunion; Mai: Einführung des aktiven und passiven Wahlrechts in den jüdischen Gemeinden in Berlin
1928	September: Umzug nach Neu-Isenburg
1929	Publikation religiöser Texte

	Gründung des *Weltbundes Jüdischer Frauen*
1930	Schlussrede auf dem *Internationalen Kongress zur Bekämpfung des Mädchenhandels* in Warschau; Ausstellung der selbst gefädelten Glasperlenketten in Frankfurt
1932	Ausstellung von Pappenheims Kettensammlung im Frankfurter Kunstgewerbemuseum
1933	Pappenheim übernimmt erneut den Vorsitz des *Jüdischen Frauenbundes*
1934:	Rücktritt aus dem Gesamtvorstand des *Jüdischen Frauenbundes*; Reise zur Initiierung eines Kindertransports nach England
1935	Reise nach Wien zur Unterbringung ihrer Spitzen- und Eisenkunstgusssammlung im *Wiener Museum für Kunstgewerbe* (heute *MAK. Museum für angewandte Kunst und Gegenwartskunst*); Kurzaufenthalt in Bad Ischl; Operation in München; Herbst: Reisen nach Amsterdam und Krakau
1936	16. April: Verhör der schwerkranken Pappenheim durch die Gestapo in Offenbach 28.Mai: Tod Bertha Pappenheims in Neu-Isenburg

Abbildungsverzeichnis

Bertha Pappenheim um 1880
Quelle: Archiv der Sigmund Freud Privatstiftung Wien, Signatur: B-731

Bertha Pappenheims 1882
Quelle: Archiv der Sigmund Freud Privatstiftung Wien, Signatur: B-916

Bertha Pappenheim um 1905
Quelle: Archiv der Sigmund Freud Privatstiftung Wien, Signatur: B-730

Bertha Pappenheim 1912
© Institut für Stadtgeschichte, Frankfurt/Main
Quelle: Archiv der Sigmund Freud Privatstiftung Wien, Signatur: B-992

Haus 2 in Neu-Isenburg
Sonderbriefmarke für Bertha Pappenheim, 1954
Quelle: Archiv der Sigmund Freud Privatstiftung Wien, Signatur: B-730/2

Plakat der Ausstellung »Spitzen und so weiter …« Die Sammlungen Bertha Pappenheims im MAK«, Wien, Österreichisches Museum für angewandte Kunst/ Gegenwartskunst , 3. Oktober 2007 bis 24. März 2008
Foto © MAK

Spitzeneinsatz »Soldat«, T 10073-1067
Sammlung Bertha Pappenheim im MAK
Foto: © MAK / Georg Mayer

Doppelkragen, T 10073-0668
Sammlung Bertha Pappenheim im MAK
Foto: © MAK / Georg Mayer

Briséfächer, EI – 1016-1
Sammlung Bertha Pappenheim im MAK
Foto: © Atelier Prader / MAK

Battisthaube mit Spitzenbesatz, T 10073-144-6
Sammlung Bertha Pappenheim im MAK
Foto © MAK / Georg Mayer

Ärmelrüschenpaar, T 10073-874
Sammlung Bertha Pappenheim im MAK
Foto © MAK / Georg Mayer

Spitzendecke, T 10073-21
Sammlung Bertha Pappenheim im MAK
Foto © MAK / Georg Mayer